한국사가 기억해야 할
용인의 근대 역사인물

한국사가 기억해야 할 용인의 근대 역사인물

nosvos

| 책머리에 |

한 역사인물의 삶과 그가 남긴 의미를 찾는 작업은 결코 쉽지 않은 일이다. 그가 언제, 어떤 성장과정을 거쳐 무슨 생각을 갖게 되었는지 객관적 근거를 찾아야 하고, 그가 취한 행동과 삶의 흔적이 오늘의 우리에게 어떤 의미를 던져주고 있으며 남긴 교훈은 무엇인지 성찰해야 하기 때문이다. 결코 가볍지도 만만하지도 않는 작업이기는 하지만, 어릴 적 영웅전이나 평전 등에서 받은 감동처럼 충분히 고생할 가치가 있는 일이라 하겠다.

그런 의미에서 한국사에 오래 기억될 역사인물들을 용인 지역에서 찾는 작업은 역사연구자에게 큰 행운이고 축복이 아닐 수 없다. '생거진천 사거용인'이란 말이 상징해 주듯 지진과 풍수해와 가뭄이 없는, 산 높고 물 맑은 용인은 예로부터 빼어난 인물을 배출한 곳이면서 역사인물이 많이 묻힌 곳이다. 한양 도성에서 가까운 이 곳에 수많은 사대부들이 조상의 묘를 쓴 내력은 1894년 근대시기에 이어 오늘날에도 면면히 이어져왔다. 용인 지역사의 터줏대감인 강남대 홍순석 교수의 지적처럼, 용인의 역사인물만으로 한국사를 가름할 수 있을 정도이니 명당에 살고 공부도 할 수 있는 필자에게 일거양득의 행운이 아닐 수 없다.

일찍이 한국사에 굳건히 기억될 용인의 역사인물을 소개한 선구 업적은 적지 않았다. 고려시대부터 한국사를 빛낸 용인인물을 두루 소개한 대표적인 저서로는 1984년 홍순석 교수가 쓴 『내 고장의 얼-인물편』(용인군 문화원)과 1989년 용인향토사학회 회장을 맡은 이인영의 『내 고장 용인 의병항쟁과 독립운동사』(용인문화원)를 꼽을 수 있다. 이러한 업적을 바탕으로 이 책은 주로 대한제국 시기의 인물부터 일제강점기에 활동한 근대시기의 인물 19명을 선정하였다. 대상자들은 모두 용인에 태어나 중앙 정계나 문화계 등에 영향을 끼친 인물이거나 타지 출신이라도 현지에 많은 영향을 끼치고 용인에 묻힌 역사인물로 한정하였다.

이 책은 지난 2년 동안 세 번의 변신과정을 거쳐 탄생했다. 첫 번째 과정은 2002년 용인시민들의 자발적인 선양단체인 용인독립운동기념사업회(초대 이사장 박용익, 현 류성희)가 창립된 이래, 약 12년 동안 꾸준히 연구·발표된 '용인 출신 독립운동가 재조명' 학술세미나이다. 그동안 이 작고 궁핍한 기념사업회에서는 1919년 3·21 만세운동의 영웅들을 비롯해 임옥여·최삼현 등 항일의병들, 이한응 열사와 류근 선생·오의선 지사 등의 선각자들, 중국대륙과 만주에서 활약한 여준 선생·김혁 장군·오광선 장군·이홍광 장군·남정각 지사·정철수 선생 등 쟁쟁한 인물들을 조명하였다. 치열한 논증과 열띤 토론에 현장 답사와 중국 현지 방문까지 더해 고증을 높인 이 학술 연구과정은 2010년 단국대 학보에 2년간 연재되면서 대중적 글쓰기로 변신하였다. 그러나 더 많은 용인시민과 한국사 독자들에게 더 쉽고 뜻 있게 알려야 한다는 시대적 요구에 직면하면서 이 작업은 다시 대중서 글쓰기로 첫 발을 떼게 되었다.

두 번째는 노스보스 편집진과 만나면서 한층 세밀하고 풍성하게 변장하였다. 딱딱한 학술논문을 알기 쉬운 문장으로 고쳐야 할뿐더러, 용인의 자랑스런 영웅이나 열사만이 아니라 부끄러운 조상과 그 흔적도 함께 찾아야 했던 것이다. 용인 처인구 추계리에 깊은 상흔을 남긴 대표적인 친일파인 송병준과 식민사학의 태두 이병도 박사에 대한 추가 조사와 연구는 용인의 민낯을 제대로 보고 느끼자는 요구를 겸허히 수용하여 작성된 것이다. 그러다 보니 민영환의 식객 노릇을 하던 송병준이 그의 자결 이후 재산을 빼앗아 가는 매서운 배은망덕을 목격하게 되었고, 여준 선생의 삼악학교 제자인 오광선이 평생 스승을 쫓아 광복군 맹장이 되는 끈끈한 사제의 정을 느낄 수도 있었다. 뿐만 아니라 화성시의 문화인물로 알려져 있는 홍사용 시인이 용인 기흥구 농서리 출신이라는 사실, 용인의 많은 초·중·고교의 교가를 작사한 분이 일제 치하와 해방 정국에서 뛰어난 필봉을 날린 류완희란 시인이었다는 사실을 새로 발견하고 책에 담을 수 있었던 건 기쁘고 다행한 일이 아닐 수 없다.

학술논문에서 대중 교양서로 거듭나면서 당연히 관련 사진과 친필문서, 참고문헌 등을 보완하는 세 번째 과정을 거쳐야 했다. 이 책을 읽는 독자들이 스스로 역사인물의 묘소나 유적지를 찾아갈 수 있도록 배려하자는 편집진의 의도에 따라 유족들에게 현장 안내와 관련 사진, 유품 등을 부탁드렸다. 일찍이 학술 세미나와 선양행사 때마다 찾아주시는 이한응 열사의 손자 이민섭 전 동국대 교수와 이덕균 지사의 손자 이석순 수지조합장, 최삼현 의병의 손자 최완영 선생, 김혁 장군의 손자 김학민씨, 오광선 장군의 차녀 오희옥 여사, 이홍광 장군의 친족인 이광섭 옹, 정철수 지사의 아들 정래정씨 등께서 집안에 고이 간직한 귀중한 사진과 자료의 제공, 나아가 묘소 안내의 수고를 마다하지 않으셨다. 게다가 민영환 선생의 『해천추범』을 재발간한 도서출판 '책과함께'에서 귀중한 원본 사진을 제공해 주었고, 화성시 노작홍사용문학관에서도 소장 사진을 흔쾌히 보내주었다. 한가람역사문화연구소(소장 이덕일)의 김병기 박사와 고(故) 권태균 신구대 사진학과 교수는 귀한 관련 자료를 제공해 주고 사진도 직접 찍어 주었다. 또 글을 보완하고 교정하는 과정에서 많은 선학들의 연구논문과 족보 등 문중 자료, 현지인들의 귀중한 조언을 접할 수 있었다. 모두 좋은 책을 만들라는 지극한 엄명으로 새겨 들으려 한다. 그럼에도 이 책에는 용인 출신이면서 을사오적의 한 사람으로 꼽히는 박제순을 비롯해 이익삼 의병장 등 숨은 인물들을 자료 부족 탓으로 발굴하지 못했다. 다음 과제로 삼고자 한다.

별 재미도 감동도 없는 이 책을 세상에 나오게 한 노스보스 편집진의 열정과 집요함에 감사드린다. 류성희 용인독립운동기념사업회 이사장과 정양화·이종구·김태근·김장환·우상표 등등 이사들의 든든한 후원과 가르침이 큰 격려가 되었다. 글쓰기와 답사로 집안일에 소홀했던 가장을 묵묵히 보듬어준 아내와 가족에게도 감사와 미안함을 전한다. 용인학이 곧 한국학이요, 세계학임을 가르쳐 준 고 박용익 옹의 영전에 이 책을 바치고 싶다.

2014년은 용인이란 지명이 생긴 지 600주년이 되는 해인 동시에 현재의 용인

권역이 형성된 지 꼭 100년이 되는 해이다. 축하인사와 잔치상도 받고 함께 나눠야 하지만, 새로운 100년을 마음에 다지는 해이기도 하다. 어느덧 용인시민은 1백만으로 늘었고 살림도 거대해졌지만, 아직 용인의 역사와 인물과 전통에 낯선 신진 유입인들이 대부분이다. 용인을 제대로 알고 느끼며, 역사인물들로부터 교훈과 영감을 받고자 하는 새 이웃들에게 이 책이 따뜻한 환영의 인사이며, 편안한 답사여행의 길벗이 되었으면 좋겠다.

2014년 늦은 가을
용인 가마실 마을에서 김명섭 삼가 씀.

| 서설 |

한국사를 이끈 용인의 역사인물들

홍 순 석
강남대 교수, 국어국문학

용인은 타 지역에 비해 많은 역사인물이 배출된 곳이다. 용인의 역사인물만으로도 한국사를 가늠할 수 있을 정도이다. 예로부터 명당으로 알려졌던 이유도 있겠지만 수도권에 위치한 때문일 것이다. 일반적으로 명현의 연고를 축으로 세거지가 형성되고, 이후 후손들이 그 지역의 성세를 이루며 많은 인물을 배출한다. 용인이 대표적인 곳이다. 용인의 근현대 역사인물이 출생하게 된 동인도 이와 무관하지 않다. 한국사를 이끈 용인의 인물을 대략 정리해 보인다.

용인의 세거성씨와 인물

고려시대부터 용인의 토착 세력으로 군림하였던 용인이씨는 지금까지도 많은 인물을 배출하고 있다. 죽산박씨도 여말선초에 유력한 사족 가문이었다. 의령남씨는 조선개국공신 남은(南誾)의 묘역이 용인에 조성된 이래 후손들이 번창하여 세거를 형성하였다. 영일정씨는 15세기에 포은 정몽주(鄭夢周)의 묘역을 모현면에 천장하면서 정착하게 된다. 이후 연안이씨·한양조씨·해주오씨 등 주요 가문과 상호간의 혼인을 통해 인척관계 또는 정치적 연대 관계를 맺고 가문의 성세를 도모하였다. 한양조씨와 한산이씨는 16세기에 용인으로 이거한 대표적인 성씨이다. 조선 건국 초기에 성세를 보인 한양조씨는 양주 일대에서 세거하였는데, 용인으로 이거하였다. 조광조(趙光祖)가 한때 용인에 우거하였으며, 그의 묘역이 조성되면서 본격적으로 후손들이 세거하게 되었다. 한산이씨 역시 조선 전기의 대표적인 가문인데, 교하·마전 등지에서 세거하다가 용인으로 이거한 것이다. 특히 이자(李耔)는 기흥 지역에 세거하던 한양조씨와 통혼 관계를 맺으며 세력을 형성하였다.

용인 지역의 사족들이 가장 성쇠를 누린 시기는 17세기였다. 용인이씨와 연안이씨가 이 시기에 이르러 정치적으로 크게 부상되고, 해주오씨와 우봉이씨 등이 이거하여 정착하였다. 해주오씨는 연안이씨, 의령남씨와 통혼관계를 유지하며 용인의 주요 성씨로 부상하였다. 우봉이씨는 이동면 천리 일대에 정착한 이후 노론의 핵심가문으로 중앙의 벌족과 중첩된 혼맥을 형성하였으며, 이재(李縡)에 이르러서는 경기지역 사림을 주도하는 위치에 서기도 하였다.

조선시대 읍지류에 기록된 용인 사람들

용인은 명현이 많이 배출된 곳이다. 16세기에 간행된 《신증동국여승람》을 살피면 여말선초의 명망 있는 인물들이 기록되어 있다. 출생 인물은 이중인(李仲仁), 이길보(李吉甫), 이우보(李祐甫) 등 모두 용인이씨 가문의 인물이다. 우거(寓居) 인물은 이석지(李釋之), 이종검(李宗儉), 이종겸(李宗謙)이 기록되었으며, 사거(死居) 인물은 정몽주, 남은(南誾), 심온(沈溫), 이석형(李石亨) 등이 기록되었다.

18세기에 간행된 읍지류에는 일일이 거론할 수 없을 정도로 많은 인물이 기록되었다. 《신증동국여승람》에 수록된 인물은 제외하고 대표적인 인물만 소개한다.

용인현에는 공서린(孔瑞麟), 김사목(金思穆), 김세필(金世弼), 김저(金儲), 남구만(南九萬), 남이(南怡), 안홍국(安弘國), 연안부부인(延安府夫人), 오달제(嗚達濟), 오명항(嗚命恒), 오윤겸(嗚允謙), 이경선(李慶善), 이경증(李慶增), 이단상(李端相), 이만성(李晩成), 이숙(李翻), 이완(李莞), 이익(李翊), 이일(李鎰), 이자(李耔), 이재(李縡), 이찬조(李贊祖), 이충건(李忠健), 이홍간(李弘幹), 임정(林整), 전림(田霖), 정보(鄭保), 정탁(鄭倬), 조광보(趙光輔), 조광조(趙光祖), 조광좌(趙光佐), 채제공(蔡濟恭), 최규서(崔奎瑞), 풍창부부인(豊昌府夫人) 등이 수록되었다.

양지현에는 김경(金敬), 김충수(金忠守), 박경업(朴慶業), 박공순(朴公淳), 박은(朴誾), 송명천(宋明天), 심길원(沈吉源), 유복립(柳復立) 등이 수록되었다.

죽산현에는 민백상(閔百祥), 박안성(朴安性), 박원형(朴元亨), 송규(宋珪), 안등(安騰), 안망지(安望之), 안맹담(安孟聃), 안숙로(安淑老), 안초(安迢), 오달제(嗚達濟), 이세온(李世溫), 이주국(李柱國), 홍긍주(洪兢周) 등이 수록되었다.

이상에서 보듯이 조선시대 읍지류에 나타난 용인인물은 주로 용인이씨, 죽산박씨, 죽산안씨, 해주오씨, 우봉이씨, 영일정씨, 의령남씨, 경주김씨 등의 가문에서 배출된 인물이다. 특히 조선초기에는 용인이씨, 죽산박씨 가문의 인물들이 성세를 이뤘고, 조선중기에는 죽산안씨, 해주오씨, 우봉이씨 등이 성세를 보였다.

조선시대의 국정을 주도한 용인의 인물

용인의 인물 가운데는 조선 개국 이래 대한제국 시기까지 국정을 주도한 역사 인물이 적지 않다. 남은(南誾)은 여말선초의 문신으로 이성계의 위화도회군에 동조한 인물이다. 조선 개국 1등공신에 책록되었다. 그의 묘가 남사면에 안장되면서 용인 지역에 의령남씨들이 세거성씨를 형성하게 되었다. 최유경(崔有慶)도 조선 개국 원종공신에 책록된 인물이다. 초대 한성부판사로 한양 성곽을 축성하는 사업을 담당하였다. 숭례문도 그가 주도하여 축조한 것이다. 박원형은 이시애의 난을 평정하고 좌의정에 승진하였다. 예종 때 익대공신 2등에 책록되고, 영의정에 올랐다. 죽산박씨의 대표적인 인물이다. 유순정(柳順汀)은 중종반정에 공을 세우고 정국공신 1등에, 이과의 옥사를 다스려 정난공신 1등에 책록되었다. 삼포왜란이 일어나자 직접 경상도도원수로 출정하여 난을 평정했다. 영의정을 지냈으며, 중종의 묘정에 배향되었다. 오윤겸은 광해군 때 선현들의 문묘종사와 인목대비 폐모론에 반대하여 탄핵을 받았다. 인조반정 후 노서(老西)의 영수가 되어 대사헌·이조판서를 지냈다. 이괄의 난 때 왕을 공주(公州)에 호종하였다. 정묘호란 때에는 왕세자를 배종하여 강화에 피난하였다. 돌아와 좌의정을 거쳐 영의정에 올랐다. 남구만은 조선 숙종 때 문신으로 영의정까지 지냈다. 서인이 노소론(老少論)으로 분열되자 소론의 영수가 되었다. 기사환국과 갑술옥사 때 부침을 반복하다가 퇴직하여 모현면 갈담리에 은거하였다. 그는 문장과 서화에도 뛰어났다. 시조 "동창이 밝았느냐 노고지리 우지진다…"는 그의 작품이다. 채제공은 영조 · 정조시대 남인의 영수로 왕의 총애를 한 몸에 받았던 인물이다. 재임시 화성 축성의 모든 설계와 경영을 지휘하였다.

사림의 표상으로 추앙받는 용인의 학자

15세기 정몽주의 천장 이후 용인은 전국 사림들의 주목을 끌었다. 중종 때 조광조가 용인에 우거하면서 본격적으로 사림의 본향으로 인식되었다. 조광조를 비롯하여 이자, 조광좌, 조광보는 기흥구 지곡동에 있는 사은정(四恩亭)에 모여 학문과 시정을 토론하였다. 이들과 함께 김세필, 이성동(李成童) 등은 기묘명현의 대표적인 학자이다. 공서린(孔瑞麟)은 김굉필(金宏弼)의 제자로 조광조와 김세필 등과 교유하며 학문을 연마하였다. 오달제는 병자호란 때 청나라와의 화의를 극력 반대한 3학사의 한 사람이다. 기호학파의 맹주로 추앙되는 이재는 충렬서원의 원장으로 재임하면서 용인 지역의 학맥을 이어온 대표적인 학자이다. 그의 학맥은 이행상(李行詳)에게 이어졌다. 이행상은 모현면 능골에서 출생한 학자로 영조·정조 대에 송단(宋湍)·성덕명(成德明)과 함께 이재 문하의 삼처사(三處士)로 불리었다. 양명학의 태두라 할 수 있는 정제두(鄭齊斗)도 용인에서 후학을 양성했던 하가자이다. 한편, 실학자 반계 유형원의 묘소가 백암면 석천리에 있으며, 《태교신기》를 저술한 사주당이씨 또한 여성 실학자로 부각되고 있다. 다산 정약용도 포곡읍에 세거를 형성한 나주정씨의 후예이다. 이러한 사실을 감안하면, 용인은 우리나라 유학의 성지요, '실학의 고장'이라고 할 수 있다.

국난 극복에 앞장선 용인 출신의 충신

용인 지역 인물 가운데는 국난 극복에 앞장서서 공훈을 세운 이가 적지 않다. 조선 전기에는 야인과 왜구를 토벌하는 데 선봉장으로 활약하였으며, 임진왜란과 병자호란 때는 살신성인의 정신으로 싸우다 전사한 명장들이 많다. 전림(田霖)은 조선 전기의 무신이다. 회령부사 등 여러 차례 변장이 되어 용맹을 날렸으므로 야인들이 두려워하였다. 이종무(李從茂)는 세종 때 대마도를 정벌하고 개선한 명장이다. 남이(南怡)는 이시애의 난을 진압하고 서북변의 건주위를 정벌한 명장이다. 공신의 대우를 받았고 병조판서에까지 올랐으나, 역모의 의심을 받아 처형되어 젊은 나이에 생을 마쳤다.

이일(李鎰)은 조선 중기의 무신으로 이탕개가 침입하자 이를 격퇴했고 임진왜란 때 명나라 원병과 평양을 수복했다. 안홍국(安弘國)은 임진왜란 때 선전관으로 선조를 의주에 호종하고 소식이 두절된 삼남의 각 진을 순회하며 왕명을 전했다. 삼도수군통제사 이순신 휘하에서 선봉장으로 공을 세웠다. 정유재란이 일어나자 안골포해전에서 승리했으나 가덕도해전에서 전사했다. 이완(李莞)은 임진왜란 때 노량해전에서 전승을 거두었다. 정묘호란 때 적군이 의주를 포위하자 역전 분투 끝에 순국했다. 심대(沈岱)는 임진왜란 때 경기관찰사로 선조를 의주로 호종하였다. 이후 서울 탈환을 위해 남하하다가 전사하였다. 유복립(柳復立)은 의병장이다. 임진왜란 때 진주성을 방어하다 왜적에게 함락당하자 자결했다. 김충수(金忠守)는 임진왜란 때 의병을 조직하여 죽산에 주둔하고 있던 왜장 후쿠시마 마사노리를 공격하였다. 많은 왜군을 살상하였으나 분전하다 전사했다. 이때 아들 김함(金涵)도 합세하여 대항하다가 전사하였다. 이경선(李慶善)은 병자호란 때 험천(險川 : 지금의 수지구 동천동) 전투에서 싸우다 전사하였다. 정탁(鄭倬)은 병자호란 때 왕을 호종하여 남한산성에 이르렀으나, 이미 적들이 남한산성을 에워싸고 사태가 위급하게 되자 자원하여 출전하였다. 사력을 다해 싸웠으나 패하여 죽었다.

이찬조(李讚祖)도 별천선전관으로 인조를 남한산성까지 호종하였으며, 의병을 이끌고 청나라 군사와 싸우다 순절하였다. 이주국(李柱國)은 정조의 총애를 받은 무신으로 충청도병마절도사, 경상우도수군절도사, 함경도병마절도사, 평안도·황해도 병마절도사, 삼도수군통제사 등을 지냈다.

용인시 향토문화재 가운데 기흥구 동백동에 남양홍씨 사정공파 무관 묘역에 있는데, 주목을 끌기에 족하다. 이곳에 안장된 무신들은 임진왜란 때 수원 방어에 공을 세워 선무원종공신으로 책훈된 홍제(洪霽)를 비롯하여 홍제의 증손자인 홍하창(洪夏昌), 홍하명(洪夏明), 홍하명의 아들 홍우구(洪禹龜) 등이다.

조선시대 용인 출신의 서화가

용인 출신 인물로 조선시대 서화단을 주도하였던 인물도 적지 않다. 심정주(沈廷冑)는 조선 후기의 선비이자 화가이다. 짜임새 있는 구도 아래 먹의 농담이 조화를 이루고 있는 포도 그림을 잘 그렸다. 조영석(趙榮祏)은 정선(鄭敾)·심사정(沈師正)과 함께 삼재(三齋)로 일컬어졌다. 〈죽하기거도(竹下箕踞圖)〉 〈봉창취우도(蓬窓驟雨圖)〉등의 작품을 남겼다. 심사정(沈師正)은 정선의 문하에서 그림을 공부하였고 뒤에 중국 남화(南畵)와 북화(北畵)를 자습, 새로운 화풍을 이루고 김홍도(金弘道)와 함께 조선 후기의 대표적인 화가가 되었다. 화훼(花卉)·초충(草蟲)을 비롯, 영모(翎毛)와 산수(山水)에도 뛰어났다. 이재관(李在寬)은 구름·초목·새 등을 잘 그렸고, 초상화에도 능해 태조의 어진(御眞)을 그리기도 했다. 전통적인 수법을 계승하면서 독자적인 남종화의 세계를 수립한 화가이다. 작품으로 〈송하인물도(松下人物圖)〉 〈약산초상(若山肖像)〉 〈선인도(仙人圖)〉 〈전가독서도(田家讀書圖)〉 등이 있다. 남계우(南啓宇)는 나비 그림을 잘 그려 '남나비(南胡蝶)'으로 불릴 정도였다. 나비와의 조화를 위하여 각종 화초를 그렸는데, 매우 부드럽고 섬세한 사생적 화풍을 나타냈다.

용인 출신의 서예가로 임정(任珽)과 이순악(李舜岳)이 유명하다. 임정은 대사성 등의 관직을 역임한 문신이자 서예가이다. 이순악은 성리학에 밝았고 글씨를 잘 썼다.

조선시대 용인의 대표적인 여성들

연안부부인(延安府夫人) 전씨(田氏)는 영원부원군 윤호(尹壕)의 부인으로 성종의 계비인 정현왕후(貞顯王后)의 모친이다. 성종의 장모이자 중종의 외할머니이다. 풍창부부인(豊昌府夫人)은 여양부원군 민유중(閔有重)의 부인이다. 딸이 숙종의 계비가 되자 부부인(府夫人)이 되었다. 기사환국으로 인현왕후가 폐비되자 삭탈관직당했으나 갑술옥사로 다시 관직이 회복되었다. 묘소가 있는 상하동을 민재궁(閔梓宮)이라 부르기도 한다. 이사주당(李師朱堂)은《언문지(諺文志)》를 펴낸 유희(柳僖)의 어머니이다.《태교신기》를 저술한 여성 실학자이다.

오도일(嗚道一)의 어머니 한양 조씨(漢陽趙氏)는 영의정 시아버지를 모시고, 판서 아들을 둔 현달한 가문의 전형적인 부녀자였다. 시문에도 뛰어나 높이 평가되었는데 무능한 조정을 질책한 〈기민탄(飢民歎)〉이란 시가 유명하다. 이재의 어머니 여흥민씨(驪興閔氏)는 민유중(閔維重)의 딸이며, 송준길(宋浚吉)의 외손녀이다. 젊은 나이에 홀몸이 되었으나 시부모 봉양과 자식의 훈육에 남다른 정성을 들였다. 이재가 명망 있는 학자가 된 것은 모친의 자애로는 가르침 때문이라 할 수 있다.

근대 시기 용인의 인물

근대 시기의 용인은 매우 역동적인 시기였다. 친일파의 대표적인 인물로 지목되는 송병준(宋秉畯)의 영향으로 용인이 일찍 근대화하였다는 평가도 있다. 반면, 항일의병이나 독립운동가가 많은 지역도 바로 용인이다. 해외 항일투쟁 및 언론·외교 활동을 통해 국권 피탈의 상황을 국내외에 알리고자 했던 애국지사 가운데 유독 용인 인물이 많다.

근대 시기의 대표적인 인물이 민영환이다. 민영환은 1905년 을사조약으로 나라의 운명이 기울자 자결로 일제에 항거했다. 이한응·유근·여준 등은 외교 및 언론, 교육활동을 통해 국권 회복을 전개한 애국지사이다. 이한응은 국권이 박탈됨을 통분하여 항의하고 런던의 각국 공사들에게 한국이 독립국가임을 설득하였으나 성과를 거두지 못하자 1905년 5월 12일 런던에서 자결하였다. 유근은 언론인으로 남궁억·나수연 등과 함께 황성신문을 창간하였다. 1905년 장지연의 〈시일야방성대곡〉으로 인해 황성신문이 무기 정간당하였다가 1906년 2월 속간되자, 장지연의 뒤를 이어 사장으로 취임한 뒤 지속적인 언론 활동을 펼쳤다. 한편 애국계몽운동의 일환으로 대한자강회, 신민회 등에 가입하여 언론·출판·교육 부분에서 독립활동을 전개하였다.

용인에서 의병활동을 이끈 주역은 임옥여·정주원·이익삼 등이다. 임옥여는 양지군 평촌 출신으로 농상공부 주사였으나, 1907년 8월 이천에서 의병부대를 결성하여 주로 용인 지역에서 의병활동을 전개하였다. 정주원은 원삼면 하수리 출신의 농민으로 1907년 8월 서용범이 이끄는 부대에 투신하여 용인 일대를 중심으로 세력을 키웠으며, 이후 의병대장이 되어 죽산·양지에서 활약하였다. 이익삼은 모현면 능동 출신으로 1907년 군대 해산을 계기로 의병운동에 가담하여 의병장이 되었으며, 주로 용인·죽산·양성 등지에서 활약하였다.

해외 항일투쟁에 앞장섰던 인물로 김혁, 남정각, 정철수,이홍광 등을 들 수 있다. 김혁은 대한제국 육군 정위로 군무하던 중, 군대 해산을 계기로 항일투쟁을 결심하였으며, 3·1운동에 참여한 후 만주로 망명하여 활동하였다. 남정각은 수원에서 만세 시위운동에 참가하였고, 1919년 중국으로 망명하여 김원봉이 조직한 의열단원으로 중국과 조선에서 활동하였다. 정철수는 1943년 학도병으로 징집당하여 중국 제남의 황군 부대에서 훈련 도중 탈출해 팔로군에 투항한 뒤, 조선의용군 등에서 항일 무력 투쟁을 폈다. 이홍광은 만주 지역에서 항일투쟁을 이끈 인물이다. 해주오씨 가문의 오의선을 비롯해 의병장 오인수-독립군 오광선-광복군 오희영·오희옥은 3대에 걸쳐 독립운동을 하였다. 이밖에도 국내에서 항일독립운동을 펼친 애국지사는 허다하다.

| 차례 |

〈책 머리에〉_ 김명섭 · 5

〈서설〉 한국사를 이끈 용인의 역사인물들 _홍순석 교수 · 9

01 "한반도를 중립화해야 세계평화가 있다" · 21
_ 이한응 열사

02 세계를 일주한 첫 한국인, 구국강병책을 세우다 · 31
_ 민영환

03 사익을 위해 나라를 판 자, 묻힐 곳이 없어라 · 43
_ 송병준

04 사랑도 명예도 없이 스러진 의병장, 고향에 우뚝서다 · 56
_ 임옥여

05 이름 없는 항일의병, 그러나 기억해야할 이름 · 64
_ 최삼현

06 "단군과 한글로 거침없이 세계로 나아가라" · 75
_ 류근

07 세계를 뒤흔든 용인 만세운동의 영웅들 · 86
_ 이덕균과 동지들

08 거친 만주 벌판에서 독립군을 키운 작은 거인 · 95
_ 여준

09 북만주를 호령한 용인의 호랑이 · 106
_ 김혁

10 임시정부와 조선공산당을 넘어 따뜻한 새 나라로 · 116
_오의선

11 세계사에 빛나는 3대 독립운동가, 참 군인 · 125
_오광선 장군

12 여성의 몸으로 독립군이 된 만주의 어머니 · 136
_정현숙과 오희영·희옥

13 불나방처럼 살다간 의열단원 · 148
_남정각

14 돌아온 만주 항일무장투쟁의 영웅 · 157
_이홍광

15 대륙을 넘나든 독립군에서 단국대 설립자로 거듭나다 · 167
_장형

16 눈물 속에서 민족혼을 발견한 용인 시인 · 177
_홍사용

17 이제는 넘어서야 할 식민사학의 거산 · 189
_이병도

18 전쟁과 혁명을 헤치고 돌아온 조선의용군 · 203
_정철수

19 용인의 한과 꿈을 노래하다 용인에 묻힌 시인 · 214
_류완희

"한반도를 중립화해야 세계평화가 있다" _ 이한응

#1

| 연보 |

- 1874년 9월 21일 경기도 용인군 이동면 화산리에서 출생
- 1889년 관립영어학교에 입학
- 1894년 성균관 진사에 합격, 부친 사망으로 3년 낙향
- 1897년 한성부주사에 이어 관립영어학교의 교관으로 전출
- 1901년 주차영의양국공관 3등 참사관으로 영국 런던에 부임
- 1904년 주영공사 서리로 대영외교 실무책임 맡음
- 1905년 5월 12일 순국

8월 29일은 일본 제국주의자들에게 한국의 땅과 하늘, 사람과 역사문화 등 모든 것을 빼앗긴 국치일이다. 이로부터 36년 동안 우리 선조들은 만주와 러시아, 일본과 미국 등지로 흩어져 망국노의 설움과 핍박을 받으며 피어린 항일전쟁을 벌어야 했으며, 강제징용과 징병·위안부 등 노예의 삶을 겪어야 했다.

사실 일제의 조선 침략은 동학농민군 진압을 명분으로 서울에 들어와 경복궁을 무력점령해 대포를 설치한 1894년 6월 23일부터라 할 수 있지만, 명목상으로는 자주국가로서의 고유권리인 외교권을 박탈당한 1905년 11월 17일 을사늑약을 기준으로 삼고 있다. 1894년 청일전쟁을 승리로 이끈 일본은 곧 1904년 남하하는 러시아 해군을 선제공격하여 물리친 후, 조선을 '보호국화'한다는 명분 아래 식민 통치기구인 통감부를 설치하였다.

▲ 열강의 중국 분할을 풍자한 1904년 프랑스신문의 삽화. 영국과 독일, 러시아와 프랑스 옆에 일본이 고민하고 있다.

이러한 격변의 시대에 일제 외교침략정책을 온 몸으로 저항하기 위해 을사늑약 전에 최초로 순국한 외교관이 있었으니, 이한응(李漢應) 열사가 그 장본인이다. 이한응은 고종 11년인 1874년 9월 21일 용인시 이동면 화산리에서 태어났다. 그의 생부는 명호(命鎬)이나, 동생이며 곤양(지금의 경남 사천군) 군수를 지낸 경호(璟鎬)에게 양자로 들어가게 되었다. 본관은 전의(全義). 그는 15세 이전까지 큰아버지인 이만호(萬鎬)에게 한학을 배웠다.

고향에서 전통유학을 배웠음에도 일찍이 신학문에 눈 떴던 이한응은 1889년인 16세에 관립 영어학교에 입학하여 1892년 2년간의 학기를 우수하게 마쳤다. 이어 1894년 과거에 합격해 성균관 진사에 올랐다. 하지만 부친이 동학농민군 진압에 나서다 전사하자 장례를 치르기 위해 낙향했다.

청년 이한응은 1897년 한성부주사로 복귀하여 근무하던 도중 고종 황제가 비밀리에 경복궁을 빠져나가 러시아 공사관으로 파천하는 치욕을 목격하였다. 약소국의 설움을 몸으로 체득하게 된 것이다. 그는 관립영어학교의 교관을 거쳐 1901년 3월 영의양국(英義兩國)* 공사관 3등 참사관에 임명되었다. 그는 당시 민씨 정권에서 대외 정책을 주관한 전 미국 특명전권 공사였던 민영돈(閔泳敦, 1863~1918)과 함께 런던에 부임하여 국제무대의 한복판에 뛰어 들었다. 그는 유창한 어학실력을 바탕으로 활발한 외교활동으로 신망을 얻은 후, 1903년 10월에 6품 통훈대부에서 정3품 통정대부로 특별히 가자(加資)되었다.

뛰어난 외교술과 멋쟁이로 알려진 그에 대해 영국의 명예 총영사 마켄톤은 "한국의 가장 공정한 대표이고 학문에 근실한 모범적 인물"이라 격찬했다. 1904년 러일전쟁이 일어나자 민영돈이 외무협판이던 박영화에게 자리를 넘기고 급히 귀국하였다. 하지만 신임 공사는 런던으로 부임하지 않은채, 이듬해 외무대신 서리로 임명된다. 이로써 이한응은 주영공사관이 폐쇄될 때까지 후임으로 영국 서리 공사(charge d'affaire)의 책임을 떠맡게 되었다.

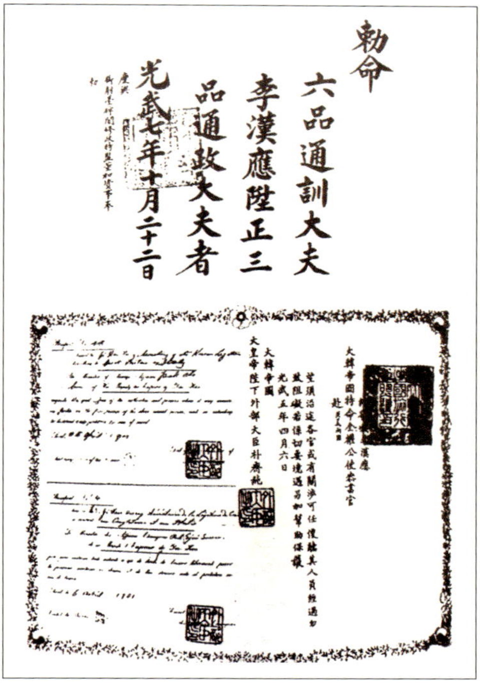

▲ 1901년 4월 대한제국 특명전권공사 참사관 임명장(아래)와 1903년 10월 이한응을 정삼품 통정대부로 임명한 대한제국 칙령(위).

그는 영국을 비롯한 유럽의 여러 나라와 활발한 외교활동을 펼치면서, 열강의 치열한 각축 속에 처한 암

* 영국과 벨기에 2개국

담한 현실을 뚫고 나가야 할 활로를 개척해야 했다. 그는 매일 접수되는 외신보도의 주요 내용을 일지로 적는 한편, 이를 통해 국제적 동향과 외교적 대처방안을 찾고자 했다. 일제가 1904년 러시아와의 전쟁을 일으켜 동북아시아를 제패하려 하자, 서리 공사 이한응은 1월부터 영국 정부의 협조를 요구하는 외교활동을 꾸준히 펼쳐나갔다. 그러나 두차례에 걸쳐 일본과의 동맹을 맺어 일본의 한국 지배를 인정하려는 영국 정부에게 그는 항상 귀찮은 존재로 비춰졌다.

당시 주한 영국 공사 조르단(Jordan)은 "러일전쟁이 일어날 경우, 한국정부는 서울을 먼저 점령하는 쪽의 지배하에 들어갈 것이므로… 한국의 중립선언이란 중요성이 없다"고 본국에 보고하였다. 이는 당시 영국 외교의 시각을 적나라하게 보여주는 것이라 하겠다. 그럼에도 이한응은 2월 29일 영국정부에게 전쟁에 관계없이 한국의 독립과 주권인정을 꾸준히 요구하였다.

▲ 1905년 5월 자결 직전에 찍은 주영국 서리 공사 이한응의 사진(좌)과 현재 주영 한국대사관 내에 있는 그의 흉상(우).

이한응은 한일협약과 영일 동맹조약*의 부당성을 지적하고 영국이 한국의 주권을 계속 인정해 줄 것을 요구하였다. 또 외교적으로 4국(영국, 프랑스, 일본, 러시아) 간의 평화조약을 맺어 힘의 균형과 동아시아 평화를 유지하자고 하는 중립화 방안을 주창하였다. 영국 외무성에 보낸 메모에 적힌 그의 주장은 이러했다.

> 영국과 프랑스는 러시아와 일본의 갈등을 해소시키고, 만주와 조선에서의 그들의 상호이익을 보장하는 심판관의 역할을 수행해야 한다. 외교적으로 4국(영국·프랑스·러시아·일본)조약을 맺어서 한반도에서 일본이나 러시아로 힘이 쏠릴 경우에 영국과 프랑스는 균형을 다시 복원하는 균형추의 역할을 수행해야만 한다. 그것이 동아시아의 평화, 나아가서는 세계평화를 유지하는 길이다.

1905년 2월 이한응 서리 공사는 영국 외무성을 방문하여 동아시아 담당국장과 두 차례에 걸쳐 회담하였다. 그는 러일전쟁의 종결이 한국에 미칠 영향을 고려하여 한국의 독립보전이 영일동맹에 의존하고 있음을 강조했다. 나아가 그는 영국이 러·일 평화조약에 한국독립이 준수될 수 있도록 노력해 주기를 '거듭거듭' 요청했다고 한다.

하지만 일본이 한국의 외교관을 소환하라고 대한제국을 압박하고 있는 데다가 영국 외무성으로부터 냉담한 반응을 받게 되자, 그는 크게 좌절하였다. 더구나 4월부터 일본영사관에서 파견된 것으로 의심되는 괴한 2명에게 살해 위협을 꾸준히 받을 지경에 이르렀다. 그래서 그는 영국정부에 신변보호를 요청하는 편지를 보내기도 하였다. 이러한 사실은 2001년 단국대 동양학연구소 팀이 영국 공문서 보관서(PRO)에서 입수한 마이크로 필름 등 관련 자료를 수집하면서 밝혀졌다.

마침내 이한응은 비장한 결심을 하였다. 차라리 자신의 목숨을 깨끗이 바쳐

* 영·일 동맹(英·日同盟): 1902년 영국과 일본이 러시아의 남하정책을 막기 위해 체결한 조약. 영국은 중국(청)에, 일본은 한국에 각각 특수한 이익을 지켜주기로 하고 양국 중 한 나라가 제 3국과 개전할 시 서로 중립을 지켜준다하여 약소국 침략을 상호간에 정당화했다.

세계의 양심인들에게 일제 침략의 부당성과 조국의 현실을 고발하기로 마음먹은 것이다. 그는 1905년 5월 12일 자신의 깊은 뜻을 담은 다음의 글을 남겼다.

> 오호라! 나라의 주권이 없어지고 사람의 평등이 없어졌으니, 모든 교섭에 치욕이 망극할 따름이다. 진실로 혈기를 가진 사람이라면 어찌 참고 견디리오. 나라가 장차 무너지고, 온 민족이 남의 노예가 되리라. 산다는 것은 욕만 더할 따름이다. 이 어찌 죽은 것보다 낫겠느냐. 죽을 뜻을 매듭지으니 다시 할말이 없노라.

그는 이러한 유서와 함께 형과 부인에게 유언장을 남겨 놓고 이발소에서 이발을 한 후, 사진관에서 촬영도 하였다. 숙소에 돌아온 그는 일제의 침략에 항거하고 이에 굴복한 영국에도 항의하기 위해 유서를 쓴 후, 조용히 앉아 독약을 마시고 순국하니 이때 나이 32세였다. 그의 유서를 보면 영국 은행에 예치한 월급 가운데 천여 원은 반드시 시체 운반비로 쓰고, 식비 등을 정산해 달라는 등 세세한 부분까지 언급한 후, 생가의 동생 아들을 양자로 삼아 줄 것과 부인에게 어린 딸을 잘 기르라는 유언을 남겼다. 그의 유언대로 동생의 둘째 아들 상용(相龍)을 양자로 삼아 후사를 잇게 하였다.

그의 순국을 본국 정부에 알리는 영국의 런던 주재 한국 총영사인 모건의 아래 보고문은 가히 이한응의 열정과 인격을 잘 보여준다.

> 5월 12일 런던 주재 한국 공사 서리 이한응이 자결했다. 그는 지난 몇 달 동안 극동전쟁(러일전쟁)에 대한 일로 상심을 많이 했고, 한국의 이익 관계로 더욱 노심초사했다. 본국으로부터 반갑지 않은 소식을 들을 때마다 비분강개했다. 이 선생은 조선에서 가장 공정한 대표적인 사람이며, 또한 그 일상생활이 학문에 근면하는 모범적 인물이었다. 그러므로 영국에 주재해 있는 동안에 여러 가지로 불리한 환경에 처해 있으면서도 그 국제적 지위를 잘 보전하였다. 따라서 영국의 외무부나 일반 사회에서는 다른 열국의 외교 대표인들과 조금도 차이 없이 선생을 우대하여 왔다.

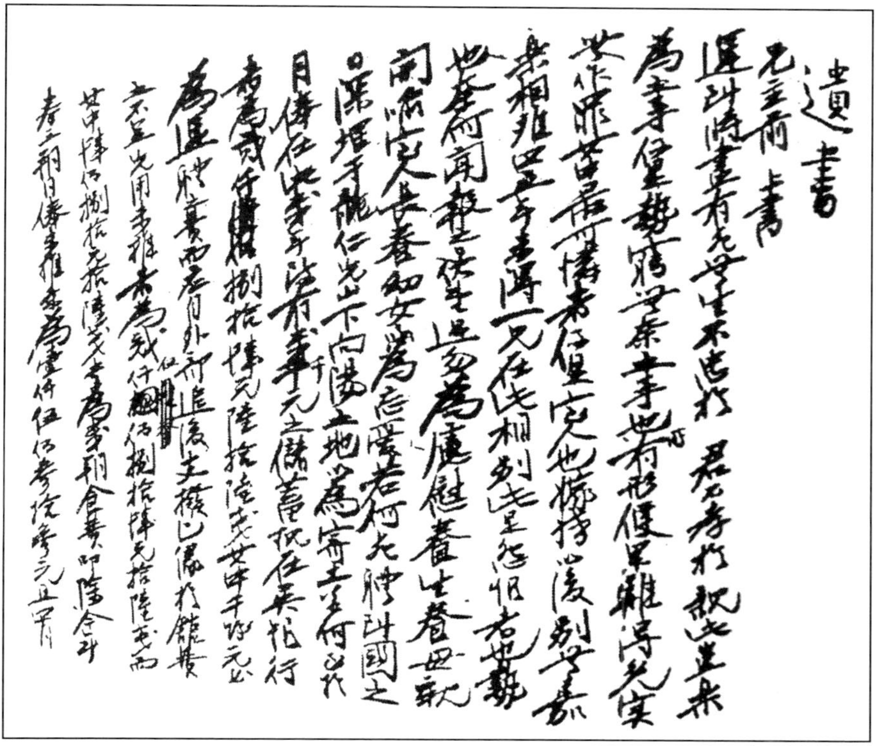

▲ 1905년 5월 12일 자결 직전 이한응이 남긴 친필 유서.

이한응의 유해는 고종 황제의 특별 지시와 모건 총영사의 노력으로 그해 7월 고국에 귀환되어 국민들의 애도 속에 고향인 용인군 이동면 덕성리 금현(金峴)에 모셔졌다. 그의 묘는 고종 황제가 친히 내린 내탕금과 일가 친척들이 모은 돈으로 덕성리의 묘역을 사들였다. 이한응의 자결은 일제에 의한 을사늑약이 체결되기 6개월 전이지만, 일제 침략에 항거한 최초의 순국으로서 애국지사들을 분통해 하기에 충분했다. 이어 을사늑약 이후 민영환과 조병세·홍영식의 자결이 뒤따르는 계기가 되었다. 나아가 그가 주창한 4개국 평화조약 체결과 한반도 중립화 방안은 꼭 5년 후 안중근에 의해 주창된 동양평화론으로 이어졌다고 할 수 있다.

당시 조정에서도 고인의 절의를 높이 여겨 종2품 가선대부와 내부협판으로

▲ 서울 장충단 공원 내 맨 위쪽에 세워진 순국열사 이한응 선생 기념비는 고종 황제가 1895년 을미사변 당시 순국한 열사들의 영령을 기리기 위해 만든 제단 공원에 세워졌다.

추증하였고, 장충단*에 배향하도록 하였다. 1962년 정부는 고인에게 건국훈장 독립장을 추서하였으며 1964년 장충단 공원에 순국기념비를 세웠다. 비면에는 그가 남긴 유서와 민영환의 추모글 등이 적혀 있다. 일본의 조선 침략을 막는 노력을 끝까지 포기하지 않았던 참 외교관이며, 수많은 애국지사들의 가슴을 뜨겁게 한 최초의 순국열사이다. 21세기 외교관을 꿈꾸는 젊은이들이 꼭 기억해야 할 이름일 것이다.

* 장충단(奬忠壇): 대한제국 광무 4년(1900년)에 고종 황제의 명으로 을미사변(1895) 때 명성황후를 지키다가 순국한 홍계훈 시위대장 등 장병들의 넋을 제사하기 위해 서울시 중구 장충동에 만들어진 제단. 뒤에 임오군란(1882년) 때 순국한 이들을 비롯해 이준 열사 등의 동상이 세워졌다.

▲ 용인 처인구 이동면 덕성리 금현에 자리한 이한응 열사의 묘소.

이한응 선생 묘소

⑦ 찾아가는 방법

- 용인터미널에서 송전 방면 버스 이용 덕성리 금현 하차 300m 이동
- 이동면 덕성리 금현에서 좌회전하여 100m 이동 후 표지판에서 200m 이동

주변 볼거리

✓ 처인성지(아곡리)

✓ 신세계상업사박물관(창리)

어록

"오호라 나라의 주권이 없어지고 사람의 평등이 없어졌으니, 모든 교섭에 치욕이 망극할 따름이다. 진실로 혈기를 가진 사람이라면 어찌 참고 견디리오. 나라가 장차 무너지고, 온 민족이 남의 노예가 되리라. 산다는 것은 욕만 더할 따름이다. 이 어찌 죽은 것보다 낫겠느냐. 죽을 뜻을 매듭지으니 다시 할말이 없노라"

_1905년 5월 12일, 유서 중에서

참고문헌

- 영국 공문서 보관소(PRO) 관련 자료
- 순국열사이한응선생추모회 편, 『순국열사이한응선생유사』, 문예홍보사, 1957
- 이민섭 정리, 『순국열사이한응선생의 생애와 사상』, 1995.
- 이창훈, 「대한제국기 유럽지역에서 외교관의 구국운동」, 『한국독립운동사연구』27, 2006.
- 송재용 편저, 『구한말 최초의 순국열사 이한응』, 제이앤씨, 2007.

세계를 일주한 첫 한국인, 구국강병책을 세우다 _ 민영환

#2

| 연보 |

- 1861년 서울 전동에서 선혜청당상인 민겸호의 아들로 출생
- 1882년 21세로 성균관 대사성에 오름, 임오군란으로 부친 사망
- 1895년 주미전권공사로 러시아 황제 대관식 참가 위해 최초의 세계일주 여행
- 1897년 특명전권대사로 2차 유럽 여행 영국 여왕 즉위 60주년 축하식 참여
- 1905년 11월 30일 을사늑약에 반대하며 유서 남기고 자결

매번 대통령이나 국회의원, 지방자치단체장 선거철이나 고위 공직자들의 인사철마다 고질적인 '불공정함'이 도마 위에 오르고 있다. '고소영'이어야 출세한다는 우스개소리를 넘어, 위장전입하고 부동산투기와 논문표절 정도는 해줘야 장관될 수 있다는 비아냥이 난무한다. 대통령이 '공정사회'라는 구호를 외치는 그 순간, 핵심 측근인사들이 보여준 거대한 특권의식은 놀라울뿐더러 소름이 돋을 정도이다. 특히 취업 경쟁에 지친 젊은 세대에게 고위 공직자들이 보여준 인사특채는 국가 일자리를 농단한 배신인 동시에 국가적 범죄로 느껴질 뿐이다.

이런 절망감 속에서 서구의 고위층이 보여 준 높은 도덕의식과 솔선수범을 뜻하는 '노블레스 오블리주*'라는 말이 간절해진다. 초기 로마사회에서 귀족들의 공공봉사와 기부·헌납 등의 전통에서 비롯된 이 말은 전쟁과 같은 국난에 기꺼이 목숨을 바친 외국 귀족들을 비롯해 탈세나 불법증여보다 사회기부가 보편적인 해외재벌가에서도 쉽게 찾아볼 수 있다. 그렇다면 정말로 한국 역사에는 그런 높은 신분에 맞게 도덕적 의무를 다한 어른이 없었던 것인가. 결코 그렇지 않다. 용인 기흥구 마북동에 묻힌 구한말 순국열사인 충정공 민영환(閔泳煥)은 나라의 녹을 먹는 고위 공직자가 국가위기 앞에서 어떻게 처신해야 할지를 알려준 한국판 노블레스 오블리주의 한 표상이라 할 수 있다.

민영환은 조선왕조의 몰락을 앞당긴 민씨척족의 한 사람인 선혜청(宣惠廳)**당상 민겸호(閔謙鎬)의 아들로 1861년 서울 전동(지금의 종로구 견지동)에서 태어났다. 명성황후의 친정 조카인 그는 당시 집권 권문세가에서 성장하여 고종 황제의 내외종간 사이이다. 그는 일찍이 16세인 1877년(고종 14)부터 학동을 가르치는 동몽교관이 되었으며, 1882년 성균관 대사성이라는 높은 벼슬에 오르게 되었다. 그러

* 노블레스 오블리주(noblesse oblige): 사회 고위층 인사들에게 요구되는 높은 수준의 도덕적 의무감. 한국의 대표적인 노블레스 오블리주 실천가로는 신흥무관학교를 세운 이회영(李會榮) 일가와 상해의 대한민국 임시정부를 재정적으로 후원한 경주 최부자집 최준(崔俊)을 꼽을 수 있다.

** 선혜청(宣惠廳): 조선시대 대동법 시행에 따라 설치된 기관으로 대동미와 대동포, 대동전 등 각종 국가 납품물의 출납을 관장하는 관청.

▲ 모스크바에서의 민영환 일행과 러시아 관헌들. 앞쪽 가운데가 민영환, 앞줄 왼쪽은 김득련과 윤치호, 뒷줄 왼쪽부터 김도일, 스테인, 손희영이다.

나 그해 임오군란이 일어나 생부인 민겸호가 군인들의 습격으로 피살되자, 벼슬을 버리고 3년상을 치르며 대죄하였다. 이어 큰아버지인 민태호(閔台鎬)에게 양자로 들어갔으나, 그 역시 민씨척족의 한사람으로 1884년 갑신정변 때 피살되고 말았다.

이후 개화세력에 대한 청나라와 수구세력의 간섭과 압력이 거세질 무렵인 1887년 그는 친군전영사(親軍前營使)를 거쳐서 예조판서를 역임했다. 또한 두 차례에 걸쳐 병조판서를, 그리고 형조판서와 한성부 판윤 등 수많은 고위관직을 30세 무렵 안에 지냈다. 그리고 1895년 주미 전권대사에 임명되었으나, 을미사변으로 명성황후가 시해되자 곧장 사직하였다.

일제의 잔혹한 학살로 명성황후를 잃은 고종 황제는 1896년 2월 러시아 공사관으로 피신하여 일본을 배척하고자 하였다. 그러던 중 마침 러시아 황제인 니콜라이 2세의 대관식이 열리니, 축하 사절단을 파견하여 동맹관계를 맺을 수 있다

▲ 1896년 5월 26일 러시아 황제 대관식에 함께 특사로 파견된 일본의 전 총리 야마가타 아리토모(좌)와 청나라의 실권자인 이홍장(우).

는 베베르공사의 제안을 받게된다. 동아시아에서는 청나라의 실권자인 직례총독 이홍장(李鴻章, 1823~1901)이, 일본은 이토 히로부미의 라이벌인 전 수상 야마가타 아리토모(山縣有朋, 1838~1922)가 특사로 파견되었다. 이에 고종 황제는 민영환을 중심으로 대관식 사절단을 구성해 러시아에 파견하기로 결정했다. 1896년 4월 1일 특명전권공사로 임명된 민영환은 학부협판이었던 윤치호와 중국어를 비롯해 영어와 러시아어를 구사할 수 있는 김득련, 김도일, 손희영, 러시아인 스테인 등을 수행원으로 구성해 다음날 인천항에서 러시아 함대를 탔다.

민영환 일행은 중국의 상해와 일본의 도쿄를 거치고 태평양을 건너 아메리카 대륙 북부의 캐나다를 거쳐 미국 뉴욕을 방문했다. 이어 상선을 타고 대서양을 건너 영국과 아일랜드 → 네덜란드 → 독일 → 폴란드를 거쳐 근 2개월 만에 러시아 경내로 들어갔다. 그 과정에서 근대화의 궤도에 오르고 있는 서구열강과 식민지로 전락한 폴란드의 현실을 눈물로 목격했고, 뉴욕·런던 등 세계 최고의 문화도시를 방문하며 근대 자본주의 문화에 큰 충격을 받기도 했다.

사절일행은 대관식이 거행되는 모스크바에 5월 20일 도착하여 22일 황제를 면담하였다. 그 자리에서 민영환은 고종의 친서를 전달했다. 대관식은 5월 26일 거행되었으나, 일행은 모자를 벗을 수 없어 식이 열리는 사원에 들어가지 못했다. 민영환은 이후 공사관을 신설하고 각국 공사들과 더불어 대관식에 참석하는 한편, 러시아 정부의 중요 인물들과 만나 외교교섭을 벌였다. 일행은 러시아 정부와 비밀조약을 맺으면서 국왕 신변보호를 위한 왕실수비병 파견과 차관 제공, 전신선 가설 등을 요청했는데, 타결된 것은 재정고문과 군사고문 초빙뿐이었다.

일행은 약 3개월간 러시아의 곳곳을 순회한 다음, 시베리아를 횡단하는 기차와 마차를 타고 연해주를 순회하였다. 연해주에서는 조선의 이주민들을 만나 그들의 생활여건 개선과 이주 대책에 대해 논의하였다. 10월 21일 배를 타고 인천으로 들어오니 마침내 6개월 21일, 총 204일 만에 서울로 귀환하였다. 실로 민영환은 세계를 일주한 최초의 한국인인 동시에 가장 먼저 양복을 입은 한국인이기도 하다.

사절단이 귀국했을 당시에도 고종 황제는 일본의 겁박을 피해 러시아 공사관에 머물러 있었으니, 울분 속에 맞는 환영 분위기는 고조되었다. 당시의 상황을 『독립신문』을 통해 알 수 있다.

> 아라사(주-러시아)에 갔던 민영환 씨가 여러 달 만에 본국에 돌아왔으니, 우리는 민공사를 반갑게 치하하고, 조선 정부를 외국에 가서 대접받도록 행세를 하고 왔으니 어찌 가히 치하치 않으리오. 조선에서 아라사로 사신을 보낸 것이 여러 가지로 도움이 되는지라. 첫째는 아라사 황제와 인민에 대하여 치하를 하는데, 조선에서 남의 나라와 같이 사신을 보냈은 즉, 양국 교제상에 매우 도움이 되는 일이고, 둘째는 조선 역사에 처음으로 공사를 보내어 조선이 자주독립한 나라로 세계 각국에 광고를 하였으니 나라의 경사요, 셋째는 공사가 아라사 정부의 허락을 받아 육군 교사를 얻어 오는데…. (『독립신문』 1896년 10월 24일자 논설)

귀국 후 민영환 일행은 사행에 관한 여러 기록을 남겼다. 그중 민영환은 『해

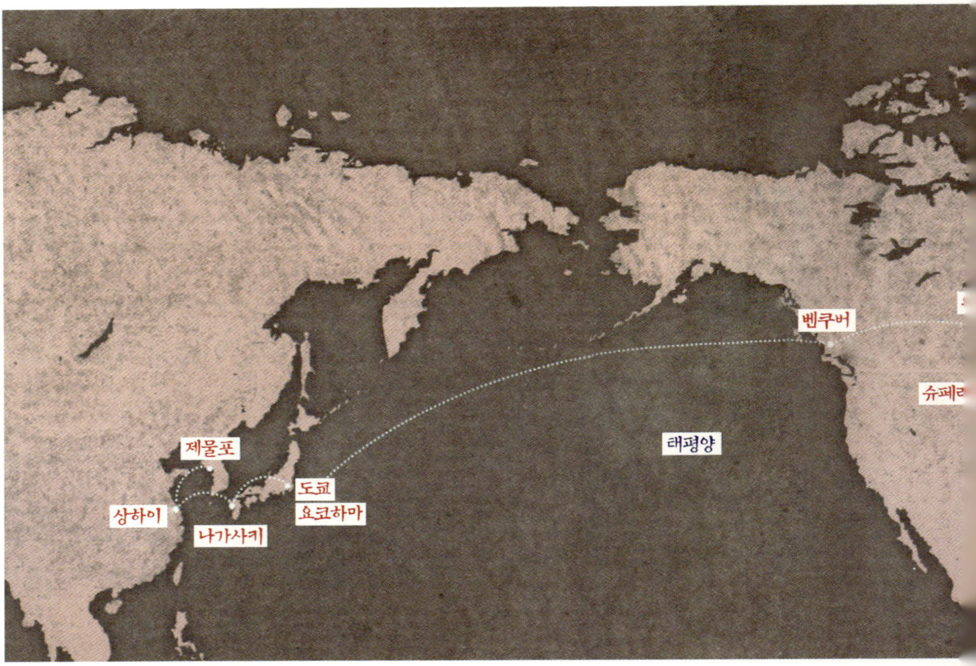

천추범(海天秋帆)』을, 김득련은 『환구일기(環璆日記)』와 『부아기정(赴俄記程)』을, 윤치호는 『윤치호일기(尹致昊日記)』를 저술했다. 귀국 후 의정부 찬정과 군부대신을 지낸 민영환은 영국·독일·러시아·이탈리아·프랑스·오스트리아 6개국의 특명전권공사가 되어 1897년 3월 또 다시 영국과 독일·프랑스·러시아·이탈리아·오스트리아 등 유럽 6개국을 순방하게 되었다. 그는 싱가포르-인도를 거쳐 지중해를 건너 러시아에 들어가 고종 황제의 친서를 전달한 이후, 6월 22일 열린 영국 빅토리아 여왕의 즉위 60주년 기념식에도 참석하였다. 런던에서 40여 일간 머물며 선진문물을 견학하고 기록한 책이 곧 『사구속초(使歐續草)』이다.

세도정치로 민중의 지탄을 받던 척족의 한 사람이었지만, 민영환은 두 차례의 외유를 통해 서구의 근대식 문물을 경험한 후 혁신세력을 지원하는 개화파가 되었다. 『독립신문』 조차 그가 "새 사람이 되었다"고 평가할 정도로 선진문물을

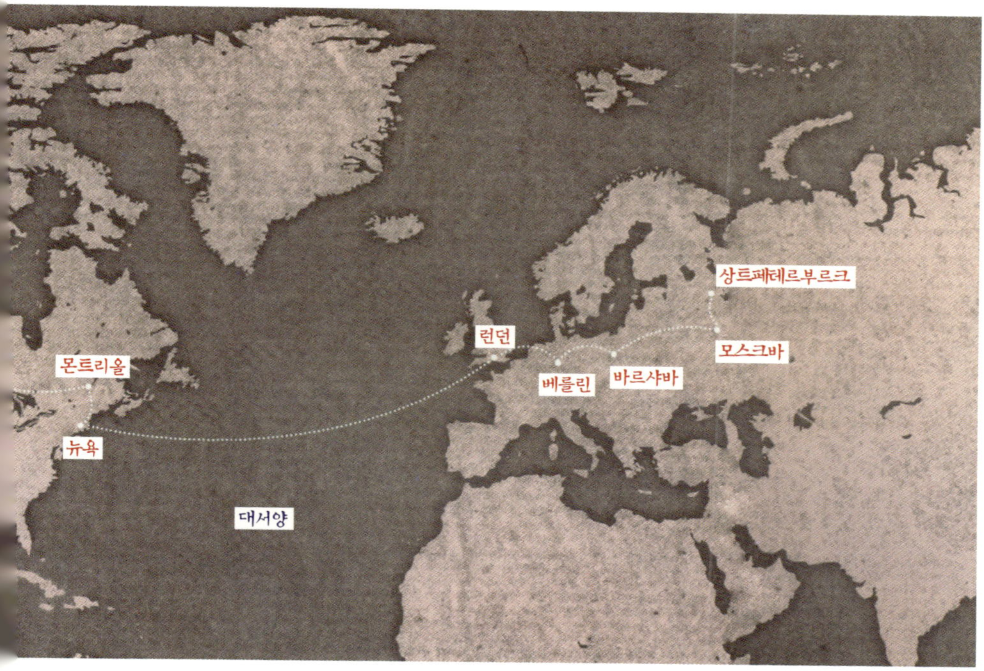

▲ 1896년 4월 2일 인천을 떠난 민영환 일행은 중국(상해)와 일본(도쿄)를 거쳐 캐나다·미국(뉴욕)을 거쳐 영국·독일·헝가리를 통해 2개월만에 러시아 모스크바로 들어갔다. 이어 시베리아 횡단열차를 타고 연해주를 거쳐 인천에 돌아오니 204일만의 귀환이다.

본 바를 현실·정치 무대에 반영하고자 했다. 우선 그는 고종 황제에게 정치·군사 제도의 근대적 개혁을 건의하고, 독립협회 등 사회단체와 재야인사들과 교유를 통해서 자주민권운동을 지원하기도 하였다.

이 무렵 민영환은 자신의 외교경험을 바탕으로 한국의 생존을 위한 방책을 담은 외교서인 〈천일책(千一策)〉을 저술하였다. 그 내용은 러시아·일본의 위협에 대한 방비와 자주국방 및 대민안정책 등 4가지 대책을 논한 것(時勢四條)과 국내에서 구비해야 할 방책 10가지(備禦十策)를 적은 것이다. 안에서 구비해야 할 대책으로는 국방의 정비와 재정의 확보, 인재의 양성을 비롯해 전략요충지의 수비 강화, 백성의 규휼, 세법의 운용, 학교의 설립과 교육의 진흥, 외교제도의 정비, 저축의 장려, 기계의 정비 등이다. 이 책을 통해 그는 주변 강대국에 대한 경계와 함께 부국자강을 위해서

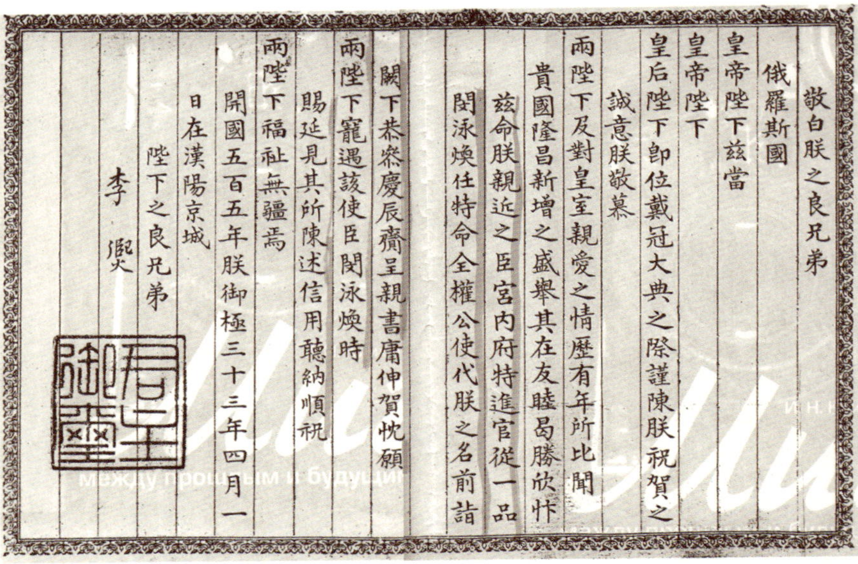
敬白朕之良兄弟
俄羅斯國
皇帝陛下玆當
皇帝陛下
皇后陛下卽位戴冠大典之際謹陳朕祝賀之
誠意朕敬慕
兩陛下及對皇室親愛之情歷有年所比聞
貴國隆昌新增之盛擧其在友睦曷勝欣忭
玆命朕親近之臣宮內府特進官從一品
閔泳煥任特命全權公使代朕之名前詣
闕下恭參慶辰齎呈親書庸伸賀忱願
兩陛下寵遇該使臣閔泳煥時
賜延見其所陳述信用聽納順祝
兩陛下福祉無疆焉
開國五百五年朕御極三十三年四月一
日在漢陽京城
陛下之良兄弟
李㷩

▲ 1896년 4월 1일자로 작성된 러시아 황제에게 보내는 고종 황제의 친서. 민영환을 특명전권 공사로 삼아 대관식 축하 선물을 보낸다는 내용이다.

는 국가기강의 확립과 민생의 안정이 무엇보다 시급하다는 점을 강조한 것이다. 한국의 외교정책과 국방을 책임졌던 고위 관직자의 우국충정이 아닐 수 없다.

하지만 그의 개혁안은 세도정치에 물든 보수파 관료들의 철저한 반대로 뜻을 이루지 못하고, 오직 군제만이 채택되어 원수부(元帥府)를 설치하여 육군을 통괄하게 되었다. 그는 러시아 등 서구의 징병제 방식과 군함 제작에 관심을 갖고 이를 추진하였다. 그러나 수구세력의 반발도 거세었으니, 오히려 같은 척족세력과 친일 관료들의 무고로 인하여 파직되기도 하였다. 또 독립협회에 맞서 매국행위를 서슴치 않던 제국협회의 친일파들은 직접 그를 위협하기도 하였다. 1904년 이후 내부와 학부대신을 맡아 계속 친일 관료들과 맞서 일본의 내정간섭을 성토하던 민영환은 마침내 시종무관장(侍從武官長)이란 한직으로 밀려나고 말았다.

그런 와중에 러시아와 일본은 한반도에 대한 지배권을 둘러싸고 1904년 2월 급기야 전쟁에 돌입하였다. 전쟁 발발과 동시에 중립을 선언한 대한제국 정부에 대해 일본은 강압적으로 일본을 돕는다는 내용의 한일의정서를 체결케 하였고, 그해 8월 1차 한일신협약*을 체결하여 한국의 재무, 외교에 대한 고문정치를 단행하기에 이르렀다. 1905년 러일전쟁에서 어렵게 승리한 일본은 마침내 11월 17일 총칼을 앞세워 대한제국의 외교권을 박탈하였다.

▲ 시종무관장 무렵인 1905년 당시 민영환의 모습.

민영환은 의정대신인 조병세를 비롯한 여러 대신들과 함께 상소를 올려 조약에 찬동한 5적의 처형과 조약의 파기를 요구하였으나, 일본 헌병의 강제해산으로 끌려 나와야 했다. 다시 종로로 나아가 소청을 열고 상소를 올렸으나, 성과를 얻지 못했다. 이미 대세가 기울어 자신의 뜻을 전할 수 없음을 느낀 민영환은 전동에 있는 청지기 이완식의 집에 가서 11월 30일 새벽, 국민과 각국 공사에게 고하는 유서 세 통을 남겼다. 그가 남긴 유서의 내용은 다음과 같다.

"슬프도다. 국치민욕(國恥民辱)이 드디어 이에 이르러 우리 인민은 장차 생존경쟁 속에서 멸망하게 되었다…. 영환은 다만 일사(一死)를 맺음으로써 우러러 황은(皇恩)에 보답하고 2천만 동포 형제에게 사(말)하노니, 영환은 죽었다해도 죽지 아니하며 여러분을 구천 아래에서도 기필코 도울 것이니, 동포형제는 천만분려 배가하여 뜻과 기운을 굳게하고 학문에 힘쓰며, 결심유력하여 우리의 자유와 독립을 회복한다면 죽은 자 마땅히 명명한 속에서 즐겨 웃으리니, 슬프나 조금도 실망하지 말지어다. 우리 2천만 동포에게 마지막 이별을 고하노라."

* 1차 한일신협약: 1904년 2월 일본이 대한제국 정부에게 "군사상 필요한 지역을 마음대로 사용한다"는 의정서를 체결한 후, 8월 재차 신협약을 체결했다. 내용은 정부내에 일본인 고문을 두는 것과 대한제국의 모든 외교문제는 일본과 미리 협의한다는 것 등이다.

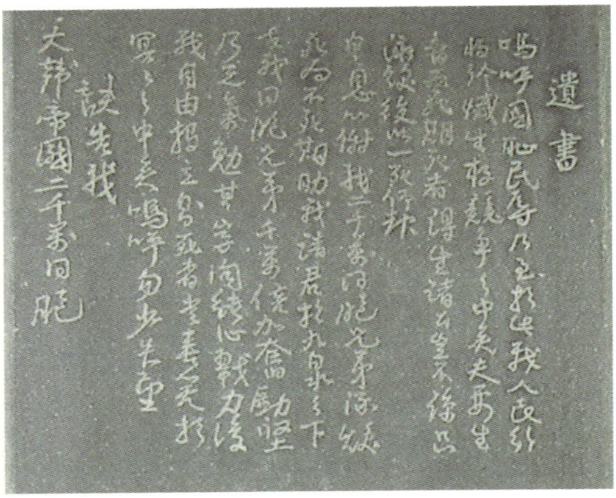
遺書

▲ 민영환의 유서. 그의 유언은 '육군 부장 정일품 대훈위(陸軍副將 正一品 大勳位)'라 적힌 명함 앞 뒷면에 쓰여 있다.

유서 쓰기를 마친 민영환은 곧 단도로 목을 찔러 자결하였다. 그때 나이 45세였다. 고종 황제는 그를 "의지와 기개가 전일하고 단정하며 왕실의 근친으로서 곁에 가까이 있으면서 보좌한 것이 많았고 컸으며, 짐이 일찍이 곁에 두고 의지하며 도움을 받던 사람"이라고 평가했다. 나아가 고종은 12월 17일의 고인 발인 시 대안문(大安門)에 직접 마중까지 나갔다. 이때 각국 공사들도 조문했다. 민영환에게는 시호를 충정(忠正)으로 내리고 의정대신으로 추증했다.

그의 자결 소식과 유서 내용이 일제히 각 신문에 보도되어 널리 전해지자, 전 좌의정 조병세를 비롯한 참판 홍만식 등 많은 인사들도 자결을 하였다. 인력거꾼도 목숨을 끊어 일제 침략에 항거하였다. 이후 전국 방방곡곡에서 의병운동이 활발히 일어나니, 그가 남긴 유서가 큰 자극이 되었다. 대부분의 왕실 척족들과 관료 대신들이 입신영달을 위해 친일파가 된 것과 달리 그는 높은 신분을 가진 공직자가 어떻게 나라에 보답하고 민의를 이끌어야 하는지를 온 몸으로 보여준 것이다.

묘는 애초 수지면 풍덕천리 토월마을에 봉분 없이 평장되었으나, 1942년 후손들에 의해서 지금의 마북동 자리로 이장되었다. 1959년 3월 묘역 안에 신도비가 건립되어 있는데, 당시 대통령 이승만의 친필 제자(題字)와 선생이 자결하였을 때 남긴 유서도 함께 각자되어 있다. 1962년에 건국훈장 대한민국장에 추서되었고 경기도 기념물 13호로 지정되었다.

▲ 용인 수지구 마북동에 자리한 민영환 묘역.

민영환 선생 묘소

찾아가는 방법

- 수원 ↔ 수지행 버스(21번, 67번, 1001번, 2002번) 타고 구성초등학교에서 하차
- 마북삼거리(용구대로)에서 경찰대학, 법무연수원 방향, 구성초등학교 옆길로 좌회전

주변 볼거리

✓ 용인향교(언남동)
✓ 한국미술관(마북동)

어록

"슬프도다. 국치민욕(國恥民辱)이 드디어 이에 이르러 우리 인민은 장차 생존 경쟁 속에서 멸망하게 되었다…. 동포형제는 천만분려 배가하여 뜻과 기운을 굳게하고 학문에 힘쓰며, 결심유력하여 우리의 자유와 독립을 회복한다면 죽은 자 마땅히 명명한 속에서 즐겨 웃으리니, 슬프나 조금도 실망하지 말지어다. 우리 2천만 동포에게 마지막 이별을 고하노라."

_1905년 11월 30일, 유서 중에서

참고문헌

- 민영환, 『해천추범』, 을유문화사, 1959.
- 홍순석 엮음, 『내 고장의 얼』, 용인군문화원, 1984.
- 국사편찬위원회 편, 『민충정공유고』(권3), 일조각, 2000.
- 이민원, 「민영환의 외교활동과 외교책」, 『나라사랑』102, 2001.
- 민영환 지음·조재곤 편역, 『해천추범-1896년 민영환의 세계일주』, 책과함께, 2007.
- 이승원, 『세계로 떠난 조선의 지식인들』, 휴머니스트, 2009.
- 규장각한국학연구원 엮음, 『조선사람의 세계여행』, 글항아리, 2011.

사익을 위해 나라를 판 자, 묻힐 곳이 없어라 _ 송병준

#3

| 연보 |

- 1858년 함경남도 장진 출생, 본명은 경재
- 1876년 훈련원판관, 사헌부감찰에 이어 강화도조약 접견사
- 1889년~1894년 용인 양지현감, 장위영 영관, 1894년~1904년 일본 도피
- 러일전쟁 때 고등통역관, 일진회 평의원의장 맡음, 내부대신·궁내부대신
- 1909년 일진회성명서 발표, 1910년 한일강제합병 공로로 자작과 은사금 받음
- 1925년 사망, 작위는 아들 송종헌이 승계

얼마 전 용인시와 이천시 경계지점에 위치한 양지면 추계리에 잠시 들렀다가 거대한 '역사 망각의 위력'을 실감하고 말았다. 이완용(李完用)과 함께 둘째가라면 서러워할 대표적인 친일파인 송병준(宋秉畯, 1858~1925)의 옛 별장이 온데간데 없이 사라지고, 어느새 전부 온누리세계선교센터의 'Acts29 비전빌리지'란 이름으로 탈바꿈했던 것이다. 그의 99칸 건물 터엔 현대식 강의용 건물과 행정실 등 거대한 콘크리트 건물이 자리 잡았고, 벽면엔 "우리는 선교에 목숨 건다"는 플래카드가 선명하게 휘날린다. 일제시대 손꼽히는 대표적인 갑부의 한 사람으로 위용을 자랑하던 그의 솟을대문과 1891년 건축 당시에 심겨진 고목과 석물들도 사라진 지 오래였다.

매년 6월쯤 용인 소재 중·고등학생들과 함께 용인에 산재한 항일 유적지 답사를 다니다가 일제침탈과 친일의 산현장으로 송병준 별장 터를 찾았었는데, 불행히 중요한 근대 유적지 하나를 잃은 것이다. 이미 2008년 용인항일독립운동기념사업회에서 펴낸 《찾아가는 용인항일유적지》를 비롯해 필자의 논문(「용인 근현대 유적지실태와 보존방안」, 『용인향토문화연구』8집, 2008), 그리고 양지초등학교에서 발견된 송병준과 그의 아들 송종헌(宋鍾憲) 부자에 대한 송덕비 및 선정비 발굴을 계기로 실린 『용인문화』(2008년 겨울판) 등에서 전문가들이 수차례 보존의 필요성을 강조한 바 있다.

물론 이 곳을 사유하고 있는 선교센터에서 임의로 개발한다는 것을 전문가나 용인시 행정당국에서 막을 방법이 없는 것도 사실이다. 하지만 최소한 현장 실태조사는 물론 지방문화재로 지정해 보려는 노력을 해 보았어야 하고, 현장의 역사성을 알리는 기념판이나 안내문을 세우는 방법도 고려했어야 한다는 아쉬움을 지울 수 없다. 현장 답사때도 센터쪽에서는 전혀 그 곳의 역사적 의미를 알지 못하고 있으니, 참으로 답답한 실정이다.

송병준의 고향은 함경남도 장진(長津)으로, 율학훈도(律學訓導)를 지낸 아버지 송문수(宋文洙)가 서울에 머물 무렵 기생첩인 홍씨에게서 1858년 8월 20일 태어났다. 어린 나이에 아버지를 따라 경상도 추풍령에서 자랐는데, 여덟살 적에 도둑 협의를 받고 집에서 쫓겨 나왔고, 이 무렵 동학의 초대 교주인 최시형을 만났다고 한다. 그후 도둑질과 비렁뱅이질을 하며 살다가 이를 불쌍히 여긴 참외밭 주인이 서울 오는 길에 함께 데리고 나왔다가 당시 여흥민씨 세도가였던 어영대장 겸 대제학이던 민태호(閔台鎬)의 집에 들어가게 되었다. 민태호는 유명한 민영환의 양아버지였으니, 어리고 천하지만 영리했던 송병준을 그의 애첩 홍씨의 잡일을 돌보게 하였던 것이다.

이렇게 민씨척족의 식객이 된 송병준은 1871년 무과에 급제하여 수문장과 훈련원판관·오위도총부도사·사헌부감찰 등 요직에 오르게 된다. 1876년 일본과의 강화도조약을 맺을 적에는 접견사의 수행원으로 참여하기도 하였다. 1882년 임오군란으로 군인들이 개화세력을 공격하였을 무렵에는 송병준의 집도 불타고 쫓겨나 남대문 밖 농가의 쌀 뒤주 속에 숨어 목숨을 부지하였는데, 이로보아 이 무렵에도 그의 친일 행각이 널리 알려진 모양이다.

조선총독부의 자료에 따르면, 송병준은 1884년 갑신정변 당시 어느 일본인 부인과 그 자녀를 자신의 집에 숨겨주어 일본공사관의 신임을 얻기 시작했다고 한다. 이후 갑신정변의 실패로 일본에 망명해 있던 김옥균을 암살하고 박영효의 동정을 살피라는 밀명을 받고 일본에 건너갔으나, 오히려 김옥균에게 감화를 받아 그의 동지가 되었다. 이로인해 1886년 귀국하여서는 김옥균과 내통하였다는 혐의를 받아 투옥되었다. 이에 민영환이 주선하여 1백일 만에 풀려났고, 이후 명성황후의 총애를 입어 흥해군수에 이어 양지현감을 지냈다. 1890년 5월부터 1894년 4월까지 양지현감을 지낸 송병준은 이 무렵에 양지면 추계리에 별저를 지은 것으로 보인다. 이어 1891년 9월 장위영 영관으로 출세하여 동학농민전쟁 때에는 농민군의 동향을 살펴 보고하는 역할을 맡았다.

하지만 갑오개혁으로 등장한 김홍집 내각에서는 그를 민씨척족 세력의 일원으로 지목하여 체포령을 내렸다. 이에 송병준을 재빨리 일본으로 도망하여 노다 헤이치로(野田平治郎)라는 이름으로 바꾸고 일본인 행세를 하였다. 그는 10여 년간 일본을 떠돌며 일본 고위층과 교제를 넓혀갔다. 특히 그는 누에를 키워 고치를

▲ 양지면 추계리 송병준 별저의 옛 모습(2005년경 촬영). 지금은 온누리세계선교센터로 탈바꿈되었다.

▲ 일진회 고문으로 을사늑약에 앞장선 우찌다(內田良平)(좌)와 다께다(武田範之)(가운데), 회장 이용구(우).

뽑아 옷을 만들고 색깔을 입히는 양잠과 염직 기술을 익혀 야마구치(山口)현 하기(萩)에서 양잠염직연습소를 열었다. 그러면서 조선인 남녀학생을 초청해 그 기술을 가르치기도 하였다.

1904년 일본 군벌의 대표인 가쓰라(桂太郎) 당시 수상은 그를 만난 자리에서 한국을 병합하려면 얼마가 필요하겠냐고 물었다. 이에 송병준은 "1억 엔을 내야 한다. 그러면 내가 책임지고 병합을 무난히 실행시켜 보이겠다"며 기염을 토했다고 한다(釋尾東邦, 『조선병합사』).

이처럼 사리사욕을 위해서라면 언제든 나라를 팔 준비를 하고 있었던 송병준은 1904년 러일전쟁이 발발하자, 일본공사 데라우치 마사다케(寺內正毅-후일 초대 조선총독)의 고등통역관 자격으로 조선에 돌아왔다. 그는 전쟁이 진행되는 동안 군부대 안에 매점을 운영하는 군납상인(PX)으로 많은 이권을 챙겼다. 또 일본에서 회유한 이용구(李容九)*를 동원하여 일진회(一進會, 1904~1910)를 만들도록 하였다. 사이토 마코토(齊藤實) 문서에 의하면, 송병준은 일진회를 통해 "일본의 이익에 언짢다고 여겨지는" 사람에게 테러를 가하고 돈을 뜯는 등 갖은 악행을 저질렀고, 농민들을 양곡 운반과 철도 부설 등에 강제 동원하여 거액을 축재했다고 한다.

특히 송병준은 용인 양지현감 당시 추계리의 빼어난 경관을 잊지 못해 이 곳에 자신의 별장을 새로 지었다. 목재는 이웃인 광주군 도척면 방도 1리 되재 마을에 있던 큰 한옥을 뜯어 우마차로 실어 날랐다. 그의 별장은 본채만 99칸이며 사면으로 산 능선을 따라 커다랗고 높은 담장을 쌓아 무려 10만여 평에 이르렀다. 일진회 고문이란 직함을 가진 실세 권력자였기에 그의 별장에는 수시로 일진회 회원 4백여 명과 일본인 낭인 수십여 명, 그리고 일본군 약 50명이 상주할 정도였으니, 거대한 '군사요새'인 셈이다. 그는 이곳을 일진회 본부로 삼아 항일의병을

* 이용구(1868~1912): 경북 상주 출신으로 동학에 입교하여 2대 교주 최시형의 아우가 되었다. 동학농민혁명으로 체포되어 사형에 처하다가 가까스로 출옥한 후, 진보회를 조직하여 재기를 꾀하다가 송병준과 야합하여 일진회를 창립하여 13도지회 지범총장이 되었다. 1905년 일진회 회장이 되어 강제 합병을 제창하는 상소를 올리는 등 일제 침략의 앞잡이 노릇을 하였다.

비롯해 마을의 애국지사들을 마구 잡아다 감금하고 고문하는 것은 물론, 친일 인사들의 만찬장과 회합 장소로 활용하였다.

송병준은 나아가 수원과 용인읍내-이천-여주를 잇는 신작로(현 42번 국도)를 만들어 충주와 여주·이천 등 중부 내륙의 좋은 쌀과 도자기를 일본으로 유출시키는 데 앞장섰다. 그러니 용인을 비롯한 경기지역 항일의병들이 추계리 그의 별장을 급습하는 일이 잦아졌다. 1907년 8월 보도된 신문에 의하면, 의병 두령 남태희가 송병준의 별장을 습격해 일본군의 총과 말 등을 노획하였다고 하며, 이러한 의병의 공격을 피해 일진회원 4백여 명이 그의 집에 피신하였다는 기록도 있다.

송병준과 이용준이 주도하는 일진회는 러시아와의 전쟁에서 일본이 승리하려 하자, 곧장 대한제국 정부에 내정과 외교권을 일본에게 넘겨야 한다고 주장했다. 초대 조선통감으로 부임한 이토 히로부미 역시 일진회를 이용해 보호조약 체결을 추진하였다. 이토와 일본 낭인의 사주를 받은 일진회는 "대한제국은 일본의 지도·보호를 받아야 한다"고 주장하고, "내치도 일본에 맡겨 조선 인민이 일본 신민과 같은 대우를 받아야 한다"고 떠벌렸다. 그들은 일본의 정책에 반대하는 정부 요인의 집을 습격하기도 하고, 의병 진압에 소극적인 지방수령이나 관찰사를 파면시킨 후 일진회원들을 그자리에 등용하도록 공작하였다.

이렇게 1905년 11월 17일 일제에 의해 강제로 체결된 보호조약은 내각대신의 이완용을 비롯해 일진회의 송병준·이용구 등 외곽 지원에 의해 이루어진 야합이었다. 이토는 을사늑약 이후 이완용에게 새로운 내각을 조직하라고 하면서 송병준을 농상공부 대신에 끼워 넣도록 하였다. 송병준은 그의 평생 은인이었던 민영환이 항일을 외치며 순국 자결하자, 도리어 그의 재산 5백 석지기를 갈취하였다. 그는 자신에게 팔았다는 증서 한 장만 써주면 토지를 보존할 수 있다고 민영환의 부인을 속인 다음, 그 허위 증서를 근거로 목양사 토지는 물론 손해배상을 명목으로 평북 의주의 800석 토지, 경기 이천의 300석 토지, 경기 진잠의 300여 석 토지를 강탈했다고 한다. 이러한 사실은 1908년 당시 《대한매일신보》 논설과 광고를 통해 알려졌다. 또한 그는 평양광업소의 총재와 임시 재실 및 국유재산조사국

▲ 1920년대 무렵 찍은 것으로 보이는 일제의 명승지 안내책자에 실린 송병준 별장 영화지 모습. 제일리 역에서 약 1킬로 떨어진 곳에 있다고 해설을 붙였다(용인문화원 소장).

▲ 송병준 별장 앞쪽에 위치한 연못인 영화지. 별장이 소멸된 현재에도 원형이 비교적 잘 남아 있어 보존 가치가 높은 편이다.

위원장을 겸임하면서 막대한 재산을 긁어모았다.

1907년 8월 고종 황제가 비밀리 네덜란드 헤이그에 특사를 파견해 국제사회에 일제의 만행을 규탄하려 하자, 이완용과 송병준은 고종을 일본에 보내 천황에게 사죄하게 해야 한다고 주장하였다. 그들은 권총과 칼을 차고 궁궐에 들어가 고종을 협박하며 행패를 부렸다. 마침내 고종 황제를 강제 퇴위시키는 데 앞장 선 두 사람은 대한제국의 내정까지 넘겨주는 정미 7조약*을 체결하였다. 송병준은 이후 신왕인 순종과 이토의 남부 지방 순회 때 행궁 안에서 일본 옷을 입고 술에 취해 행패를 부리는가 하면, 기독교인들이 미국에 의지해 일본으로부터 벗어나려 한다고 떠드는 탓에 미국 영사의 항의를 받아 1909년 대신 자리에서 쫓겨나고 말았다.

이후 송병준은 일진회를 통해 재기를 꿈꾸었다. 곧 일진회로 하여금 한일합방 선언서를 발표하게 하고 이를 정부에 제출하였던 것이다. 하지만 일진회에게 선수를 빼앗길 것을 두려워한 이완용이 이를 아직 시기가 이르다며 반대의사를 밝혔다. 그러다가 이완용은 1910년 5월 데라우치가 새로운 조선통감부의 통감으로 부임해오자, 곧장 한일병합안을 통과시켜 버렸다. 이로서 이완용은 일등공신인 백작(후에 후작)을 받았지만, 큰 공을 세우지 못한 송병준은 자작(뒤에 백작)과 은사금 5만 엔을 받았다. 이 무렵 일본 통감부는 일진회에 관해 다음과 같은 기록을 남겼다.

> 일진회원들은 대개 한층 무식배들이 한때 회세가 강한 듯이 보였을 때, 일본에 아부하여 친일을 표방하고 백성들의 재물을 약탈하여 양민의 원한을 샀기 때문에 의병이 봉기한 후 큰 타격을 입었으며 근근 이름만 남은 비참한 지경에 빠지게 되었다. 그들은 의병 진압에 편의를 제공해준다고는 하나 이에 따르는 피해가 오히려 더욱 심했다.

---

* 정미(丁未) 7조약: 1907년 7월 일본이 고종을 폐위 시킨후 이완용을 전권위원으로 삼아 한국 군대의 해산, 사법권의 위임, 일본인 차관(次官)의 채용, 경찰권의 위임 등을 비밀리에 체결하였다. '한일신협약'으로 일컬어지는 이 조약으로 일본은 한국의 사법권·행정권 및 관리 임명권을 빼앗아 1909년 당시 2천여 명의 일본인 관료가 한국 정부에 배치되었다.

일본 식민 지배자들조차 비웃고 조롱하는 일진회는 매국적인 합방 성명을 발표하여 온 국민의 격분을 불러일으켰다. 대한협회를 비롯한 전국의 각 민간단체들이 일진회 타도의 깃발을 내세웠고, 애국청년들이 이완용과 이용구에 대해 암살기도를 벌이다 체포되기도 하였다. 이러한 반대여론에 밀려 조선 총독부는 1910년 8월 29일 조선을 강제합병한 이후, 꼭 한 달만에 일진회를 헌신짝 버리듯 강제해산시켜 버리고 말았다.

송병준은 1912년 서울 남대문 일대에 조선농업주식회사를 세워 시장 경영권을 독점하여 개인재산을 늘려 나갔다. 전체 12,000주 중 자신이 6,752주를 갖고 아들 종헌이 1,000주를 소유하여 이 주식회사를 실질적으로 지배하였다. 또 조중응이 『조선일보』 경영에 실패하자 이를 인수하였고, 일진회를 해산하는 조건으로 자금 15만 엔을 받아 챙겼다.

또 1919년 3·1운동으로 일제의 잔학성이 폭로되자, 송병준은 일본의 통치를 비판하면서도 뒤로 동화정책을 강화해야 한다고 주장해 일제로부터 약 5만 엔의 공작금을 받아냈다. 1920년대에 이르러 전국에 소작쟁의가 크게 일어나자, 그는 조선소작인상조회를 만들어 한편으로 많은 땅을 자신의 소유로 만들었고, 소작쟁의를 파괴하는 활동을 벌였다. 그는 요업을 비롯해 철도회사·전기 등에도 출자하였고, 심지어 기생업과 고리대금업 등 유흥사업에도 손을 댔다. 조선총독부는 이러한 송병준 일가를 위해 이 곳을 지나가는 수원-여주간 전철의 간이역까지 만들어 전용하도록 배려하였으니, 당시 그의 위세가 어떠했는지를 짐작하고도 남을만 한다.

말년의 송병준은 용인 추계리에 있는 큰 별장에서 영화지(映華池, 꽃이 물에 비친다는 뜻)라는 연못을 지어놓고 부귀영화 속에 살았다. 나이 많은 마을주민에 의하면, 이 곳에 이완용을 비롯해 조선총독부 정무총감과 군 사령관 등이 인사를 오기도 했다고 한다. 하지만 세상에 부러울 것이 없던 그도 마침내 1925년 2월 1일 숨을 거두어 추계리 뒷산에 묻혔다. 사망 전날에는 특지로 정3위로 승서되었고, 사망 후에는 욱일동화대수장(旭日桐花大綬章)이 추서되었다. 일본 천황은 포도주

12병을 내려 조의를 표했고, 조선총독은 "세인이 공지하는 동양평화의 공헌자"라며 조문했다. 송병준의 많은 재산과 백작 작위는 장남인 송종헌(宋鍾憲, 일본명 野田鍾憲 1876.10.19~1949.5.21)에게 물려졌다.

하지만 송병준이 죽은 후 그가 재산을 모으는 과정에서 감춰진 문제들이 계속 폭발하였다. 즉 시천교와 소송이 벌어져 많은 재산을 떼어 주어야 했고, 무리한 신문 경영과 유흥업 등으로 인해 큰 손실을 보았다. 또 갖가지 재산분할이나 채권청산을 둘러싼 소송이 끊이지 않았고, 사업까지 실패를 봄에 따라 급속히 재산이 줄었다. 결국 아들 송종헌은 조선총독부가 몰락한 조선 귀족을 구제하기 위해 1929년 설립한 창복회(昌福會)에서 주는 연금을 받는 처지에 몰리고 말았다.

아들 송종헌은 1908년부터 1910년까지 당시 용인시에서 가장 먼저 개설된 초등교육기관인 추향(秋鄕)학교의 초대 교장을 지냈다. 1921년 당시 양지공립보통학교로 변모한 학교의 학생 수가 증가하여 교사가 부족해지자, 5천 원을 기부하여 숙원을 풀게 하였다. 하지만 그 역시 아버지에 이어 중추원 참의를 지내면서

▲ 2008년 양지초등학교 운동장 교문 옆에서 발견된 송병준 선정비(좌)와 아들 송종헌 백작 수여 기념비(우). 현재 용인문화원에 보관되어 있다.

친일에 앞장섰고 조선농업주식회사를 설립해 세도가로 행세했다. 또 일제말기 전시동원체제기에는 조선 청년들을 전쟁터로 몰아간 국민총동원연맹의 이사를 맡았으며, 1945년 3월 일본 귀족원의 의원을 지내기도 하였다.

해방 후 송종헌은 추계리의 99칸 별장과 전답을 급히 처분한 후 서울로 피신했으나, 반민특위에 의해 체포되어 서대문 형무소에 수감되었다. 하지만 이승만 대통령에 의해 반민특위가 강제 해산됨에 따라 그도 1개월 만에 풀려났다. 이후 1949년 5월 뇌일혈로 사망하였다. 대를 이어 나라를 팔아먹은 것도 모자라, 송종헌의 손자 등 후손들은 일제강점기에 송병준이 일본 정부로부터 받은 여러 곳의 토지를 돌려달라며 수차례 소송을 낸 바 있다. 하지만 2007년 친일반민족행위자재산조사위원회는 송병준 부자의 재산이 동족의 피와 눈물을 흘리게 하며 빼앗은 부당한 재산이므로 국가로 환수한다고 결정했다.

2008년경 양지초등학교 운동장 앞 도로 공사 도중, 교문 옆에 묻혀있던 두 비석이 발견되었다. 송병준이 장위영 영관이 되었던 시기(1891년)에 제작된 선정비와 아들 송종헌이 일제로부터 백작 작위를 물려받으며 만든 기념비이다. 송씨 부자의 송덕비 발굴은 양지 일대에서 적극적인 친일 매국노 활동을 했음을 보여주는 움직일 수 없는 역사의 증거가 아닐 수 없다. 현재 두 부자의 묘는 친일파에 대한 비난을 두려워한 후손에 의해 파묘되어 화장함에 따라 그 흔적조차 찾을 수 없다. 게다가 그의 거대한 별장은 'Acts29 비전빌리지'라는 선교센터로 재개발되어 옛 모습을 잃어버렸으니, 권세의 무상함을 느끼지 않을 수 없다.

다만 저택 동쪽 숲 안쪽에 위치한 영화지라는 연못은 아직 개발되지 않은 채 표석과 함께 방치되어 있다. 한국 정원에 깊은 관심을 갖고 있는 용인문화원 김장환 사무국장에 의하면, 영화지는 우리나라 전통 정원의 다양한 특징을 잘 갖추고 있으며, 보존상태도 양호해 원형대로 복원하는 데 무리가 없다고 평가했다. 시급히 지방 문화재로 지정하여 부끄러운 역사의 반면교사 현장으로 되살려지길 소망해본다.

▲ 일제가 용인과 이천·여주 등 중부 내륙의 쌀과 도자기 등을 수탈하기 위해 운행한 수여선(水驪線) 철도가 남아 있는 처인구 삼가동 교작 모습. 일제는 송병준·종헌 부자를 위한 간이역을 만들어 배려하였다.

송병준 별장터

찾아가는 방법

용인터미널에서 버스 이용, 42번 국도 양지 추계2리에서 내려 기독교순교자기념관 방향으로 걸어서 10분 온누리세계선교센터

주변 볼거리

✓ 기독교순교자기념관(양지리)

✓ 세중옛돌박물관(양지리)

참고문헌

- 반민족문제연구소, 『친일파 99인』, 돌베개, 1993.
- 이이화, 『이야기 인물한국사5-역사상의 라이벌과 동반자』, 한길사, 1993.
- 김명섭, 「한말 용인 항일의병의 활동과 그 특징」, 『한국독립운동사 속의 용인』, 2009.
- 친일인명사전편찬위원회 편, 『친일인명사전』2, 민족문제연구소, 2009.
- 임혜봉, 『망국대신 송병준 평전』, 선인, 2013.

#4 사랑도 명예도 없이 스러진 의병장, 고향에 우뚝서다 _ 임옥여

| 연보 |

- 1872년 용인 양지면 평창리 출생, 본명은 경재
- 1907년 외국어학교 부교관, 농상공부 주사로 근무
- 고종 강제 퇴위에 사직하고 1907년 8월 이천창의 의병부대의 좌익장 맡음
- 이천, 여주, 안성, 양평, 용인, 광주 등지에서 유격대 활동 전개
- 1907년 11월 용인 고향집에서 체포되어 현장에서 총살당함
- 1990년 8월 15일 건국훈장 애국장 수여, 1993년 6월 기념동상 건립

용인에는 그다지 높지 않으면서도 아담한 산들이 많은 편이다. 서부의 광교산과 석성산을 비롯해 동부의 함봉산과 말아가리산, 백암의 조비산 등이 명산으로 꼽힌다. 그래서 봄 가을을 비롯해 사시사철 등산객들이 산행을 즐긴다. 용인에 아름다운 벚꽃길과 단풍 명소가 많지만, 그 산하에 120년 전 이름없이 쓰러져간 의병들의 흔적이 묻어 있음을 아는 이는 많지 않다. 연인과 가족들이 자주 찾는 전국 10대 가을 명소 중 하나인 용인 에버랜드의 희원(熙園, 포곡읍 가실리) 은행나무 길을 비롯해 우리랜드로 유명한 용인 원삼면, 광주 남한산성도 마찬가지이다. 이 곳으로 산행을 떠나는 이들에게 용인 출신 의병장 임옥여와 그의 이름 없는 동지들을 소개하고자 한다.

1894년 동학농민혁명으로 시작된 의병전쟁은 약 20 여 년 동안 일제침략에 맞서 전개된 대표적인 민족운동이다. 명성황후 시해사건(1895년)을 계기로 일어난 을미년 전기의병을 비롯해 1905년 을사늑약에 맞선 중기의병, 그리고 고종 강제 퇴위와 군대 해산 조치로 일어난 1907년 후기의병 등으로 약 2만여 명의 의병들이 희생되었다. 특히 1896년 남한산성 연합의진과 1907년 13도 창의군에서 보여지듯, 용인을 비롯한 광주·여주·이천·안성 등지에서 활동한 경기 남부 지역의 의병들은 꾸준히 소규모 부대를 구성하여 일제의 침략기관을 파괴하였으며, 서울진공을 주도했다는 점에서 매우 중요한 의미를 갖는다.

1896년 이후 활동한 경기 의병 중 용인 지역의 의병부대는 임옥여(任玉汝) 부대를 비롯해 정철화(鄭哲和)·정주원(鄭周源)·이익삼(李益三) 의병부대, 그리고 남상목(南相穆)과 방인관(方仁寬)·윤관문(尹官文) 의병 등 다수의 의병부대가 활동하였다. 이 중 임옥여와 정철화·이익삼·박덕삼 등은 모두 용인 출신자이다.

임옥여(任玉汝)는 본명이 경재(景宰)로 선략장군(宣略將軍)* 임낙호(任洛鎬)의 큰아들로 용인 양지군 평창리 평촌(坪村)에서 태어났다. 누대로 무관장을 지낸 무장의 집안에서 고종 9년인 1872년 4월 29일에 태어났다. 그는 아버지와 외할아버지

* 선략장군: 조선시대 종사품(從四品)의 서반 무관에게 주는 품계.

에게 한학을 배워 일찍이 관직에 나아가 1906년 1월 외국어학교 부교관서판 8급에 임명되어 외국어학교 부교관을 지내고, 농상공부주사로 봉직하였다.

하지만 그는 곧 일제가 동학농민혁명을 빌미로 출병하여 경복궁을 무력 점령하고 나아가 명성황후를 시해한 후 을사늑약을 체결한 것을 목도하였다. 더욱이 일제가 1907년 8월 대한제국 군대를 강제 해산시키고 고종을 강제 퇴위시키자, 관직을 미련 없이 버리고 낙향했다. 임옥여는 동지들을 규합해 을사오적의 죄상을 25개 항목으로 나눠 성토하는 글을 작성했다. 그리고 이천의 이근풍(李根豊)의 집에 모여 김봉기·주창룡·신규희 등 동지들을 규합해 의병을 일으켰다.

이천의 의병들은 우선 김봉기(金鳳基)를 대장으로 포군 32명을 모아 대오를 편성했다. 임옥여는 그의 좌익장을 맡았다. 80여 명으로 늘어난 의병부대는 곧 〈전국 동포에게 포고하는 문〉 등 6개의 격문을 띄워 의병에 참여할 것을 촉구하였다. 김봉기 부대는 경기도 안성으로 진출해 일제의 순사분견소를 습격하였다. 좌익장 임옥여는 8월 22일 부대원 20명을 이끌고 이천 읍내로 나아가 우편취급소와 순사분견소를 파괴하였다. 나아가 26일에는 광주 남한산성 밑에서 일본군과 교전하는 등 광주·양평쪽으로 진출하다가 다시 30일 이천 읍내를 공격하여 일본군과 교전하였다.

임옥여 부대는 포군 70명으로 전열을 가다듬은 후, 용인 원삼의 굴암사 인근에 근거지를 마련하여 광주·양평·죽산 지역까지 활동 영역을 넓혀갔다. 임옥여 부대는 친일파 앞잡이인 일진회 회원들과 일본인 순사를 처단하는 활동을 펼쳤다. 또한 같은 용인 출신 의병장인 정주원(鄭周源)* 부대와 연합하여 포군 1,800여 명으로 세력을 늘린 뒤, 1907년 9월 11일 안성 시내를 습격하였다. 의병부대는 일본군 순사분견소와 우편취급소를 공격하여 일본 거류민 가옥과 점포를 파괴하였

* 정주원(1870~1925): 충남 당진 출신으로 용인 원삼면 하수리(下壽里)에서 농업에 종사하던 중 1907년 8월 의병부대에 가담했다. 그는 용인 굴암사에서 의병을 재규합해 대장이 된 후, 양지와 죽산·안성 등지에서 활동했다. 정주원 의병장은 충청도 당진·서산 등지로 나아가 항쟁하다가 1908년 7월 충청도 해미에서 체포되었다. 교수형을 언도받았으나, 감형되어 당진에서 은둔 중 사망하였다.

▲ 일본군은 항일의병들을 진압하고 지사들을 고문하기 위해 정치폭력단인 의병대항군을 조직했다.

다. 임옥여 부대원 250명은 행상인을 가장해 삼삼오오 무리를 지어 안성읍내로 들어간 후 오후 5시 정각을 기해 일본헌병대 파견소와 우편취급소를 포위·공격하여 적들을 놀라게 하였다.

이러한 의병부대의 활동에 크게 위협을 느낀 일본군은 서울 용산에서 정예 수비대를 파견하여 진압하도록 하였다. 일본군 수비대는 9월 21일과 22일에 걸쳐 용인 백암면과 굴암사 일대에 주둔 중인 임옥여 부대를 기습하여 격전을 치렀다. 약 2백 여 명의 의병부대는 일본군의 기습으로 15명의 사상자를 내고 패퇴하고 말았다. 일본 주차군사령관에게 보고한 전투상황 상보 문건은 당시의 긴박했던 전투상황을 자세히 보고하고 있다.

용산 수비대에서 파견되어 있는 중원(中原) 소위의 소대는 (9월) 21일 오후에 수원 동남쪽에 있는 양지(陽智)의 동남쪽 약 30리 지점안 백암(白巖)에서 약 100명의 적을 만나 이들을 궤란시킴. 적이 입은 손해는 매우 크며, 버리고 간 사상자가

8명임. 이 소대는 다시 22일 경부 이하 4명과 함게 양지 서남쪽 약 15리 지점인 굴암에서 약 2백 명의 적을 궤란시켜 이들을 산 속으로 도주시킴. 이 때 적이 버리고 간 사망자는 15명임. (『한말의병자료 3-6』)

▲ 의병장 옥여 임경재 동상 뒷면에 새겨진 비문. 전 국사편찬위원장인 박영석이 지었다.

이어 임옥여는 40여 명의 포군을 이끌고 죽산으로 향하였으나, 용인 원삼면 고초골 일대에서 일본군의 공격을 받아 패주하였다. 여러 차례 일본 수비대와의 격전을 벌이면서 많은 부하를 잃은 임옥여는 11월에 접어들어 식량과 탄약마저 부족해지자, 후일을 기약하며 부대를 해산하고 말았다.

임옥여는 11월 10일 홀로 고향집에 잠시 들렀다가 용인 추계리의 일진회 회장인 송병준의 별장에 주둔해 있던 일본군과 일진회원들에게 체포되고 말았다. 체포된 임옥여는 일진회원들을 크게 꾸짖고 매국노 5적을 힐책하며 "국가와 민족을 위해 충성을 다함이 나의 길이다"라며 저항하였다. 일제는 그의 신원을 확인한 후 심문도 하지 않고 현장에서 사살하고 말았다. 그의 나이 36세 때의 일이다.

이러한 사실은 전 용인문화원장이자 용인독립운동기념사업회 초대 이사장을 지낸 고 박용익(朴鏞益, 1930~2004) 선생의 끈질긴 발굴작업으로 1987년 자료수집과 발표로 밝혀졌다. 정부에서는 1990년 8월 15일 대한민국건국훈장 애국장을 추서하였다. 이에 임옥여의 후손들이 1993년 6월 고향집 근처인 용인 평창동에 추모비를 세워 오늘날 용인 독립운동사의 중요 답사 코스로 활용하고 있다.

임옥여와 같이 용인에서 활동한 것으로 파악되는 의병부대는 극히 일부만 알려져 있다. 그의 부대 외에도 이름을 알 수 없는 수많은 의병들이 용인의 산하를 지키다 쓰러져갔다. 구한말 항일의병들에 대한 기록은 일제의 토벌군 자료나 재판문 등에 등장하는 극히 일부 의병장만 기록될 뿐, 대다수 무명의병들은 신원이나 활동내용조차 확인하기 어렵다. 후손이나 친족조차 일제강점 후 초토화되거나 고향을 떠나야 했으므로 증언이나 증빙 자료를 찾을 수 없어 공훈심사조차 힘겨운 실정이다. 오늘의 산하를 지킨 무명의 의병들이 용인의 명소에서 더 많이 기억되길 소망해 본다.

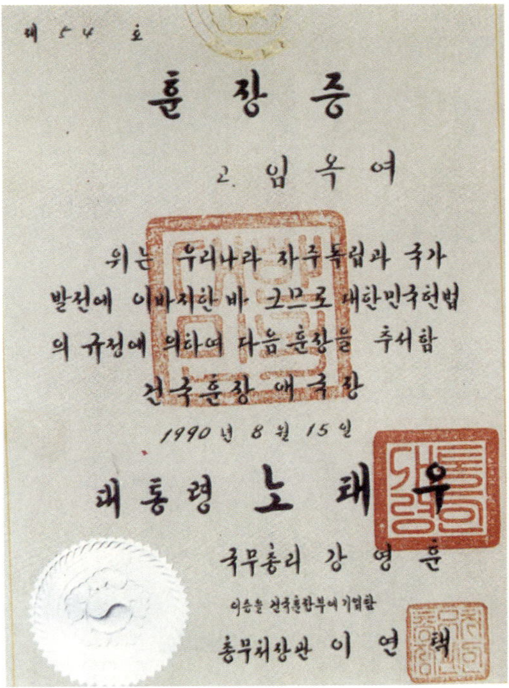
제 54 호

훈 장 증

고 임 옥 여

위는 우리나라 자주독립과 국가 발전에 이바지한 바 크므로 대한민국헌법의 규정에 의하여 다음 훈장을 추서함

건국훈장 애국장

1990 년 8 월 15 일

대통령 노 태 우

국무총리 강 영 훈

이증을 건국훈장부에 기입함

총무처장관 이 연 택

▲ 1990년 8·15 광복절 기념일에 받은 임옥여 훈장. 용인독립운동기념사업회 초대 회장을 지낸 故 박용희옹의 노력으로 결실을 맺게 되었다.

▲ 임옥여 의병장의 고향인 평창동 사거리에 세워진 '의병장 옥여 임경재 상'.

임옥여 동상

찾아가는 방법

- 용인버스터미널에서 원삼행 10번·11번 버스타고 양지면 푸르메 전원마을 지나 평창1리 정거장에서 하차, 용골 제주요리전문점 앞
- 양지 IC사거리 → 양지 파인리조트 방면 → 현대오일뱅크 지나 3분 거리 SK나이츠프로농구단 앞 주차

주변 볼거리

✓ 세중옛돌박물관(양지리)
✓ 양지파인리조트(양지리)

어록

일, 을미(乙未)의 5조약으로 우리 2천만 동포를 노예의 비경(悲境)으로 몰려 들어가게 하였으니 그 큰 죄 하나이다.
둘, 지금 7조약으로 일본을 위해 충성스러이 하니 그 큰 죄 둘이다.
셋, 황상(皇上)을 위협하여 강제적으로 선위(禪位)케 하니 그 큰 죄 셋이오….

_1907년, 매국노(賣國奴) 오적 성토문 25개조항 중에서

참고문헌

- 朝鮮總督府 警務局 편, 『暴徒史編輯資料』
- 이인영, 『내고장 용인 의병전쟁 및 독립운동사』, 용인문화원, 1989.
- 의병장 옥여 임경재추모비건립추진위원회 편, 『순국열사 의병장 옥여 임경재 약사』, 1993.
- 우상표, 『용인자연마을 기행』1·2, 용인시민신문사, 2005.
- 김명섭, 「한말 용인 항일의병의 활동과 그 특징」, 『한국독립운동사 속의 용인』, 2009.

#5 이름 없는 항일의병, 그러나 기억해야 할 이름 _ 최삼현

| 연보 |

- 1890년 10월 6일 충청북도 음성군 원남면 조촌리 잔갈 출생
- 1907년 가을경 음성군 원남면 초평 일본군 습격 사건에 가담
- 5년간 피신하여 은둔하다가 1912년 용인 백암면 가창리 두평마을에 정착
- 1917년 결혼 후 1933년 가창리에 이주하여 정착
- 1953년 10월 별세

1907년은 한국 근현대사에서 매우 불행하면서도 의미 깊은 한 해였다. 청나라와의 전쟁에서 승리한 이후 러시아와의 전쟁을 어렵게 이긴 일제는 서울에 조선총독부를 설치한 데 이어 1907년 7월 네델란드 헤이그 특사파견을 빌미로 고종 황제를 강제 퇴위시켰다. 나아가 일제는 대한제국을 무력화시키기 위해 식민지화의 마지막 걸림돌인 한국 군대를 강제 해산시켜 버렸다. 이에 조선 각지는 일제와 전면전을 치루는 의병전쟁에 휩싸이게 되었다.

서울의 가장 인근 거리인 경기 지역은 1895년 남한산성 연합의진의 서울진공작전 실패 이후 1907년 11월 허위 등 '13도연합의병부대'이 결성되어 항일전쟁을 펼쳤다. 양주에 모여 2차에 걸쳐 서울탈환작전을 벌인 13도 창의대진소군은 화력의 열세에도 불구하고, 선봉대가 서울 동대문 밖 30리 지점까지 진격하였다. 하지만 압도적인 일본 정규군의 화력을 뚫지 못하고 퇴각한 의병 부대는 이후 소부대 규모로 전환하여 경기 지방 곳곳에서 치열하게 유격전을 전개하였다. 국내의 의병부대는 1915년 7월 채응언(蔡應彦) 의병장이 체포되기 전까지 계속되다가 만주나 블라디보스톡 등으로 이전하여 독립군으로 전환하였다.

▲ 1907년 의병 활동에 참여한 제2차 의병들의 훈련 장면 모습.

▲ 의병 학살 장면을 그린 프랑스 신문의 삽화 모습.

일제는 전국 각지에 걸쳐 약 10만 명에 달하는 의병과 지역주민들을 학살하였다. 하지만 의병전쟁에 대하여는 일부 명망 있는 의병장의 활동만 부각되었을 뿐, 항전의 일선에서 싸웠던 수많은 의병들은 그 신원 규명조차 힘겨운 실정이다. 이는 의병 관련 자료가 일부 의병장의 일기나 일본 진압군의 작전일지, 또는 수형기록 등에 한정되어 있기 때문이다. 특히 오직 일제 관헌 중심의 '사료증거'만을 공적의 유일한 증거로 인정할 뿐, 주변 인물이나 관련자의 증언과 정황증거를 인정하지 않는 현행 공훈심사 기준도 이름 석 자 남기지 못하고 스러져간 수많은 의병들의 영혼과 후손들의 한을 달래주지 못하는 요인이 되고 있다. 용인 의병으로 알려진 최삼현(崔三顯) 역시 그런 잊혀진 의병 중의 한 사람이다.

최삼현은 충청북도 음성군 원남면 조촌리 잔갈(일명 흐느실)에서 1890년 10월 6일에 태어났다. 그는 조선 개국공신인 최유경(崔有慶)의 아들인 경절공(敬節公崔士康)의 14대손인 최재천(崔在天)과 어머니 정(鄭)씨 사이에서 5대 독자로서 집안의 귀여움과 기대를 독차지했다. 음성군 원남면 조촌리는 전주최씨(全州崔氏)의 집성촌으로 약 200호가 모여 거주하는 곳이다. 예로부터 이곳은 진천과 충주를 잇는 길목으로서 삼남지방 사람들이 여주와 용인을 거쳐 서울로 올라오는 교통의 요지였다.

그러나 1894년 동학혁명군 진압을 명분으로 이 땅을 침범한 일본군들이 서울에서 삼남지방으로 진출하면서, 이곳은 항전과 학살의 현장으로 변모했다. 1906

년 당시 충주에는 일본군 정예부대인 일제 주차군*(駐箚軍, 1918년 조선주차군으로 개명)의 남부경비대(사령관 太田貞固 소장)가 보병과 기·포병사단을 이끌고 주둔하고 있었었다. 군대의 이동과 군수물자 운반도 매우 잦았던 지역이었다.

최삼현이 처음 항일투쟁의 길로 접어든 것은 을사늑약 이후 일본 군대가 한국군대를 강제해산시키고 고향땅을 점령한 1907년 무렵이었다. 그는 집안 조카인 최태영과 함께 17세의 어린 나이에 처음 일본군에 맞서 싸운 것으로 보인다. 이들은 충주 일대의 의병들과 함께 고향 마을인 원남면 조촌리에서 음성-진천으로 향하던 일본군 헌병대를 습격하였다. 집안의 10살 위 조카인 최태영의 장조카 최광옥(1919년 생)씨는 생전에 부친에게 전해들은 바를 비디오테이프로 녹화하여 다음과 같이 진술하였다.

> "일본군이 우리나라를 쳐들어와 만행을 저지를 때 충주에 주둔한 일본헌병대가 괴산을 거쳐 음성·진천 행로 중 원남면 조촌 흐느실 세고개 벼루재를 거쳐 초평으로 진천 통로를 행할 즈음에 의병들이 봉기하여 대결하다가 패전하였다고 항상 아버님께서 말씀하신 기억이 생생하다"

이로보아 최삼현은 집안 조카인 최태영과 함께 17세의 어린 나이에 처음 일본군에 맞서 싸운 것으로 보인다. 이들은 충주 일대의 의병들과 함께 고향 마을인 원남면 조촌리에서 음성-진천으로 향하던 일본군 헌병대를 습격하였다. 당시 의병들의 무기는 매우 보잘것없었다. 최삼현 의병이 후일 셋째아들인 최완영(完榮, 1939년생)에게 전한 바에 의하면, 당시 그가 일제와 싸우기 위해 든 무기는 "죽창이나 쇠스랑 또는 풀 베는 낫 정도"였다고 한다.

* 주차군: 조선에 주둔한 일본군은 러일전쟁 때인 1904년 3월 일본 민간인 보호를 구실로 도쿄에서 창설되어 4월 서울에 진주하였다. 보병 1개 대대와 후비보병 5개 대대로 편성된 주차군 사단은 함경도의 동부경비대와 평안도·황해도의 북부경비대, 서울·충주 등지에 주둔한 남부경비대로 나눠 배치되었고, 1918년 조선 주차군으로 확대 개편되었다.

이 일로 인해 최삼현은 일본군의 추격에 쫓겨 몸을 숨겨야 했는데, 음성군내의 이웃마을로 피신한 것으로 보인다. 음성군 맹동면 방가실이라 불리는 마을에 살던 박순종(?~2002)씨는 생전에 다음과 같이 증언하고 있다.

"아저씨(최삼현)가 일본놈들이 쳐들어 왔을 때, 일본놈들을 많이 해꼬지 하셨데여. 그래서 쫓겨 다니다가 우리 집에 오셔서 광 안에 빈 독을 엎어놓고 그 속에서 다섯달이나 사셨는데, 의병을 숨겨주다 들키면 징역간다고 하여 아저씨가 우리에게 더 이상 피해를 줄 수 없다고 어디론지 가셨데여…. 아저씨는 의병 일만 아니었으면 고향에서 잘 사셨을텐데."

이처럼 '음성군 원남면 일본군 습격사건'으로 인해 최삼현은 더 이상 고향에 머물러 살 수 없게 되었다. 당시 일본 주차군은 항일의병의 활동에 대해 이른바 삼광(三光)작전을 기본으로 펼쳤다. 즉 모조리 약탈하고, 모조리 불사르며, 모조리 살육한다는 것이다. 이러한 초토화 섬멸작전으로 인해 경기와 충주권역 일대

▲ 용인 백암면 가창리에 자리한 최삼현 묘소를 찾은 3남 최완영.

가 철저히 파괴되었다. 일제의 야만적인 학살행위를 폭로한 미국 기자인 매킨지(Mckenzie)는 『조선의 비극』이란 책에서 다음과 같이 서술하였다.

> 충주로 가는 도로 변의 촌락의 반 이상이 일본군에게 파괴되어 있었다. 나는 충주에서 하룻밤이 걸리는 제천까지 곧장 산을 넘어서 도착했다. 이 두 도읍 사이에 있는 크고 작은 촌락은 8할 정도까지가 잿더미로 변해 있었다…. 나는 이만큼 완전히 파괴된 것을 아직 본 적이 없었다.

이러한 무자비한 살육의 초토작전은 일본군 주차군사령부에 보고된 현지 부대의 기록과도 일치한다.

> 이상의 고지에 의해 토벌대는 책임을 현범(現犯)된 촌읍에 귀속시켜 주륙(誅戮)을 가하고, 혹은 촌락 전체를 소각하는 등의 처치를 실행함으로써, 충청북도 제천 지방 같은 경우는 시야 전체가 거의 초토가 되기에 이르렀다.

이처럼 일본 토벌대의 잔혹한 진압작전으로 인해 최삼현과 손위 조카 최태영은 함께 고향을 떠나 경기도 땅으로 숨어 올라왔다. 경기도로 올라온 최삼현 의병은 1907년 12월경 양주에 모여 서울진공작전을 펼치던 '13도창의대진소(13道倡義大陣所)*'에 합류하였다. 이 연합부대의 총대장은 이인영(李麟榮)이고 군사장은 허위(許蔿)였다. 생전에 최삼현 의병은 자신의 의병대장이 허위였다고 밝히고 그와 함께 죽창을 들고 일본군과 싸웠다고 한다.

하지만 13도창의군의 서울진공작전이 서울 동대문 밖 30리까지 진출했다가

---

* 13도창의대진소: 1907년 8월 일제의 한국군대 해산조치에 저항하는 의병들이 원주를 거점으로 전국 의병부대에 격문을 띄워 이에 호응한 각 도의 군들이 설치하였다. 총 병력은 1만 명에 이르렀고, 정예군인 해산군인 3천 여 명도 포함되어 가장 강력한 의병 연합군으로 꼽힌다. 하지만 이 지휘부에는 신돌석과 홍범도 등 평민 출신 의병장들이 배제되고 유생 위주로 편성되어 한계를 드러냈고, 총대장 이인영이 도중 부친상을 당해 귀향하여 체포됨에 따라 해산되어 각개 활동하기에 이른다.

▲ 의병장 허위 사진(좌)와 경북 대구시 달성공원에 위치한 왕산 허위 선생 순국기념비(우).

실패로 끝남에 따라 의병부대는 평민 출신장들에 의한 소규모 부대로 편재되어 유격 전술로 전환하였다. 즉 유학자 중심의 의병장 대신 해산 군인을 비롯한 평민 출신 의병들이 주축이 되어 20~30명 단위의 소규모 부대를 편제한 후, 일본 토벌대의 포위망을 피해 관공서를 기습하거나 일진회원 등 친일 인사를 징치하는 전술로 바꾸기 시작한 것이다.

최삼현도 10여 명 규모로 산 속으로 들어가 숯장수로 위장해 적의 감시망을 피했고, 일부는 새우젓 장사꾼으로 변장해 서로 연락을 취했다고 한다. 그러다가 야음을 틈타 일본 헌병대나 일진회에 관련된 친일분자의 집을 습격하여 죽창이나 쇠스랑으로 싸웠다. 최삼현도 이런 방식으로 일본 순사와 혈투를 벌이다가 손가락이 부러졌다고 하는데, 당시 제대로 치료를 받지 못한 탓에 이후 평생 손가락 하나를 쓰지 못하였다고 한다. 최삼현 의병의 3남 최완영의 증언에 의하면, 이무렵 최삼현이 새우젓 장사꾼으로 위장해 산속에 은신한 탓에 주로 반찬을 새우젓갈로 먹었다고 한다. 이 때의 기억 탓인지, 이후에는 새우젓을 절대 먹지 않았다고 한다.

수년에 걸친 산속에서의 은신과 투쟁 속에서, 최삼현은 동료 두 명과 함께 곳곳을 떠돌다가 마침내 1912년 용인 백암면 가창리 두평마을에 발을 디디게 되었다. 이곳에서 최삼현 의병은 일행과 후일을 기약하고 헤어져, 주위로부터 소개받은 학자골 안씨네 부잣집으로 들어가기로 결심했다. 그리고 그 집을 찾아가 주인에게 밥만 먹여주면 3년 동안 농사를 지어주겠다고 제안을 한다. 안씨가 그 제안을 받아들여 최삼현은 안씨네에서 머물게 되었다. 이후 그는 열심히 농사일에 전념하였다.

그러던 중 최삼현을 착실하게 본 이웃집 상산(商山) 김씨댁에서 자기 집에 가서 살자고 제안하였다. 그의 집에서 농사를 지으며 14살의 무남독녀 외동딸(金甲龍, 1903년생)과 혼인을 맺게 해 주었다. 당시 최삼현의 나이 27세이었으니, 13살이나 어린 신부를 맞게 된 것이다.

1919년 3월 21일 용인 원삼면 좌전고개에서 첫 항일의 횃불이 밝혀진 이후, 백암면을 비롯한 외사면 지역에서도 3월 31일 3,000여 명이 참여하는 대규모 시위가 발생했다. 백암면 학자골에 안착한 최삼현이 만세운동에 참여했는지는 분명치 않다. 다만 그가 원삼 좌항리에 사는 친구 최씨집에 자주 찾아가 교유했다는 진술로 미루어 원삼면 만세운동에 참여했을 가능성은 높아 보인다.

이후 최삼현은 1933년 가창리 가곡부락으로 이사해 농사를 지으며 살았으며,

▲ 의병 최삼현을 처음으로 알린 우상표 기자의 〈용인시민 신문〉 2004년 4월 4일자 기사.

▲ 의병 최삼현의 생전에 찍은 일가 사진. 맨 앞줄 작은 아이가 3남 최완영(최완영씨 제공).

목화를 심어 솜틀을 만들고 이불이나 옷을 지어 팔았다. 그리고 장모님의 권유로 기독교에 귀화한 후 독실한 신자로 살았다고 전한다. 그럼에도 늘 독립에 대한 꿈을 버리지 않았다.

1945년 8월 15일 해방을 맞았을 때에 최삼현은 백암면 사무소 마당(현 백암우체국)에 가족이 모두 나와 기쁨의 눈물을 흘리며 목청껏 만세를 불렀다고 한다. 얼마나 노심초사하며 평생을 기다려온 해방이었을지 짐작할만 하다. 그 후 한국전쟁이 일어나 온 나라가 잿더미로 변했을 때, 최삼현 가족은 1951년 1.4 후퇴로 인해 그의 고향인 충북 음성군 원남면 조촌리를 찾았다. 그런데 이미 고향의 오래된 선산은 연고도 없는 이가 돈을 주고 족보상에 들어오더니, 문중의 많은 재산을 팔아버린 상태였다.

2개월 후 다시 용인 집으로 돌아온 최삼현은 이후 슬하에 5남 2녀를 두고 1953년 63세의 일기로 생을 마감했다. 셋째 아들인 완영씨는 어머니로부터 아버

▲ 최삼현 의병이 생전에 지붕 밑 봇당에 깊이 숨겨두었던 일제 치하 당시 조선은행에서 발행된 백원짜리 지폐.

지가 남긴 유품 하나를 고이 간직하고 있다. 그것은 지붕 밑 깊숙한 곳인 봇당에 숨겨두었다가 우연히 유품 정리 중에 나온 조선은행에서 발행한 백원짜리 돈뭉치 7개이다. 일제 치하 내내 아내 몰래 숨겨둔 것으로 보이는 이 돈뭉치는 많은 돈은 아니지만, 군자금으로 쓰여졌다가 남겨진 일부로 여겨진다.

우리가 최삼현과 같은 의병을 기억해야 하는 이유는 분명하다. 그분들의 고뇌와 투쟁이 없었다면 오늘의 우리가 있지 않았을 것이며, 그들을 영영 잊어버린다면 아무도 나라와 가족의 위기에 몸 바쳐 나서지 않을 것이기 때문이다. 앞으로 최삼현과 같이 자발적으로 참여한 일반 의병의 참전 사실에 대한 객관적 사료의 발굴과 진상 규명에 보다 전향적인 자세를 가질 필요가 있다. 특히 친족이나 목격자의 증언도 진실 규명의 방안으로 채택한 만큼, 친족이나 후손들의 적극적인 규명 노력이 있어야 할 것이다. 최삼현의 무덤은 현재 용인 백암면 가창리 산 30번지에 위치해 있다.

최삼현 묘소

② 찾아가는 방법

38번 국도 충주·장호원 방향 30km 직진 후 한택식물원 방면으로 우회전하여 걸어서 10분, 또는 죽산터미널에서 택시로 10분

주변 볼거리

✓한택식물원

참고문헌

- 임종국, 『일본군의 조선침략사1·2』, 일월서각, 1988.
- 김순덕, 『경기지방 의병운동 연구』, 한양대 박사학위논문, 2002.
- 김명섭, 「1907년 어느 의병의 삶과 투쟁」, 『한국독립운동사 속의 용인』, 2009.
- 김상기, 「'제 14연대 진중일기'를 통해 본 일본군의 의병 탄압」, 『한국독립운동사연구』 44, 2013.

"단군과 한글로 거침없이 세계로 나아가라" _ 류근

#6

| 연보 |

- 1861년 9월 26일 경기도 용인시 처인구 마평동 출생
- 1895년 종사랑 탁지부 주사로 발령, 이듬해 4월에 사임해 독립협회 가입
- 1898년 만민공동회 간부로 활동하다 체포
- 1898년 황성신문 주필, 논설위원, 사장 역임
- 1905년 〈시일야방성대곡〉 집필
- 1910년 조선광문회 참여, 『신자전』 발간, 휘문의숙 숙장
- 1920년 4월 〈동아일보〉 초대 편집감독
- 1921년 5월 20일 61세로 별세

매년 10월은 만주 벌판과 한반도에 홍산(요동)문화를 일으키고 나라를 처음 세운 단군조선의 건국일인 개천절(3일)과 한글 창제를 기리는 한글날(9일)이 있다. 지금으로부터 1백년 전만해도 개천절은 일본에 나라를 바치려는 친일파를 제외한 모든 한국인들의 최대 기념일로서 중국의 대한민국 임시정부뿐 아니라 광복 후 한국 정부도 크게 기렸던 국경일이다. 특히 한글날은 1926년 이래 일제의 식민지 동화와 조선인 말살정책에 맞선 민족주의 계열의 언어학자들이 고문과 협박 속에서도 지켜낸 민족자존의 상징일이다.

단군 성조를 모시고 한글을 세계적 문화유산으로 만드는 데 앞장선 선각자 중에 용인 출신이면서 용인 땅에 묻힌 이가 있다. 바로 류근(柳瑾) 선생이다. 자는 경집(敬集)이고 호는 석농(石儂)이다. 본관은 전주(全州)로, 족보에 의하면 아버지 유최근(柳最根)은 수릉참봉(綏陵參奉)을 지낸 것으로 기록되어 있다. 류근은 그의 장남인 곤(琨, 1858~1924)에 이어 1861년 9월 26일 둘째 아들로 태어났다.

류근은 오늘날의 용인시 처인구 마평동에서 태어나 자라고 배웠다. 어려서부터 한학과 문장에 뛰어났던 그는 일찍이 중국으로부터 오는 한역사적을 섭렵하여 유학자의 길을 걸었다. 그는 백가유학에 정통했을 뿐 아니라, 서양의 의학이나 천문지리학에도 밝아 인체의 골격에서부터 지구의 공전까지 설명할 정도였다고 한다. 하지만 그의 성장과정이나 학맥, 사승관계를 자세히 파악할 수 있는 자료는 아직 부족할 실정이다.

류근은 27살까지 용인 향리에서 한학을 공부한 후, 주유천하하며 여러 스승을 찾아 공부하고 34세가 된 1894년 서울에 올라온 것으로 보인다. 이어 이듬해 김홍집 갑오개혁 정권에 참여하기 위해 진량과(陳兩科)에 나아가 급제하여 탁지부*의 주사로서 공직에 처음 들어섰다. 당시 그를 발탁한 탁지부 대신이 정권의 실세 중 한 사람인 어윤중(魚允中)임을 고려할 때, 그의 개신 유학적 학풍을 높

* 탁지부(度支部): 갑오개혁 직후인 1895년 개편된 중앙관청으로, 정부의 재무를 총괄하고 회계·출납·조세·국채·화폐·은행 등의 일체 사무를 관장했다. 대신과 협판 각 1인, 국장 5인, 참서관 3인, 주사 64명을 정원으로 두었고 재무관도 14명 두었다.

이 산 것으로 보인다. 하지만 1895년 일제에 의해 명성황후가 잔혹하게 피살되고 1896년 2월 아관파천으로 친러정권이 들어서자, 그해 3월 관직을 과감히 버렸다.

류근은 곧 독립협회와 만민공동회, 그리고 대한제국민력회 등 사회운동에 적극 참여하였다. 〈독립협회연역략(獨立協會沿歷略)〉에 의하면, 1898년 무렵 회원명단에서 류근을 부회장 또는 정회장 대리급으로 기록하고 있다. 함께 거명된 인물들이 김교헌(金敎獻)과 남궁억(南宮檍)·고영근(高永根) 등 독립협회의 핵심 인물들임을 고려할 때, 그의 비중이 작지 않았음을 짐작할 수 있다. 하지만 만민공동회가 그해 12월 25일 정부에 의해 강제해산당하고 400여 명의 회원들이 체포되자, 류근도 이때 체포되어 구속되었다가 풀려났다.

류근은 독립협회 활동 무렵 박은식과 주시경, 장지연 등과 매우 친밀한 교유를 맺은 것으로 보인다. 특히 장지연과는 친교가 두터워 늘 활동을 같이 했는데, 그의 장녀인 숙희(淑熙)를 장지연의 셋째아들 재륜(在輪)과 혼인케하여 사돈지간을 맺은 바 있다.

1898년 9월 장지연·남궁억·박은식 등과 함께 이종일(李種一)이 운영하던《경성신문》을 인수하여《황성신문》을 창간해 일간지로 발행하기 시작했다. 황성신문은 우리나라 최초의 주식회사 형태의 신문사이다. 류근은 이 신문사에서 주필과 논설위원을 역임하였고, 1907년 9월 17일 임시총회에서 제5대 사장으로 선임되었다. 그는 일제의 강제합병 직전인 1910년 6월까지 약 3년간 신문사를 이끌었다.

류근이 주필로 재직하던 시기에 가장 두각을 나타낸 항일 언론활동은 단연 을사늑약과 오적을 규탄한 〈시일야방성대곡(是日也放聲大哭)〉을 장지연과 함께 지은 일이다. 1905년 11월 17일 일제의 무력 협박에 의해 '을사보호조약'이 체결되자, 당시 황성신문사의 사장인 위암 장지연은 장문의 논설을 준비하였다. 논설은 삼국의 평화를 강조해왔던 이토 히로부미(伊藤博文)가 조선의 국권을 강탈하는 조약을 강요함에 분개하고, "개, 돼지만도 못한" 대한제국 대신들을 통렬히 비난하며 4천년 역사의 망국을 개탄하는 내용이었다. 18일 밤 장지연 사장과 류근 논설위원은 슬픔과 격정을 이기지 못하고 함께 술을 마시며 분노의 글을 써 내려갔다.

먼저 글을 지은 장지연이 술에 못이겨 쓰러지자, 류근이 글을 이어받아 지었는데 어느새 두 사람은 만취하여 쓰러지고 말았다. 이 명사설은 결국 쓰러진 두 사람 곁에 있던 이용태(李容泰)가 마무리 지었다고 한다. 사설의 내용과 문투가 조금씩 다른 이유도 이 때문이다. 소설가 박종화(朴鍾和)는 후일 류근 선생에게 이 일화를 직접 들었다고 한다.

원고는 몰래 경무청의 검열을 거치지 않고 인쇄소로 넘어가 배포되었다. 이 일로 인해 11월 20일 장지연 사장과 사원 10명이 일제에 의해 구속되었고, 신문도 무기한 발행정지 처분을 받았다. 황성신문이 정간되어 버리자, 류근은 휘문의숙(輝文義塾)의 숙감과 숙장을 맡아 교육계몽운동에 전념하게 되었다.

이어 류근은 최남선이 주관하는 조선광문회(朝鮮光文會)*에서 신자전(新字典)을 만드는 데 주력하였다. 류근은 광문회의 고전간행과 사전편찬에 직접 참여해 상근고문의 중책을 맡았다. 그는 1910년부터 1915년 4월까지 광문회에서 주필을 맡아 일했다. 사장인 최남선은 그의 한학실력을 높이 사 그에게 한문대자전의 편찬책임을 맡겼는데 주시경(周時經)·김두봉(金斗奉) 등 당대 최고 학자들이 함께 참여하였다. 자전은 5년간의 작업을 거쳐 6천여 자의 한자풀이를 4권 1책으로 묶어 1915년 출간하였다. 최남선은《신자전(新字典)》의 서문에서 "시종 한결같이 이 일에 투신하여 금일의 완성이 있게 하기에는 실로 류근의 공헌"이라며 높이 평가했다.

류근은 국학진흥뿐만 아니라 우리말에 대한 연구와 보급에도 정열을 쏟았다. 배달말글몯음과 조선어강습원를 설립하며 한글보급에 힘썼던 주시경이 1914년 사망하자, 류근이 이어서 1916년 강습원 원장을 맡았다. 이미 그는 주시경과 권덕규(權德奎) 등 한글학자들과 함께 한 자리에서 자신의 별호부터 고치겠다며 '돌놈'이란 뜻의 '석농(石儂)'이라 지었다. 이에 대해 그는 "우리는 아무 것도 없는 사람

* 조선광문회: 1910년 10월 10일 최남선의 주도하에 설립된 최초의 한국학 연구 기관이자 고전 간행 출판사. 박은식·장지연·류근 등이 일제에 의해 국학자료가 파괴·왜곡되는 것을 막기 위해 설립하여『삼국사기』·『삼국유사』·『발해고』등 고전류와『이충무공전서』·『동국통감』등 전집류와 조선총서를 간행했다. 1919년 기미독립선언서도 이곳에서 만들어졌다.

이니 맨대없이 따로 떨어진 돌놈"이란 뜻으로 풀이하였다. 이후 조선어강습원은 '서울한글배곧'으로 바뀌어 고등과 제3회 졸업생을 배출했는데, 이 곳 출신들이 대동청년단과 신아동맹단을 조직하는 등 1910년대 항일 비밀결사운동을 주도하게 된 것이다.

인촌 김성수(金性洙) 역시 광문회 시절 류근을 스승으로 모시며 그의 학식과 민족정신을 흠모하였기에 학교나 신문사 경영에 그를 추대하였다. 이미 류근은 1905년부터 휘문의숙을 비롯해 계산학교 등에서 한문교사와 숙감·교장 등을 두루 역임하였다. 이에 김성수는 중앙학교(中央學校, 오늘의 중앙고등학교)를 인수한 후 류근을 교장에, 안재홍(安在鴻)을 학감에 추대한 후 자신은 평교사를 맡았다. 류근은 1915년 5월 4일 교장에 취임하여 2년후인 1917년 3월 30일 사임하였다.

이 무렵 그는 경성고등보통학교 부설 교원양성소 학생들이 조직한 조선산직장려계(朝鮮産織奬勵稧)에도 깊이 관여하였다. 국권회복을 위한 경제자립과 독립심 고취를 목적으로 펼쳐진 이 운동에는 그와 김성수·안재홍 등 명망가들이 다수 참여하여 국산장려운동과 식산장려조합도 생겨났다. 하지만 일제는 이 단체를 비밀결사로 규정하고 강제해산시키는 한편, 보안법 위반 혐의로 안재홍 등 130명을 연행하였다. 류근도 이때 총독부에 검거되어 1개월간 고생하다가 석방되었다.

隆熙四年二月二十八日
學部檢定
私立學校初等歷史科
(學徒用)
完山 柳瑾 著
壽洞 張志淵 校
新撰初等歷史
卷一
大韓皇城廣德書舘安泰瑩發行

▲ 류근과 장지연이 함께 1910년 만든 『신찬 초등역사』.

한편, 류근은 박은식과 함께 초등 역사책을 만드는 등 국학진흥운동에도 힘썼다. 그는 역사서를 편찬하여 민족의식 고취에 적극 활용하였는데, 『신정동국역사(新訂東國歷史)』(1906년)와 『초등동국역사(初等東國歷史)』(1908년), 『신찬초등역사(新撰初等歷史)』(1910년) 등을 발간하였다. 원영의(元泳義)와 함께 편찬한 『신정동국역사(新訂東國歷史)』에서는 '조선'이라는 국호가 단군조선에서부터 유래되었다는 사실을 설명한 후, 「단군조선기」를 맨앞에 실었다. 여기서는 개국 기원을 시작으로 단군 탄생으로부터 도읍과 국호를 정하게 된 과정을 서술하였을 뿐만 아니라, 문물제도가 비로소 세워졌음을 설명하고 있다. 또한 마니산 제천단과 삼랑성(三郎城)의 연유를 서술함과 더불어 구월산 당장경(唐藏京)으로 도읍을 옮긴 과정까지 서술하였다. 더욱이 단군의 부인인 비서갑(斐西岬)뿐만 아니라, 구월산 삼성사와 평양의 단군릉·숭령전에 대해서도 기술하고 있음이 주목된다.

이렇게 류근이 단군을 통한 민족교육활동에 적극적이었던 것은 그의 대종교 활동과 긴밀히 연관되어 있다. 그는 평소 "사람은 반드시 종교가 있어야 마음이 튼튼하고 자신이 생긴다"면서, 자신은 조선 상고로부터 내려온 대종교를 평생의 믿음으로 삼았다고 주장했다. 그는 1909년 1월 나철(羅喆)이 대종교(大倧教)를 창립하자, 곧 이에 가입하였다. 류근은 규제기초위원과 전무, 단조사고 편찬위원 등으로 활동하기 시작했다. 그는 1911년 1월 15일 참교(參教)에 피선된 데 이어, 지교(知教)를 거쳐 1918년 7월 7일 정교가대형호(正教加大兄號)로 승질되었다.

▲ 류근이 친형제처럼 가까웠던 대종교 제2대 교주인 김교헌.

류근은 후학들에게 늘 "우리 대종교는 조선 사람의 양식을 대는 종교"라 말했다고 한다. 그는 대종교 2대 교주인 김교헌(金教獻)*과 친분이 두터워 친형제처럼 가까웠다. 육당 최남선도 류근과 김교헌 두 스승으로부터 영향을 받아 '대종교 숭봉자'가 되었다고 회고한 바 있다. 특히 1917년 김교헌이 만주로 망명해 대종교의 총본부를 화룡현(和龍縣)으로 옮기게 되자, 남도본사(南道本司)의 책임은 류근에게 맡겨지게 되었다. 류근은 1921

* 김교헌(1868~1923): 수원에서 출생하여 성균관 대사성을 역임하다가 독립협회·만민공동회를 주도하였다. 1904년 단군조선의 역사를 서술한 『신단민사』를 저술, 나철에 이어 대종교 2대 교주가 되었다. 만주로 본부를 옮겨 항일 투쟁을 전개하다 병사하였다.

년 사망 직전까지 강우(姜虞)* 등 남도본사 간부진과 함께 교무를 전담하며 해외 독립운동을 지원하였다.

대종교인 류근이 단군과 고조선에 대한 자료를 최초로 집대성한 책이 『단조사고(檀祖事攷)』이다. 1911년 편찬한 이 책은 류근을 비롯해 『한국통사』를 저술한 민족사학자인 박은식(朴殷植)과 대종교 2대 교주인 김교헌이 함께 엮은, 단군과 한국 상고사에 대한 종합적 역사 자료집이다. 단군이 탄생하여 나라를 세우고 백성을 깨우치기까지의 업적과 관찬사서를 비롯해 민간에 흩어져 있는 자료를 정성스레 모은 역사서요, 사상서이다. 후일 이 책의 역사정신은 신채호 정신의 핵이라 할 낭가사상(娘家思想)의 형성에 결정적인 역할을 했으며, 박은식 역사정신의 고갱이라 할 '국혼(國魂)' 역시 『단조사고』의 정신적 구현이라 전문가들은 평가하고 있다.

나아가 류근은 1919년 3·1운동의 영향으로 개최된 13도 대표자의 국민대회에 대종교계 대표로 참여하였다. 그는 대종교 사무실에 상주하면서 동지들과의 연락을 담당했으며, 국민대회가 차질 없이 진행되도록 노력하였다. 이어 4월 23일 열린 13도 대표자의 국민대회에 대종교 대표로 참석하였다. 그는 '한성임시정부'의 공포와 정부 각료 선정에 관계하다가 일본 경찰에 붙잡혀 옥고를 치르게 되었다.

3·1운동의 좌절 이후 옥중에서 풀려난 류근은 자주독립국가 건설을 위해서는 민족계몽과 실력양성에 힘써야 하는데, 그러기 위해서는 무엇보다 언론활동이 중요하다고 판단하였다. 그는 신문사 설립을 처음 발론한 사람으로, '동아일보'라는 제호도 "우리 민족이 장차 동아시아 전체를 무대로 삼아야 한다"는 뜻으로 그가 지은 것이다. 이에 그는 1920년 4월 《동아일보》 창설에 참여하여 양기탁(梁起鐸)과 함께 편집고문으로 추대되어 동아일보사 초대 편집감독이 되었다. 4월 20일자 동아일보 창간호에 실린 그의 〈아보(我報)의 본분과 책임〉이란 논설은 매우

* 강우(1862~1932): 충남 부여 출신으로 1909년 대종교에 입교해 총본사의 총전리로서 행정 책임을 맡았다. 1918년 최고 직책인 사교(司教)에 임명되어 교리를 만드는 중책을 수행했다. 『종리문답』·『천산도설』·『제천혈고사』 등을 저술했다.

힘차고 격정적이다. 이 글에서 그는 1차 세계대전이 끝난 오늘날 인도정의가 도래하여 "무력주의가 문화주의로, 제국주의가 사회주의로, 자본주의가 노동주의로 변천하였다"면서, 이러한 때에 '언론계 패왕'으로 동아일보가 나왔음을 감격해 했다. 그러면서 동아일보의 앞날에 당부하길,

> "너는 조선민중의 기관수며, 우편배달부며, 전화교환수며, 대의소(代議所)며, 정치가며, 법률가며, 경제가며, 사회당이며, 노동주의다. 무겁다 너의 책임, 자유권 잊지 말고 만난(萬難)을 제각(除却)하고 용재직전(勇在直前) 거침없이 신지(信地)에 도달하여라, 아 동아일보야."

라며 앞날을 격려하였다. 동아일보 창간에 매우 흡족해하던 그는 그러나 잦은 감옥생활과 오랜 숙환을 이기지 못하고 1921년 5월 20일 오후 6시, 환갑을 눈앞에 둔 61세 일기로 사망하였다. 당시 유족으로는 독자인 연수(年秀,

▲ 2012년 전주 유씨 문중이 태성중학교 뒷산의 묘소 입구에 세운 류근 추모비와 묘지 안내판.

1899~1947)가 있었으나, 1919년 3·1운동 건으로 체포되어 안동감옥에 수감되어 있어 임종을 지켜보지 못하였다.

동아일보는 "실로 우리 신문사의 주석(柱石)일 뿐 아니라 반도 언론계의 원로이며, 교육계의 공로자일 뿐 아니라 장로였다"고 고인을 평가하였다. 또 다음날 사설에서 '류근 선생의 유언'이란 부제로 〈지방열을 제거하라〉는 글을 실었다. 이 글에서 그는 "지방열을 없애라. 이것은 조선인의 고질이니 사회를 위해 활동하는 자, 민족을 위해 일하는 자는 마땅히 이에 조심하여 그 근멸을 기하라"고 당부하였다. 그는 "남방인과 북방인이 서로를 배척하고 선을 위해 다투지 않는" 당시 독립운동계의 고질병을 통렬히 비판했던 것이다.

류근의 장례식은 동아일보사의 7일장으로 결정되어 5월 25일 사옥 마당에서 거행되었다. 그후 고인은 고향인 용인 남동 노고봉 산록(현 현충탑 동편 담장 아래)에 묻혔다. 당시 상해의 대한민국 임시정부도 고인에 대한 추도식을 거행했다. 류근이 사망하자, 그의 동지이자 사돈인 위암 장지연이 가장 애통해했다. 장지연은 그를 잊지 못해 혼자 술을 마시다가 〈류근을 애도함(輓柳石儂)〉이란 시를 지었고, 실의에 빠져 병석에 누은 지 6개월 만에 세상을 뜨고 말았다.

고인의 묘는 오늘날 한국전쟁 참전용사들을 기리는 웅장하게 잘 정비된 처인구 남동의 현충탑 동편 담장 아래에 위치해 있다. 묘역에는 현장 안내판이나 소개간판도 없이 독립유공자임을 알리는 비석 하나가 세워져 있어 초라한 느낌을 지울 수 없다. 문중후손들이 2012년 8월 묘역을 정비하고 길 옆에 기념비를 새로 세웠을 따름이다.

고인은 1962년 3월 대한민국 건국공로훈장을 추증받았고, 2001년 10월 이달의 독립운동가로 선정되었다. 다행히 용인시는 독립운동가이자 교육자, 국학자인 그의 업적을 기려 그의 묘가 있는 현 처인구청과 김량장시장 일대의 거리명을 '석농길'이라 이름 지었다. 옛 용인시청 자리이니, 개천절과 한글날이 있는 10월에 답사해볼 만한 곳으로 추천하고 싶다.

▲ 용인시 처인구 남동 노고봉 산록에 위치한 '순국열사 석농 류근'의 묘소.

류근 선생 묘소와 추모비

② 찾아가는 방법

- 태성중학교 앞에서 하차해 뒷길 현충탑 가는 길로 걸어서 7분
- 태성중학교 옆 골목길로 올라가 현충탑 동편 담장 아래에 주차

주변 볼거리

✓ 현충탑(김량장동)

어록

〈지방열을 제거하라〉

"오인은 고요히 생각하되 조선인의 생장발달이 '서로 사랑하야 합'하는 이 일점에 있는 줄로 아노니 선생을 사모하는 자 아니라 조선형제를 위하여 선생과 뜻을 같이하는 자는 마땅히 그 경고에 의하여 조심하여 지방열을 근거(根去)하며 그 뜻을 계속해서 단결함이 가하다 하노라"

_ 1921년 5월 23일자, 《동아일보》 유언 중에서

참고문헌

- 권덕규, 「석농 선생과 역사·언어」, 『을지문덕』, 1948.
- 대종교총본사, 『대종교중광육십년사』, 1972.
- 삿사 미츠아키, 「일제하 대종교 남도본사의 활동」, 『종교학연구』, 22, 2003.
- 김명섭 편저, 『석농 류근 자료총서』, 한국학술정보(주), 2006.
- 오영섭, 「석농 류근 저작의 해설」, 『석농 류근 자료총서』, 한국학술정보, 2006.
- 김명섭, 「석농 류근의 항일민족운동과 사상」, 『배달민족의 역사의식과 사상가들』, 한뿌리, 2008.
- 류기송 편, 『독립지사 석농 류근』, 전주류씨계운공파종친회, 2009.

#7 세계를 뒤흔든 용인 만세운동의 영웅들 _ 이덕균과 동지들

대지진과

쓰나미, 핵과 방사능 유출로 공포와 눈물 속에 파묻혔던 2011년 일본의 3월은 매우 비참했다. 평생 한 맺힌 절규를 쏟아내던 위안부 할머니들과 독도 지킴이 '반크'도 일본의 불행에 위로와 희망을 전하는 것은 역시 '죄(제국주의)는 미워도 사람(민중)을 미워할 수 없는' 인지상정 때문일 것이다.

1919년 3월은 일본 제국주의의 식민통치에 맞선 한국의 민중들이 죽음을 무릅쓰고 싸운 '찬란한 봄날'이었다. 약 3개월간 조선 각지에서 전개된 만세운동은 가히 세계 최강의 군대에 맞서 싸운, 죽음의 항쟁 그것이었다. 전국 230개소에서 1,500여 건의 시위가 발생해 8천여 명 이상이 사망했고, 1만 6천여 명이 부상당했으며, 5만 3천여 명이 구속되었다.

서울에서 시작한 만세운동은 3월 21일 새벽 경기도 용인의 원삼면과 양지면 경계인 좌전고개에서 처음으로 불타 올랐다. 좌전고개의 만세운동은 1919년 3월 15일 원삼면 맹리 주민인 이인하(李寅夏, 1890~1966)와 이은표(李殷杓,1897~1974) 등에 의해 비롯되었다. 당시 일본 재판기록에 의하면, 이은표는 마을서당에서 한문을 수학하던 중 서울 만세시위 소식을 듣고 3월 15일 동지들을 규합해 이은하와 함께 태극기 2백여 기를 제작했다.

그런 후 이은표·이인하 등은 3월 20일 밤 양지면 평창리 도창마을 최상근의 주막에서 모임을 갖고 다음날 새벽 3시경 좌전 고개마루 산에서 횃불을 올리는 것을 신호로 '조선독립만세'를 외치며 고개를 내려갔다. 이에 일행은 인근 좌항리와 맹리 주민들과 합세하여 거대한 행렬을 이루었다. 시위대는 원삼면사무소에 이르러 면장을 앞세우고 현 백암면 백암리에 있는 경찰주재소의 고개에 이르렀는데, 출동한 일본 헌병대원의 발포로 인해 강제해산당하고 말았다.

이후 용인의 만세운동은 읍내를 비롯해 포곡면·기흥면·수지면·남사면·외사면 등 용인 전역에 걸쳐 남녀노소, 사농공상 구별 없이 참여하였다. 3월 30일 용인 읍내에서는 2,000명, 수지면에서는 1,500명이 참여하였으며, 3월 31일에는 외사면에서 면사무소와 헌병주재소를 습격하여 헌병의 발포로 1명이 사망하기도 하였다.

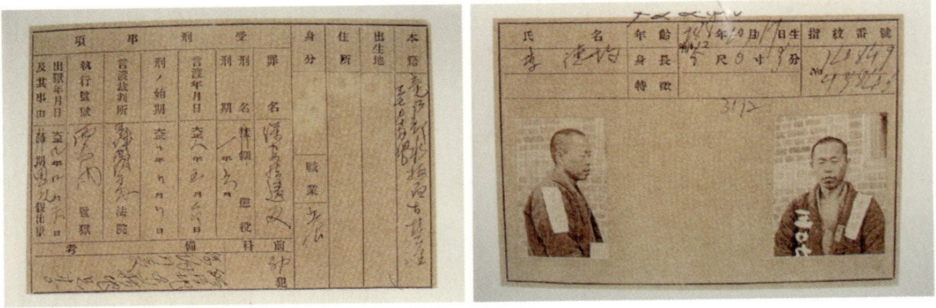

▲ 용인 수지구 지역 만세운동을 주도한 이덕균의 수형 기록.

광교산과 청계산을 병풍 삼은 용인 수지구에서의 만세운동은 3월 28일 고기리 구장인 이덕균(李德均)과 안종각(安鍾珏)을 주축으로 전개되었다. 이날 두 사람은 마을 주민들에게 태극기를 나눠주고, 함께 "대한독립 만세"를 외치며 수지읍내 방향인 동천동으로 나아갔다. 만세행렬은 풍덕천동 면사무소 앞에 모여 소리 높여 만세를 외쳤으며, 면사무소가 있던 마북동까지 나아가다가 일제 헌병들의 발포로 가까스로 해산되었다.

다음날에도 수지구 주민 1천 5백여 명은 현 구성면 방면에서 만세운동을 펼쳐 구성면 언남동 도로를 가득 메웠다. 이에 당황한 일제 헌병들이 무자비한 발포를 가하였는데, 이로 인해 안종각과 최우돌(崔又乭)이 현장에서 피살되었다. 이러한 잔혹한 진압에도 불구하고, 수지구 주민들은 인근 산에 올라가 봉화를 올리고

▲ 용인 수지구 만세운동을 주도한 이덕균 묘(좌)와 안종각 묘(우).

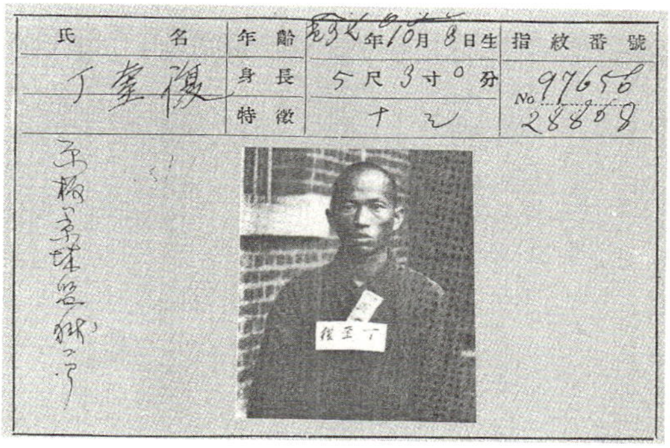

▲ 용인 포곡읍 둔전리의 만세운동을 주도한 정규복의 수형기록.

죽음을 무릅쓴 저항을 계속하였다. 일제는 만세운동 참가자들을 색출하기 시작하여 많은 애국지사를 감옥에 가두고 가혹한 고문을 자행하였다. 이에 따라 고기리 구장 이덕균이 서대문형무소로 끌려가 곤욕을 치른 후 징역 1년 6개월의 중형을 언도받았고, 김영석 등 수지면 주민 16명이 태형 90대에 처해졌다.

용인의 북단인 포곡읍에서는 둔전리의 정규복(丁奎復)과 삼계리의 권종목(權鍾穆)·금어리의 홍종욱(洪鍾煜)-종엽(鍾燁) 형제 등이 주도하여 만세시위를 이끌었다. 나주정씨인 정규복은 한학을 공부하며 농사일을 짓는 신망있는 지역유지로 알려졌다. 홍종욱-종엽 형제는 기독교를 믿는 신앙인으로서 이들은 권종목이 준 태극기를 동네 주민 200여 명에게 나눠주고 3월 28일 만세운동을 전개했다.

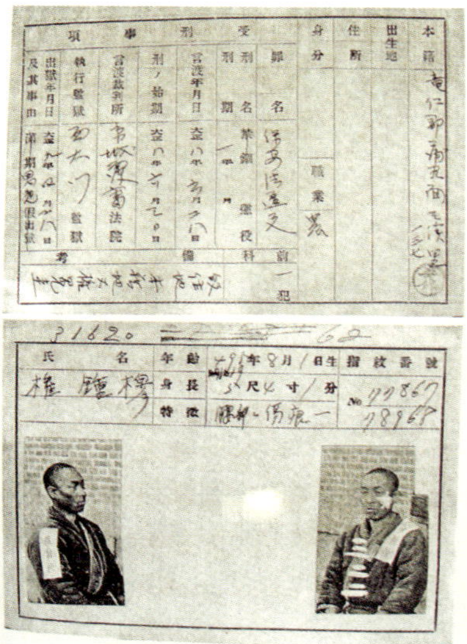

▲ 용인 포곡읍 삼계리의 만세운동을 주도한 권종목의 수형 기록(좌)과 공적비(우).

▲ 용인 포곡읍 금어리의 만세운동을 주도한 홍종엽의 수형 기록(좌)과 묘(우).

마침 3월 28일은 용인읍내 한가운데인 김량장동에 큰 장이 서는 날이었기에 시위대는 읍내를 향해 금어리를 넘어 대대리로 행진하였다. 시위대가 햇골(현재의 유방동 가스충전소 자리)에 다다랐을 무렵, 일본 헌병대가 출동하여 총을 발포하고 기마대를 풀어 강제 해산시켰다. 정규복 등 시위 주도자들은 이후 일경에게 체포되어 각각 징역 1년~8개월형에 처해졌다.

3월 29일에는 용인 내사면 남곡리에서 만세운동이 발발하였다. 남곡리에는 한국 최초의 신부인 김대건 신부가 세례를 받은 이후 천주교 신자들이 많이 거주하였다. 이 곳의 독실한 천주교 신도인 한영규(韓榮圭, 당시 37세)와 김운식(金云植, 당시 21세) 등은 직접 태극기를 만들어 주민 100여 명에게 나눠주고 용곡부락 밤나무골(현 용동중학교) 앞에서 만세운동을 시작해 양지면 읍내로 가두행진을 벌이다가 해산되었다. 주도자 두 사람은 징역 10개월에 처해졌다.

용인의 서북단인 기흥 지역 역시 3월 30일 만세운동을 전개하였다. 관악산과 청계산-광교산으로 이어져 서울과 수원-성남으로 이어지는 교통의 요지인 기흥구에는 경주김씨(慶州金氏)와 한양조씨(漢陽趙氏)·한산이씨(韓山李氏) 등이 문중취락을 형성하고 있었다. 이 지역 출신으로 대한제국 육군 정위로 근무하다가 군대해산으로 인해 낙향해 있던 김혁(金赫)과 김구식(金九植) 등은 농사일을 하던 중 만세운동을 계획하였다. 이들은 3월 30일 이른 아침부터 인근 마을 주민 수십 명을 모아 현 상갈동 고속도로 인터체인지 인근에서 만세시위를 하며 구성면으로 몰려갔다. 시위대는 오후 2시경 구성면 군중과 함께 힘차게 만세삼창을 하였고, 다시 신갈로 향하던 중 용인헌병대의 총격으로 인해 강제해산당하고 말았다.

이날 만세시위로 인해 김구식은 일본경찰에 체포되어 징역 1년 6월의 형을 받아 서대문형무소에 수감되었다. 그는 출감 후 수감생활 중 당한 고문으로 인해 가산을 탕진하고 가난한 생활을 하다 광복을 맞이하던 해에 사망하였다. 주동자 김혁은 일본 경찰의 추격을 피해 그해 5월 만주로 망명해 청산리 전투 등 항일전쟁을 주도하였다. 기흥 출신의 항일 독립지사로는 만주의 대한독립단과 상해 임시정부 재무부에서 활동한 이영선(李英善)과 서울 파고다 공원에서 3·1만세운동을 이끈 어대선(魚大善) 등이 있다.

독립유공자포상신청서

京畿 龍仁 器興 下葛

金九植

金九植

金主基

▲ 용인 기흥 지역 만세운동을 주도한 김구식에 대한 공훈신청서.

3월 31일 이동면 송전리에서는 200명의 시위대가 만세운동을 벌였고, 외사면에서도 약 3천여 명의 군중이 일겨의 집압에 대항해 면사무소와 헌병주재소를 공격하였다. 이 와중에 주민 2명이 총에 맞아 사망하였고, 다수가 부상을 당했다. 4월 1일에도 송전리에 주민 200여 명이 시위를 벌이며 면사무소를 포위하였고 친일 면장을 붙잡으려 하였다. 이에 면장이 급히 피신하여 일본 경찰을 불러 강제 해산시키도록 하였다.

이처럼 용인시민들의 목숨을 건 만세시위운동은 3월 21일부터 5월까지 꾸준히 전 지역에서 치열하게 전개되었다. 당시 일제의 기록에 의하면, 용인시민들의 만세운동은 총 13회에 걸쳐 13,200명이 참가한 것으로 알려졌다. 이 과정에서 35명이 사망하고, 139명이 부상, 500명 이상이 검거되었다.

비록 용인을 비롯한 전국적인 만세운동이 일제의 무력 진압으로 인해 압살되고 말았지만, 3·1 만세운동은 제국주의 침략에 신음하고 있던 세계 식민지 민

▲ 1999년 이후 매년 3월 21일 용인 좌전고개에서 열리는 용인 만세운동 재현 행사 장면.

족의 독립운동에 불을 당긴 세기적 사건으로 기록되고 있다. 비폭력으로 제국주의 총칼에 맞서 싸운 용인시민들을 비롯한 모든 한국인의 독립 정신은 곧 중국 대륙 전역으로 퍼져나가 5·4운동으로 발전하였으며 필리핀의 독립운동, 인도의 비폭력운동에 기폭제가 되었다. 나아가 이집트의 독립운동을 비롯해 영국과 혈투를 벌인 아일랜드의 독립 투쟁에도 큰 영향을 끼쳤다.

용인 향토사연구의 선구자인 고 박용익(朴鏞謚) 옹과 후손들은 3·1운동 80주년을 맞은 지난 1999년 3월 21일 최초로 만세운동이 시작되었던 원삼면 좌전고개에서 독립항쟁에서 희생된 영웅들에 대한 추모 진혼제를 열고 만세운동을 재현하였다. 매년 3월 21일 이어진 이러한 자발적인 시민들의 기념행사에 용인시에서도 적극 지원하게 되었고, 이는 곧 '용인독립운동기념사업회'(초대 이사장 박용익) 탄생의 밑거름이 되었다. 기념사업회는 또 이덕균의 후손들과 수지구 시민들의 자발적인 성금과 후원금, 시 지원금 등을 모아 2009년 11월 수지구 풍덕천 새마을공원 안에 '수지구 만세운동기념탑'을 건립하였다.

나아가 기념사업회와 용인시는 2004년부터 좌전고개에 용인만세운동 기념공원을 조성하는 사업을 추진하였다. 시민들의 성금모금과 시의 적극적인 지원으로 인해 마침내 2011년 4월 이 곳에 기념공원을 조성하고 웅장한 '용인 3·1만세운동 기념탑'을 건립하기에 이르렀다. 용인시는 앞으로 이 곳에 용인시민의 민족정신과 애향심을 길러줄 수 있는 '용인독립운동기념관'을 건립할 예정이다. 이덕균을 비롯한 만세항쟁의 주역들이 보여준 용기와 희망의 몸짓처럼, 자유와 평화를 사랑하는 모든 이들이 절망을 딛고 희망을 되찾길 응원해본다.

▲ 2011년 4월 용인 원삼면 좌전고개에 조성된 기념공원내에 설치된 '용인 만세운동기념탑'.

3·1만세운동기념공원과 기념탑

⑦ 찾아가는 방법

용인시 처인구 원삼면 좌항리 산 21-1번지 일대 용인 3.1운동기념공원

수지구 만세운동기념탑

⑦ 찾아가는 방법

용인시 수지구 풍덕천 새마을 공원내

참고문헌

- 이인영 편, 『내고장 용인 의병전쟁 및 독립운동사』, 용인문화원, 1989.
- 우상표, 『용인자연마을 기행』1·2, 용인시민신문사, 2005.
- 김명섭, 「용인 3·1운동의 사회경제적 배경」, 『한국독립운동사 속의 용인』, 용인항일독립운동기념사업회, 2009.
- 박환, 「용인지역의 3·1운동과 항일유적지」, 『한국독립운동사 속의 용인』, 용인항일독립운동기념사업회, 2009.
- 이상일, 「용인지역 3·1운동의 특질」, 『한국독립운동사 속의 용인』, 용인항일독립운동기념사업회, 2009.

거친 만주 벌판에서 독립군을 키운 작은 거인 _ 여준

#8

ㅣ 연보 ㅣ

- 1862년 용인시 처인구 원삼면 죽릉리 출생
- 1885년 이회영·시영 형제, 이상설 등과 신흥사에서 공부
- 1906년 용정의 서전서숙 숙장, 오산학교 교사 재직 중 삼악학교 설립
- 1912년 만주 서간도 망명 신흥무관학교에서 교장 역임(1913~1917)
- 1919년 길림에서 대한독립선언서 발표, 한족회 결성
- 1922년 교하현에서 검성중학 설립
- 1930년 7월 한국독립당 참여
- 1932년 6월 만주사변 중 중국 군벌에 의해 순국

2010년이 나라를 빼앗긴 국치 백년이었지만, 그 이듬해인 2011년 봄은 만주 벌판에서 독립 기지의 첫 삽을 뜬 지 꼭 100년이 된다. 일제와 친일파들이 판을 치는 조선을 떠나 1911년 4월 중국 서간도 대고산(현재의 길림성 통화현) 자락에 모인 애국지사들은 '일하며 배우자'는 경학사(耕學社)와 '백성을 돕는' 부민단(扶民團), 그리고 장차 독립전쟁의 기둥이 될 신흥무관학교를 설립하여 새조국 건설의 기틀을 마련했다. 이 날 모인 사람들은 조선 최대의 명문가문인 서울의 이회영 6형제를 비롯해 안동 유림의 대표 이상룡과 김대락, 의성의 김동삼, 강화도의 이건승과 진천의 정원하·홍승헌 등 독립군을 양성하기 위해 동토의 땅으로 망명한 전국각지의 애국지사들이었다. 이 중 용인 출신으로서 신흥무관학교 교장을 역임하며 70 평생을 독립전쟁에 몸 바친 이가 있으니, 곧 여준 선생이다.

여준(呂準)은 호가 시당(是堂)으로 용인 원삼면 죽릉리에서 1862년 아버지 규필과 어머니 해주오씨 사이에서 둘째로 태어났다. 본관은 함양이고 본명은 조현(祖鉉)이며 자는 성무(聖武)이다. 구한말 보통의 선비처럼 과거 시험을 준비하던 여준은 외가인 해주오씨 가문의 집성촌인 죽릉리의 서당에서 한학을 배웠다. 이후 20살 무렵 과거에 급제해서 서울 중구 회현동에서 살고 있던 7촌 재당숙인 여규형(呂圭亨, 1849~1922)의 주선에 의해 서울로 올라가 공부하게 되었다.

이 무렵 서울의 저동(지금의 명동) 일대의 유력한 삼한갑족인 이회영·이시영 형제, 그리고 그의 종친인 이상설 등과 죽마고우로 가깝게 지내면서 신학문을 배웠다. 그가 24살 무렵인 1885년에는 이회영·시영 형제와 이상설 등과 함께 8개월 동안 신흥사라는 절에서 합숙하면서 영어와 법학·수학 등 신학문을 공부했다. 이때 이시영은 여준을 '절재(絶才)'라 칭송하면서 그의 학문을 높이 평가했다.

1896년 이상설이 성균관 관장으로 임명되면서 여준도 잠시 성균관 직원으로 임명되었다. 하지만 이상설이 한성사범학교 교관으로 전임되면서 그 역시 사직하였다. 그후 여준은 이상설의 집에 서재를 만들어 수시로 회합을 갖고 영어를 비롯해 동·서양의 다양한 신학문을 공부하며 자강혁신의 방도를 모색하였다.

1904년 일본이 러시아와의 전쟁을 일으켜 조선에 물자수송 요구와 함께 외교권을 강탈하려 하자, 여준은 이상설과 함께 을사늑약 반대운동에 참여하였다. 이후 이회영·이상설·이동녕 등 신민회 비밀회원들이 북만주에서의 독립운동기지 건설을 목표로 북간도의 용정(龍井)에 민족교육 기관인 서전서숙(瑞甸書塾)을 세우게 되자, 이상설의 뒤를 이어 숙장을 맡았다. 여준은 이 곳에서 한문과 정치·법학을 가르치면서 74명의 학생을 1년간 단기 속성으로 모두 졸업시켰다. 하지만 학교는 일제 통감부의 감시와 방해, 재정난 등으로 인해 8개월 만에 문을 닫고 말았다.

▲ 중국 길림성 용정의 서전서숙 옛터에 세워진 표석(좌), 서전서숙을 계승한 현 용정실험소학교(우).

1907년 9월경 국내로 돌아온 여준은 신민회에서 함께 활동한 이승훈이 평북 정주(定州)에 세운 오산(五山)학교에서 교무업무를 주관하였다.

▲ 여준 선생이 쓴 '오산학교' 현판.

오산학교에서 여준은 역사와 지리를 비롯해 법학 등 동서양 학문에 대해 가르쳤다. 함께 교편을 잡았던 이광수는 그를 회고하면서, "키는 작고 목소리는 크고 야무졌으며, 높은 식견을 가진 애국지사"로서 학생들에게 많은 감화를 주었다고 회고하였다.

오산학교에 재직하는 동안 여준은 서울의 전국적 비밀결사인 신민회*의 활동 계획에 따라 서울 상동청년학원에 파견되어 교육활동을 펼쳤는데, 그가 역점을 둔 것은 고향인 용인 원삼면 죽릉리(390-1번지)에 학교를 세우는 일이었다. 1908년 초순 고향을 방문한 여준은 지역유지이며 외가의 재당실 사위가 되는 오항선(吳恒善)의 집을 빌려 그해 9월 학교를 세웠다. 이름은 주변의 커다란 산봉인 구봉산과 쌍령산·문수산을 따 삼악학교(三岳學校)라 지었다.

삼악학교는 역사와 지리 과목에 비중을 두어 민족교육을 주력했는데, 여준은 용인 원삼면 문촌리(文村里) 출신으로 오산학교 제1회 졸업생인 김도태(金道泰)와 3회 졸업생 김공집(金公緝)을 이 곳으로 보내 구국정신을 가르치도록 하였다. 이 학교를 졸업한 용인 죽릉리 출신의 오광선(吳光鮮)은 여준의 추천으로 서울 상동청년학원에 진학하였고, 이어 서간도 신흥무관학교에서 교관을 지냈다. 한국 기

▲ 여준 선생이 신민회의 계획에 따라 용인 원삼면 죽릉리에 세운 삼악학교 터 표석(좌), 김공집 삼악학교 교사(우).

* 신민회: 1905년 을사늑약 체결 이후 독립운동의 요람이 된 상동교회의 전덕기 목사와 상동청년학원 학감인 이회영이 주도한 비밀결사로 이동휘·이동녕·여준 등이 참여했다. 이후 1907년 4월 안창호가 재조직하여 국권 회복을 위해 교육구국운동과 계몽강연 및 출판 활동, 민족산업 진흥운동을 펼쳤다. 1909년 이후, 만주독립군기지건설을 결의해 이듬해 겨울 집단 망명해 신흥강습소(신흥무관학교)를 설립했다.

독교계의 초창기 지도자 중 한 사람으로서 경기권역을 대표하는 오건영(吳健泳) 목사 역시 삼악학교 출신이다. 하지만 삼악학교는 일제의 국권 침탈 이후 여준과 김도태·김공집 등이 만주로 망명하면서 자연 폐교되고 말았다.

이회영·이동녕·이상룡 등 전국의 애국지사들과 신민회 간부들은 1910년 8월 강제합병 이후 그해 말부터 만주로 몰래 망명해 서간도의 유하현 삼원포 합니하에 경학사와 신흥강습소를 세워 무장투쟁을 준비하였다. 여준 역시 1911년 오산학교를 그만두고 가족과 형의 가족을 인솔하여 압록강을 건너 1912년 신흥무관학교에 도착해 망명 생활을 시작했다.

신흥강습소는 매서운 서간도 추위와 빈곤한 식량 사정, 마적의 침탈과 일제의 간부 암살 위협 등에 시달리면서도 6개월 과정의 정규 군사훈련을 시킬 수 있는 학교와 훈련시설을 갖췄다. 여준은 이 곳에서 민족정신이 투철한 교사들과 함께 망명 청년들에게 민족역사와 지리는 물론 영어와 군사교육을 가르쳤다. 1913년 이상룡의 뒤를 이어 교장에 취임하여 학교 일을 전담하게 되었다. 교장 여준은 혹한의 추위에도 아침마다 체조를 시켰는데, 조회시간에 애국가와 교가를 우렁차게 부르는 학생들 앞에서 뜨거운 눈물을 흘리곤 했다고 한다.

▲ 중국 길림성 유하현 삼원포에 위치한 합니하 신흥무관학교 터. 오른쪽 포도농장 뒷편으로 산허리를 돌아가면 넓은 군 막사와 연병장 터가 나온다(2007년 촬영).

의병대장 왕산 허위(許蔿)의 종손이자 이상룡의 종부가 되는 허은(許銀, 1907~1997)은 당시 교장으로 일한 여준의 모습을 다음과 같이 묘사했다.

> "그는 체구는 작으마하나 다부지게 생겼다. 추위를 안 타서 다른 이들은 털모자를 쓰고 다녀도 그는 안 썼다. 큰 오빠 말로는 신흥무관학교 다닐 때 여준 선생이 그렇게 모질다고 했다. 벌을 세워도 매섭게 세운다고 했다."

여준은 1913년부터 1917년 무렵까지 교장직을 맡았던 것으로 보인다. 이후 그는 길림으로 옮겨 동성한족생계회를 조직하여 이주한인들의 주거안정과 민족운동 지원에 전념하였다. 이어 그는 1919년 2월 자신의 집에서 김교헌·이상룡·박용만·박찬익·황상규·김좌진 등과 함께 대한독립의군부를 조직한 후, 39명 명의로 〈대한독립선언서〉를 발표하였다. 선언서는 만주와 북경·상해는 물론 국내에도 배포되었는데, 이 과정에서 여준은 지도자의 역할을 하는 정령의 위치에서 일을 주도하였다.

1919년 3·1만세운동이 국내를 비롯해 만주와 연해주, 중국 관내와 미주 등 해외 지역까지 퍼져 나가자, 상해의 많은 지도자들이 독립운동의 최고 지도기관으로 대한민국 임시정부를 수립했다. 상해 임정은 만주 무장투쟁의 중요성을 감안해 여준이 이끄는 길림의 한족회를 서로군정서(西路軍政署)*로 인정하였다. 서로군정서는 독판에 이상룡, 부독판에 여준을 모시고 정무청장에 이탁, 참모부장에 김동삼, 사령관에 지청천을 임명하여 독립군 간부를 양성하고 압록강 일대로 국내 진입작전을 펼쳤다.

나아가 1920년 12월 상해 임시정부에서 만주에 간서총판부를 설치하자, 여준은 총판에 선임되어 만주 항일독립군을 지도하였다. 하지만 상해 임시정부가

* 서로군정서: 1919년 5월 대한민국 임시정부가 유하현 등 서간도 일대의 독립군총본영을 군 정부로 인정하여 개편한 독립단체. 조직은 독판제에 의해 독판부 아래 사령부 참모부, 정무청, 군무청 등을 두었고 신흥무관학교를 운영하였다.

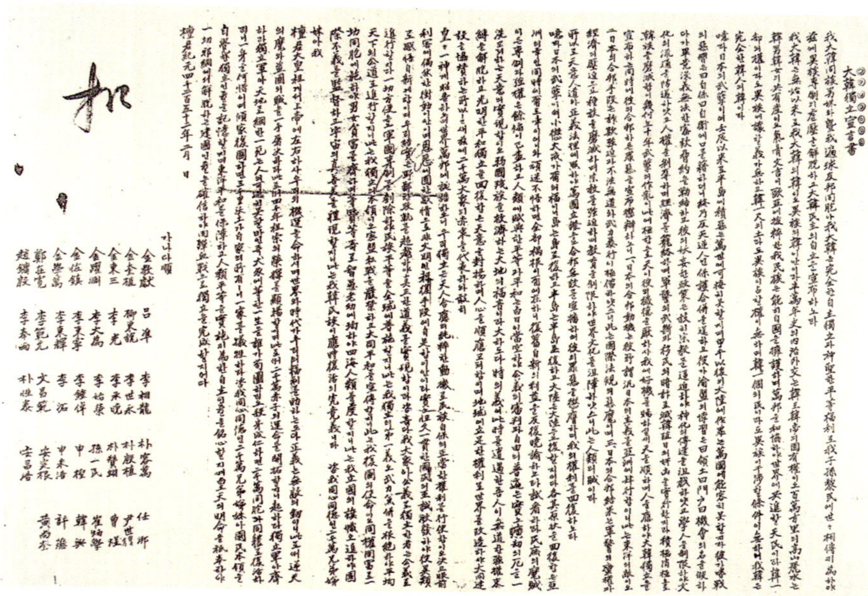
大韓獨立宣言書

檀君紀元四千二百五十二年二月 日

金教獻 金奎植 金東三 金躍淵 金佐鎭 金學滿 鄭在寬 趙鏞殷 呂準 柳東說 李光 李大爲 李東寧 李範允 李奉雨 李相龍 李世永 李承晩 李始榮 李鍾倬 李拓 文昌範 朴性泰 朴容萬 朴殷植 朴贊翊 孫一民 申檉 申采浩 安定根 安昌浩 任邦 尹世復 曺煜 崔炳學 韓興 許爀 黃尙奎

▲ 1919년 2월 중국 길림의 여준 집에서 결성한 대한독립의군부는 〈대한독립선언서〉를 통해 민족 정통성과 독립의 당위성을 제시했다..

이승만의 위임통치 청원으로 분열되자, 임시정부의 개조와 함께 이승만의 퇴진을 요구하는 결의서를 작성하여 보냈다. 그는 독립군 양성을 위해 1922년초 액목현 대황지(지금의 교하시 남강자향)에 신흥무관학교의 후신이라 할 검성학당(儉成學堂 - 후에 검성중학으로 개칭)을 설립하여 교장을 맡았다. 교사로는 용인 삼악학교 시절 제자이며 신흥무관학교 교관을 지낸 오광선을 체육선생으로 삼았다. 또 후일 한국 광복군 참모장을 역임하는 황학수(黃學秀)도 이곳에서 군사강습을 맡았다고 한다. 당시 학생으로는 여준의 아들 여운달을 비롯해 80여 명에 달했으며, 1924년 가을 1회 졸업생 30명을 배출하였다. 중국 길림성에서 나온 자료에는 여준이 운영한 검성학당에 대해 다음과 같이 기록하고 있다.

> 학당에는 기숙사와 식당이 마련되어 있었으며, 학생들은 모두 집단생활을 하였다. 학과목은 교수의 수요에 따라 자체로 설치하였는 바 조선어문과, 영어, 산술

> 통편, 동국지리, 대동력사(리상룡 편) 및 박물 등이 있었다. 교재로 처음에 구한국의 것을 쓰다가 후에는 자체로 편찬하여 썼다. 교수 가운데 학교운영 취지를 관통시키어 반일사상 교양과 군사훈련을 자못 중시하였다.
>
> 검성학당은 그 이름과 같이 일하면서 배우는 학교였다. 평시에는 학습하고 반남 노동하였으며, 농번기에는 일주일간 학습하고 일주일간 노동하였다…(중략) 그 후 하북산 기슭의 사황지(지금의 신안툰)로 옮겨가 낡은 집 15칸을 사고 또 일부간이 건물을 지어 교실(3개)와 학생기숙사, 교무실로 썼다. 비록 학교조건이 아주 보잘것없었지만, 교원과 학생들의 교수 및 학습열성은 아주 드높았다.
>
> – 김동림, 〈검성학교〉 『길림조선족』(연변인민출판사, 1995)

하지만 당시 길림 지역에서 활동하던 공산주의자들이 남만청년동맹을 결성하고, 점차 이 학교에도 세력을 확장하여 1927년 청년강습소로 개칭되었다. 이후 학교가 점차 좌경화되어 가고 일제의 핍박이 거세어져 1928년 폐교에 이르게 되었다. 여준은 곧 이곳을 떠나 서란현 화수천 농장으로 옮겨 동포들을 위한 민족교육에 힘을 쏟았다.

1929년경 여준은 다시 홍진·지청천·황학수 등 민족주의 지도자들과 함께 농업주식회사인 생육사(生育社)를 조직하였다. 후일 생육사는 한족총연합회와 더불어 한국독립당의 모체가 되었다. 이듬해인 1930년 7월 북만주 지역에서 활동한 민족주의자 1백여 명이 한국독립당*을 결성하였는데, 여준 역시 이에 참여하였다. 이 때 그의 나이 70세를 바라보는 노년이었기에 실무보다는 고문을 맡아 활동하였다. 1931년 9월 18일 만주사변을 일으킨 일제는 심양과 장춘에 이어 북만주의 중심도시인 길림마저 점령하였다. 이에 퇴각하는 중국군의 만행으로 여준과

---

* 한국독립당: 1930년 7월 홍진·지청천·황학수 등이 김좌진의 한족총연합회와 생육사 등을 모체로 북만주 위하현에서 조직한 독립정당. 대부분 대종교 신자들과 유림·기호 인사, 무관학교 출신들로서 반공산주의적 민족운동을 지향했다. 산하 군사조직으로 한국독립군을 창설하여 동북만주에서 중국군과 연합하여 항일연합 전투를 벌였고, 1933년경 중국 본토로 근거지를 옮겼다가 신한독립당으로 전환하였다.

▲ 2012년 10월 용인독립운동기념사업회와 민족문제연구소가 함께 용인 죽능리에 세운 삼악학교 터 표지석.

그의 아들도 중국 군벌에 의해 길림성 오상현에서 최후를 맞이하고 말았다.

그의 죽음에 관하여는 두 사람의 기억이 엇갈리는데, 먼저 이상룡의 며느리인 허은은 중국 군벌이 아들인 여운달을 잡아가자 집에 불을 질러 타 죽었다는 얘기를 전해 들었다고 한다. 이에 비해 한국독립당 간부였던 조경한은 1932년 6월 무렵 여준과 동지 이장령의 가족 모두 중국군 패잔병에게 잡혀 총살을 당했다는 얘기를 들었다고 한다. 둘다 직접 목격한 것이 아니어서 정확한 상황은 알 수 없으나, 그의 족적에 비해 최후가 너무 허망하고 비참하기 그지 없다.

더욱이 그의 후손도 아들의 죽음으로 아예 끊어지고 고향인 용인 땅에도 아무런 친척도 남아 있지 않아, 유품이나 기록을 찾을 길이 없다. 다행이 고향인 용인 지역에서 독립운동사를 연구하는 후학들에 의해 생애와 활동상이 뒤늦게 조명되었고, 국가보훈처에서 2012년 7월 이 달의 독립운동가로 선정하여 학술강연회를 개최했다. 그가 세운 삼악학교 터에도 용인독립운동기념사업회와 민족문제연구소에 의해 2012년 10월 기념비가 세워졌다.

머너먼 이국 땅에서 비참하게 희생당하였지만, 여준은 민족의 실력 양성을 키우며 독립운동가들을 길러낸 교육자이며 실천적 애국지사였다. 1968년 고인에게 건국훈장 국민장이 추서되었지만, 증서는 국내에 후손이 없어 현재 서울의 오산 중·고등학교에 보관되어 있다. 고인의 위패만이 동작동 국립 현충원 무후선열 제단에 쓸쓸히 봉안되어 있으니, 용인의 후학들이 찾아주길 고대할 따름이다.

삼악학교 터 푯말

찾아가는 방법

- 용인시외버스터미널 및 원삼에서 원삼 청룡말 방면 버스(11번) 이용, 능골 하차해 구봉산 쪽으로 500m 이동 390-1번지 [삼악학교 터] 푯말
- 원삼면사무소에서 죽릉리 방면 4km 이동, 능골에서 왼쪽 구봉산 구봉산 쪽으로 500m 이동 390-1번지[삼악학교 터] 푯말
- 여준 위패 : 국립현충원(동작동) 무후선열 제단

주변 볼거리

✓ 와우정사(해곡동)
✓ 우리랜드(사암리)

어록

"단군대황조(檀君大皇祖)께서 상제에 좌우하사 우리의 기운을 명하시며, 세계와 시대가 우리의 복리(福利)를 조하는 도다. 정의는 무적의 검이니 이로써 역천(逆天)의 마(魔)와 도국(盜國)의 적을 일수도결(一手屠決)하라. 이로써 사천년 선영의 영휘(榮輝)를 현양할지며, 이로써 2천만 적자(赤子)의 운명을 개척할지니, 일어나라 독립군아! 제(齊)하라 독립군아!"

_ 1919년 3월 11일, 《대한독립선언서》 발표문 중에서

참고문헌

- 김택·김인철, 『길림조선족』, 중국-연변인민출판사, 1995
- 서중석, 『신흥무관학교와 망명자들』, 역사비평사, 2003.
- 김태근, 「여준의 생애와 민족운동」, 『한국독립운동사 속의 용인』, 용인항일독립운동기념사업회, 2009.
- 구술 허은·기록 변창애, 『아직도 내 귀엔 서간도 바람소리가』, 민족문제연구소, 2010.
- 김태근, 「중국지역 독립운동 노선을 제시한 선각자 여준」, 『2012년 7월의 독립운동가 여준선생 공훈선양학술강연회』, 2012.7.20.

#9 북만주를 호령한 용인의 호랑이 _ 김혁

| 연보 |

- 1875년 10월 용인시 기흥구 농서동 출생
- 1898년 대한제국 무관학교 입학 후 1900년 1월 졸업 육군 참위 복무
- 1907년 군대 해산으로 낙향, 중국 만주 1차 망명해 위조화폐 활동
- 1919년 만세운동 참여 후 2차 망명 흥업단, 북로군정서 활동
- 1920년 청산리전투 참여 후 대한독립군정서,
- 1925년 3월 신민부 중앙집행위원장 선출, 고려혁명자후원회 위원장 활동
- 1928년 1월 일제에 의해 체포, 징역 10년형 확정
- 1936년 8월 가출옥, 1939년 4월 자택에서 순국
- 1962년 건국훈장 추서

1940년 9월 17일은 한국광복군이 창립된 날이다. 해방이 마치 미국의 원자폭탄 때문에 '도둑처럼' 찾아왔다고 생각한다면, 1894년 동학농민혁명에서부터 항일의병, 만주 독립군과 광복군 등 수많은 선열들에 대한 모독이 아닐 수 없다. 특히 낯선 이국땅에서 추위와 배고픔, 병력과 무기의 부족 등으로 죽을 고비를 넘기며 세계 최강의 군대인 일본군과 싸운 독립군들의 항일정신은 오늘의 대한민국을 있게 한 근간이 아닐 수 없다.

용인 출신의 독립군 지도자인 김혁(金赫) 장군은 1875년 10월 16일 기흥구 농서동에서 태어났다. 본명은 학소(學韶)이며, 호는 오석(烏石)이다. 대한제국 시기인 1898년 6월 구한국 육군무관학교에 입학하여 1900년 1월 제1회로 졸업하였다. 김혁은 1년 6개월에 걸친 엄격하고도 고된 군인으로서의 군사교육과 훈련을 받았다. 지원자 1,700여 명 중 200명만이 입학한 이 교육과정에서 72명이 도중하차하였고, 마침내 128명이 무사히 장교로 임관하게 된 것이다. 김혁은 본명인 김학소라는 이름으로 명단에 올렸으며, 졸업동기로는 후일 한국광복군 참모장을 역임하는 황학수(黃學秀) 등이 있다.

역사적인 육군무관학교 제1회 졸업식은 1900년 1월 19일 거행되었다. 졸업식은 함녕전에서 성대하게 열렸다. 고종 황제는 대원수의 자격으로 직접 참가하여 김혁 등에게 직접 졸업장을 수여하였다고 한다. 졸업과 동시에 김혁은 대한제국 육군 참위로 임명되었다. 이후 그는 경성시위보병대(京城侍衛保兵隊)에 배속되어 정위(正尉)로 근무하면서 평생 군인의 길을 걷게 되었다.

1905년 을사늑약으로 나라의 주권이 일제에게 넘어가고 1907년 군대마저 해산되자, 김혁은 항일투쟁의 길로 나설 것을 결심하고 고향으로 돌아왔다. 귀향 후 그는 국외 독립군을 양성해야 한다는 결심을 하고 곧장 만주로 떠나갔다. 그가 만주로 나아간 것은 용인 기흥 지역의 스승인 맹보순(孟輔淳)과 그의 일가친척이며 기호흥학회 본회 찬무원이었던 김학조(金學祖) 등이 만주에서 활동했기에 가능했던 것으로 보인다. 만주 일대를 돌아다니며 독립방안을 찾던 김혁은 1914년 집안현의 한 조선인집에서 중국 화폐를 위조하여 군자금 마련을 추진하기도 하였다.

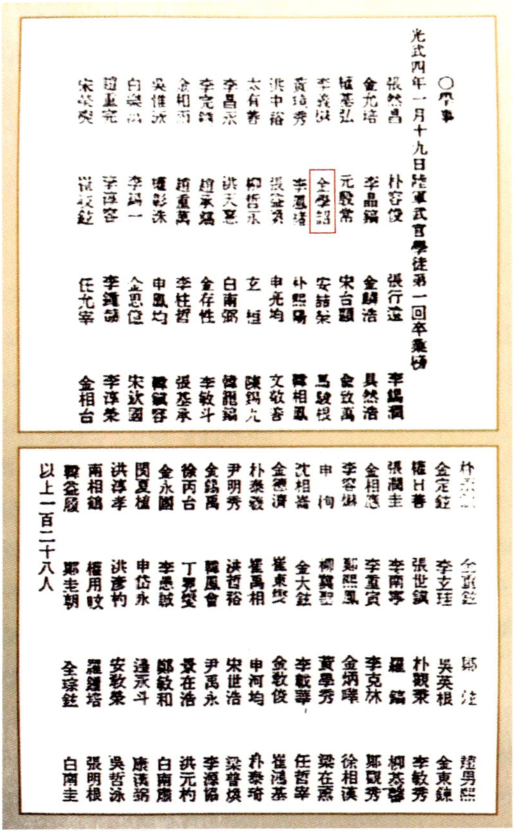
○學事
光武四年一月十九日陸軍武官學徒第一回卒業榜
金學詔
以上一百二十八人

▲ 1900년 1월 대한제국 〈관보〉에 실린 대한제국 육군 무관학교 1기 졸업생 명단. 김혁은 본명인 김학소(金學韶)로 명단에 올려져 있다.

이무렵 그는 단군을 모시는 대종교에 심취했던 것으로 보인다.

김혁이 언제 국내로 다시 들어왔는지는 분명치 않으나, 귀국 후 그는 동지들에게 만주에서의 독립군 양성계획을 적극 권유하였다. 후일 무관학교 동기이며 육군유년학교 교관 출신으로 광복군의 총사령을 지낸 황학수(黃學秀)는 이때 김혁의 권유와 안내를 통해 만주로 망명하였다고 한다.

1919년 3월 1일 서울에서 불붙은 독립만세 운동이 30일 용인 기흥에서 일어나자, 그는 만세운동에 적극 참여해 시위를 주도했다. 김혁은 일본 경찰의 추격을 피해 단신으로 그해 5월 중국 만주 유하현으로 2차 망명하였다. 김혁은 백두산 서남쪽인 무송현 하북에서 단군을 모시는 대종교 단체인 흥업단(興業團)에 가입하여 부단장으로 활동하였다. 흥업단은 농민과 군인의 구별 없이 낮에 농사짓고 밤에 군사훈련을 받으면서 동포사회의 안정과 질서확립에 기여하였다.

1920년 8월 이후 김혁은 흥업단을 떠나 북로군정서(北路軍政署)*에서 활동하

* 북로군정서: 1919년 12월 북만주 일대에서 활약한 서일 등 대종교인들이 중심이 되어 결성된 무장독립군단체. 김좌진을 총사령관으로 삼아 본격적 군사훈련을 시켜 청산리전투 등을 수행했다. 이후 연해주로 건너가 대한독립군단을 조직하였으나, 자유시참변으로 와해되었다.

게 된다. 북로군정서에서 그는 군대양성에 전념한 것으로 보이는데, 그해 9월 9일 군정서 본영에서 거행된 사관연성소 제1회 졸업식에서 조성환과 함께 참여하여 독립군으로서의 자부심과 포부를 가지라고 격려사를 하였다.

1920년 10월 21일부터 26일까지 김혁은 만주 청산리에서 일본군을 격퇴하는 대첩을 거두었다. 청산리대첩은 김혁과 김좌진이 지휘하는 북로군정서군과 홍범도 장군이 이끄는 대한독립군 등이 주축이 된 연합부대가 일본의 정규군과 10차례 접전을 벌여 괴멸시킨 전투였다. 대첩 이후 일제는 만주의 한인 동포들을 대상으로 보복 학살을 자행하는 간도참변*을 일으켰다. 게다가 추격을 피해 러시아 자유시로 피신한 김혁과 지청천·오광선 등 독립군 주력부대는 레닌 정권의 이간질로 인해 동족끼리 죽고 죽이는 참변을 겪어야 했다.

1년간의 투옥 이후 1922년 8월 만주에 돌아온 김혁은 서로군정서를 비롯한 8개단체 71명의 대표가 참여하여 만든 대한통의부 결성에 가담해 군사부장을 맡았다. 아울러 그는 1923년 1월 중동선 인근의 한인주민들과 함께 조선인 중학교 설립에 참여해 영안현에서 학생 80여 명을 모집해 동양학원을 세워 원장으로 활동하였다. 그는 북로군정서를 재건하기 위해 1924년 3월 북만주 동빈현을 근거지로 삼아 대한독립군정서를 조직하였다. 이 단체는

新民府本部襲擊
金爀等逮捕經路
북만주석두하에서잡혀선의주로
호송된김혁등체포경로는어떤가
秘密發露는府員被捉
府員의逮捕로
發覺된根據地

▲〈동아일보〉 1928년 3월 22일자에 실린 김혁 장군 체포 기사.

* 간도참변: 1920년 6월 봉오동전투와 10월 청산리전투에서 크게 패전한 일본군들이 그에 대한 보복차원으로 한인 마을과 학교 등을 초토화시키고 대량 학살한 사건. 1921년 4월까지 약 3,700여 명이 학살된 것으로 알려졌다.

연합총회를 갖고 무기구입과 밀정척살, 국내 진공 작전을 결의하고 이를 위한 사관학교 설립을 추진하였다.

김혁은 1925년 3월 10일 흑룡강성 영안(寧安)현에서 대한독립군정서와 김좌진의 대한독립군단 등 21개 단체들이 모여 결성한 신민부(新民部)에서 중앙집행위원장으로 선출되었다. 당시 군사부 위원장에는 김좌진, 외교부위원장에 조성환 등이 맡았다. 신민부의 조직은 3권분립제로서 중앙집행위원회(행정기관)와 검사원(사법기관), 참의원(입법기관)으로 나눠졌지만, 중앙집행위원회에 모든 권한이 집중되어 있었다. 나아가 신민부는 독립군 양성을 하기 위해 성동(城東)사관학교를 설립하였는데, 김혁은 이 학교의 교장을 맡아 독립군 양성에 주력하였다. 사관학교는 연 2기의 군사교육을 실시했는데, 약 5백 명의 생도를 배출하여 항일전쟁의 최전선에 투입하였다.

김혁은 북만주 일대에서 활발한 활동을 펼치는 한편, 상해에서 활동 중인 의열단체 살왜단(殺倭團)의 책임자와도 긴밀히 연락하였다. 그는 북만주 일대에서 살왜단 지부를 조직했는데, 대원 수가 약 2백여 명에 이르렀다. 또 독립운동자가 체포되거나 부상을 당하여 가족들이 어려움에 처하는 경우가 많아지자, 김혁은 매월 회비를 모아 서로 돕자는 취지로 고려혁명자후원회를 조직하였다. 김혁 스스로 후원회 위원장이 되어 각 지방 분회를 설치하고 정기총회를 열자, 후원회의 회원 수가 곧 1천여 명에 이르렀다.

이처럼 신민부가 북만주에서 활발한 활동을 전개하자, 일제의 하얼빈 영사관 경찰들이 이를 예의 주시하게 된다. 급기야 일본 순사부장 휘하의 순사들은 1928년 1월 25일 중국 순경 32명의 후원을 받아 신민부의 본부가 있는 석두하자(石頭河子)역 근처의 고려인촌을 급습하였다. 이 곳은 조선인이 많이 사는 곳으로 중요 간부의 생활 근거지인 동시에 교통편의도 좋아 자주 회동하던 곳이었다. 이 때 김혁 중앙집행위원장과 유정근 민정부 심판부장 등 신민부 중요 간부 12명이 체포되는 비극이 발생하였다. 당시 마을 순행을 나갔던 김좌진 군사부위원장만 가까스로 화를 면하였다.

김혁은 3월 10일 하얼빈에서 신의주로 이송되어 검사국에서 6개월 동안 가혹한 심문을 받아야 했다. 그해 10월 김혁을 비롯한 동지 9명이 유죄형을 받았고, 1929년 6월 지방법원에서 징역 10년형을 언도받게 된다. 만주를 호령하면서 항일무장투쟁의 선봉에 섰던 그는 7년여 간의 수형생활을 마치고 1936년 8월 25일 가출옥될 때까지 철장 속에서 기나긴 어둠의 시간을 보내야 했다.

감옥에 갇혀 있는 동안 두 가지 일화가 전해진다. 김혁은 철장 속에서도 무관학교 동기이며 당시 신민부에서 참모부 위원장을 맡고 있던 황학수에게 몰래 편지를 보냈다. 편지는 "장작림 시대부터 중동선 철도 좌우 50리 이내에 일본군이 경찰권을 갖고 있으니, 동지들은 더욱 조심하라"는 내용이었다. 편지를 받아 본 황학수와 동지들은 자신의 부하들을 걱정하는 지도자의 모습에 크게 감탄하였다고 한다.

또 하나의 일화는 김혁이 하얼빈 감옥에 갇혀 있을 때의 일이다. 하루는 그의 부하로 있던 청년이 석두하자에서 일경에게 체포되어 그의 감방으로 들어왔다고 한다. 이에 김혁은 급히 간수를 불러 말하기를, "내가 아무리 체포된 몸일망정 혁명운동가도 아닌 일개 농부를 내 방에 보내면 어떻하느냐"고 강력하게 항의하였다. 이에 일제는 그 청년이 독립운동가가 아닌 일반 농민이라 여기고 그를 석방해 주었다고 한다. 어려운 환경 속에서도 임기응변의 판단으로 자신의 부하를 살린 지혜로운 상관이 아닐 수 없다.

▲ 서울 동작동 국립현충원의 애국지사 묘역에 안장된 김혁 묘지.

출옥 후 김혁은 고향인 용인 기흥면 농서리로 돌아왔다. 그의 고향 집에는 부인이 어렵게 소작농으로 생활하고 있었다. 출옥 후 그의 행적에 대해 알려진 바는 없지만, 1937년 4월 만주의 혁명 동지인 김동삼(金東三)이 마포형무소에서 옥사하여 서울 심우장(尋牛莊)에서 5일장이 치러질 때 문상을 다녀온 것으로 알려졌다. 김혁은 역시 오랜 옥고로 인한 병환을 완치하지 못하고, 1939년 4월 23일 자택에서 생을 마감하고 말았다. 1962년 건국훈장이 추서되었고, 그의 유해는 순국선열들이 잠들어 있는 국립묘지로 안장되었다.

기흥구 구갈동 강남대학교 뒤편 성지초등학교 앞에 위치한 공원에는 김혁 장군을 기리는 비석이 있다. 그의 뜻을 기리는 경주김씨 갈천공파 후손들이 1985년 8월 15일 광복절을 기해 독립기념비를 세운 것이다. 하지만 당시 기념비 건립추진위원회(위원장 전 광복회장 이강훈) 측은 제막식을 앞두고 용인시로부터 건립 불가 통보를 받았다. 당시 상황을 후손인 김학민 씨(김혁장군기념사업회 상임이사)는 다음과 같이 기록하고 있다.

> "표면적으로는 불법 토지 형질변경이 그 이유라고 했으나, 당시 김대중 선생을 비롯하여 독립운동가, 재야 민주 인사들이 대거 기념비 제막식에 참석한다는 정보 때문인 것으로 나중에 확인되었다…. 기념비는 결국 포크레인에 의해 넘어뜨려져 개굴창에 처박히게 되었으며, 전경들이 보초를 서 며칠간 현장 접근을 막았다. 이후 이를 수습하여 같은 자리에 기념비를 세운 것은 전두환 정권이 몰락한 1988년이었으니, 참으로 통탄할 일이었다."(김학민 〈굴욕과 수난의 김혁 장군 독립운동 기념비〉《용인시민신문》 2008년 3월 6일자).

이처럼 전두환 독재정권은 만주 독립군의 기념비조차 민주화운동에 이용될까 두려워하여 제막식조차 갖지 못하게 하였다. 기념비의 수난은 이후 10년 이상 계속되다가 1997년 기흥구 구길동 일대가 택지개발지구로 지정되면서 철거되어 아파트 공사장 뒷편에 2년 이상 내팽겨지기에 이르렀다. 그후 후손들은 경기지방

공사와 수차례 협의하고 호소한 끝에, 대로변에서 한참 물러난 현재의 구갈3지구 근린공원으로 옮겨 세워지게 되었다.

다행이 용인시는 2008년 3월 1부터 이 곳을 '김혁공원'이라 명명하도록 하였다. 용인독립운동기념사업회(이사장 류성희)와 김혁장군기념사업회(이사장 고 김근태 국회의원)는 이날 제89주년 삼일절 행사를 공동주최하면서 '김혁공원 명명 고유제'를 개최했다. 평생 항일운동과 조국해방을 위해 만주 벌판에서 풍찬노숙했던 장군을 기리는 기념비가 비로소 23년만에 제자리를 찾고, 후손들의 분노와 송구함이 씻겨 내려가던 순간이었다.

▲ 김혁공원에 위치한 김혁 기념비와 갈천공 김원립의 창의비.

김혁 장군 기념비 옆에 함께 서 있는 비석은 병자호란 당시 인조를 호종(扈從)하다 순국한 김혁 장군의 선조인 갈천공 김원립(金元立)의 창의비이다. 이 두 개의 기념비를 통해서 공원이 가지고 있는 애국애족의 정신을 다시 한번 확인할 수 있다.

▲ 용인 기흥구 구갈동 성지중학교 정문 앞에 위치한 김혁공원. 용인독립운동기념사업회와 김혁장군기념사업회가 2008년 3월 1일 공원 명명 고유제를 개최했다.

김혁공원

찾아가는 방법

- 용인 기흥구 구갈동 강남대 앞 하차 성지중학교 방향 걸어서 8분 거리
- 용인 기흥구 구갈동 강남대 사거리에서 좌회전 성지중학교 앞 하차 맞은 편 공원
- 김혁 묘소 : 국립서울현충원(동작동)

주변 볼거리

- ✓ 한국민속촌(보라동)
- ✓ 경기도박물관(상갈동)

어록

"본인은 지난 4월 국민대표회의 제군에 대하여 현 시국에 창조가 전 민족의 의사에 위해되며 독립운동 전도에 장애가 된다하여 서고문을 발부한 44인중 1인이거늘, 금일 국민위원으로 선거함은 그 이유를 양해할 수 없으며, 또한 현금 위란의 국면을 수습하기로 목적한 제군이며, 전민족의 정신을 통일하기로 사명을 받은 제군이어늘 불과 수십인의 의견이 불일치하여 다만 소수의 반감으로 대회가 결렬되어 국부가 병립됨은 2천만 민중의 위탁한 사명에 대하여 막대한 죄과를 면하기 어려울지로다. 제군이여 속히 전비를 반성하여 민중의 요구와 갈망에 위반된 과실을 명시할지오."

_ 1923년 8월 30일자, 《신한민보》 국민대표회의 국민위원 탈퇴선언 중에서

참고문헌

- 이인영, 『내고장 용인 의병전쟁 및 독립운동사』, 용인문화원, 1989.
- 김생기, 「오석 김혁의 생애와 활동에 대한 일고찰」, 『한국민족운동사연구』26, 2000.
- 박환, 『항일무장 독립운동가 김혁』, 학민사, 2003.
- 한시준, 『대한제국군에서 한국 광복군까지 - 황학수의 독립운동』, 한국독립운동사연구소, 2006.
- 박환, 「만주지역에서의 김혁 장군의 민족운동 전개」, 『한국독립운동사 속의 용인』, 용인항일독립운동기념사업회, 2009.

#10 임시정부와 조선공산당을 넘어 따뜻한 새 나라로 _ 오의선

| 연보 |

- 1889년 용인 원삼면 죽릉리에서 출생
- 1919년 도쿄 2·8 독립선언 발표에 참여, 귀국 후 상해로 망명
- 1919년 3월 임시정부 임시의정원 경기도 대표로 선출, 세칙제정 위원 활동
- 1921년《시대일보》기자 활동, 독립자금 임정에 전달
- 1925년 국제공산당 연결 모플간부 활동
- 1931년 고향에서 체포되어 서대문형무소에 복역 중 고문으로 사망

4월 11일은 대한민국 임시정부가 수립된 역사적인 날이다. 1919년 2월 8일 일본 도쿄에서 발표된 유학생들의 독립선언에 이어 서울과 조선 각지, 중국과 만주·러시아 연해주 등 세계 각지로 퍼진 3·1운동은 수많은 피와 눈물 속에서 대한민국 임시정부라는 옥동자를 낳았다. 온 한국인의 독립열망을 모은 중국 상해에서의 임시정부는 1919년 4월 11일 대한민국이란 국호를 결정하고 헌장을 공포하였는데, 오늘날의 국회에 해당하는 의정원도 첫 회의를 가졌다. 용인 출신으로서 경기도를 대표한 임시의정원은 오의선(吳義善) 선생이다.

오의선은 1889년 12월 8일 용인군 원산면 죽릉리에서 태어났다. 이명으로는 오희선(吳羲善)과 우단우(于丹宇·禹丹宇) 등이 확인되는데, 호적등본에는 오의선으로 나온다. 명망 있는 해주오씨 가문으로서 부친 오인묵(吳寅默)과 어머니 구(具)씨 사이에서 2남으로 태어났다. 어려서부터 영특했던 그는 10세가 될 때까지 가풍에 따라 한학을 배워 소양을 길렀다. 그후 침략자 일제에 맞설 신지식을 갖고자 집안 어른들을 설득해 서울의 보성전문학교에 입학하였다.

전문학교를 졸업한 오의선은 일본 유학을 결심하고 도쿄(東京)에 있는 메이지대학(明治大學)에 입학하였다. 당시 도쿄에는 유학생들이 만든 학우회(學友會)가 다양한 활동을 펼쳤는데, 1918년 12월 웅변대회에 이어 1919년 2월 8일 독립선언서 선포가 대표적이다.

2·8독립선언은 재일 유학생들에 의해 조선의 독립을 목적으로 도쿄 조선기독교청년회관에서 오후 2시 독립선언서와 결의문을 낭독함으로써 막이 올랐다. 이 운동의 직접적인 계기는 영국인이 발행한 신문에, 이승만이 한국 대표로 파리강화회의에 간다는 소식과 이광수에 의해 상해에서 독립운동을 계획하고 있다는 것, 또 멀지 않아 본국에서도 거국적인 항일투쟁이 일어날 것이란 소식 등이 실렸기 때문이다. 일본 전역에서 몰려든 600여 명 유학생들의 열광적인 지지 속에 발표된 선언서에는 조선독립의 당위성과 민족자결주의 주장, 그리고 독립요구가 거절될 경우 일본에 영원한 혈전을 선포한다는 등 4개항의 주장을 담고 있다.

이 민족적 거사에 오의선도 앞장서 적극적인 활동을 벌였다. 각 대학에 흩어져 있는 유학생들에게 대회장까지 나오도록 연락을 취하고 독립선언서를 배포하며 열기를 고조시켰다. 하지만 행사는 난입한 경찰들에 의해 강제해산되고 실행위원을 비롯한 27명이 출판법 위반으로 실형에 처해지는 탄압을 받게 된다. 이후 수 많은 재일 유학생들은 학업을 중단하고 귀국하여 고향에서 3·1만세운동에 참여하였다. 일본 측의 기록에 의하면, 2·8독립선언 이후 5월 15일까지 국내 항일운동에 동참하기 위해 귀국한 조선인 491명 중 유학생은 359명에 이르렀다. 오의선 역시 그런 열혈청년 중 한 사람이었다. 그는 곧장 고향인 용인으로 돌아와 만세운동을 주도하였다.

▲ '2·8독립선언'이 있었던 도쿄 '조선기독교청년회관'의 정문.

다행히 일본 경찰에 검거되지는 않았지만, 더 이상 일본에서 활동하기 어려웠던 오의선은 여러 동지들과 함께 선배 애국지사들이 모여 있는 상해로 건너갔다. 오의선처럼 2·8 독립선언을 전후하여 상해로 건너간 인물로는 신익희(申翼熙)와 윤보선(尹潽善)·장덕수(張德秀) 등이 있다. 1919년 4월 10일 조선의 각 지역을 대표하는 29명이 모여 '임시의정원*'을 설립했으며, 이로써 임시정부에 필요한 헌법제정을 비롯한 각종 정부 운영사무가 시작되었다. 임시의정원은 다음날인 4월 11일 현재의 국호인 '대한민국'을 처음 정식으로 정하였고, 민주공화제를 정체로 한 임시헌장을 가결하여 최초의 내각을 구성하였다.

* 임시의정원: 대한민국 임시정부의 입법기관으로서 오늘날의 국회에 해당된다. 첫 의장에 이동녕, 부의장에 손정도를 선출해 이승만을 국무총리로 하는 국무원을 구성하고 임시정부의 기본법인 〈임시헌장〉을 제정함으로써 임시정부를 탄생시켰다.

오의선은 1919년 4월 30일 제1차 임시의정원 선거에서 경기도 의원으로 선출되었다. 그의 첫 활동은 5월 13일까지 진행된 제4회 의정원 활동으로 확인된다. 오의선이 맡은 의정원 세칙제정과 청원법률심사 업무는 임시의정원의 골격을 세우는 데 매우 중요한 일들이었다.

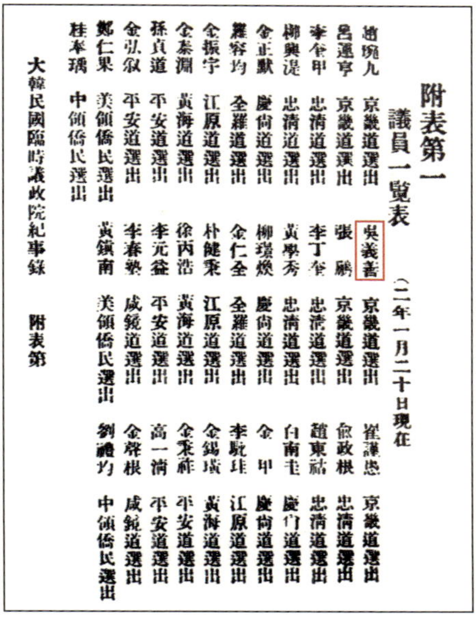

附表第一

議員一覽表 (二年一月二十日現在)

趙琬九	京畿道選出	吳義善	京畿道選出	崔謹愚	京畿道選出
呂運亨	京畿道選出	張鵬	京畿道選出	兪政根	忠淸道選出
李奎甲	忠淸道選出	李丁奎	忠淸道選出	趙東祜	忠淸道選出
柳興湜	忠淸道選出	黃學秀	忠淸道選出	白南圭	慶尙道選出
金正默	慶尙道選出	柳璟煥	慶尙道選出	金甲	慶尙道選出
羅容均	全羅道選出	金仁全	全羅道選出	李駿珪	江原道選出
金振宇	江原道選出	朴健秉	江原道選出	金錫璜	黃海道選出
金泰淵	黃海道選出	徐丙浩	黃海道選出	金秉祚	平安道選出
孫貞道	平安道選出	李元益	平安道選出	高一淸	平安道選出
金弘叙	平安道選出	李春塾	咸鏡道選出	金聲根	咸鏡道選出
鄭仁果	美領僑民選出	黃鎭南	美領僑民選出	劉禮均	中領僑民選出
桂奉瑀	中領僑民選出				

大韓民國臨時議政院紀事錄 附表第

▲ 대한민국 임시의정원 기사록에 보이는 의원 일람표. 경기도 의원 선출로 오의선의 이름이 보인다.

이 4회 회의는 이 밖에도 ① 1919년 3월 1일부터 진행된 역사를 편찬할 것, ② 임시정부 선언서를 5개 지역에 발송할 것, ③ 정치발송 1명과 지역발송 1명을 둘 것, ④ 재원이 많이 부족하므로, 인두세(人頭稅)를 1인당 50전씩 징집할 것과 수시로 애국금을 모금할 것, ⑤ 안전한 곳에 교통부를 4개 설치할 것, ⑥ 군무부는 동포들에게 독립사업에 대해 각성을 시킬 것 등을 의결했다.

특히 이 회의에 임시정부의 재정문제가 본격적으로 논의되었는데, 오의선은 홍진(洪震) 등과 함께 재원 마련에 대한 구체적 안을 발표하였다. 발표된 내용을 정리해 보면, 내외에 공채(公債)를 발부하고 국민을 상대로 의연금을 걷고 세금을 징수하자는 것이었다. 이의 실시를 위해 재정 통일기관을 설치할 것이며, 이 기관에서 각지에 특파원을 파송하여 거두어 들이자는 것이다. 이러한 주장은 1920년 3월 임시정부의 재정방침으로 확정되었다.

오의선은 제 5회 의정원 회의에서 예산·결산위원장을 역임하였다. 그는 임시정부 재무부에서 보고한 경비지출 결산안을 본회의에 보고하는 역할을 맡았다. 오의선은 1919년 7월 1일 상해에서 조직된 대한적십자회의 상임의원으로도 활동하고 직접 국내에서 애국금을 모집하는 일에도 관여하였다. 1921년 북경으로 간

오의선은 군사통일회의*를 준비하던 박용만을 만나 무장투쟁 방략을 도모하였다. 이들은 동지들을 국내로 파견시켜 독립자금을 모금하는 일을 계획하였다. 또 한국내 각 지역에 폭탄을 운반해 두었다가 대규모 의열 투쟁을 벌이자는 계획을 세운 바 있는데, 국내 동지가 피체됨에 따라 수포로 돌아가게 되었다.

1924년 3월경 오의선은 국내로 들어와《시대일보》사의 기자로 활동하였다. 최남선을 사장으로 편집국장에 진학문(秦學文), 정치부장에 안재홍(安在鴻), 사회부장에 염상섭(廉尙燮) 등으로 구성된《시대일보》사는 동아·조선과 함께 3대 민간지로서 독자들에게 많은 영향력을 끼쳤다. 오의선은 기자로 활동하면서 일제의 감시망을 피해 독립자금을 임정에 보내고 젊은이들을 규합시켰다. 그는 전국의 사회주의단체를 하나로 묶어가기 위한 집행위원으로서 분주하게 활동하였다. 특히 1925년부터 2년간 조선공산당 사건이 일어나 많은 청년들이 감옥에 갇히자, 오의선은 동지들의 가족들을 돌보게 되었다.

화요회**는 1925년 제1차 조선공산당, 1926년 제2차 조선공산당 성립의 중심을 이루었는데, 오의선은 1차에 고려공산청년회와 관계되었고 2차에는 경성부 간부로, 3차에는 후계간부로서 활동하였다. 그는 제2차 조선공산당 탄압사건으로 당이 궤멸상태에 이르게 되자, 김철수 책임비서와 함께 중앙집행위원으로 보선되어 활동했다. 이로서 그는 1차 때부터 이미 종로경찰서의 지명수배 인물이 되어 있었고, 3차 조선공산당 창립에도 관계하였다. 오의선은 1926년 가을 조선공산당 만주총국 책임비서로 임명되기도 했지만, 1927년 10월초 간도 지역에도 일제의 검거선풍이 일어 중국으로 피해다니는 고단한 생활을 계속해야 했다. 그는 그해 12월 열린 조선공산당 제2차 당대회에 참석했다.

---

* 북경 군사통일회의: 1920년 일본의 간도 한인학살로 독립군에 역경이 닥치자, 박용만·신채호·신숙 등이 독립운동단체의 통합과 통일된 지휘 체계를 갖추기 위해 1921년 4월 북경에서 주비회를 개최했다. 이 회의에서 독립투쟁의 지휘권을 군사통일회의나 임시정부쪽 어디에 둘 것인가를 논쟁하다가 이승만의 위임통치 주장이 나오자, 이승만 성토문과 불신임 결의문 등을 보내며 대립했다. 얼마후 유회되었다.

** 화요회: 1924년 11월 서울에서 조직된 사회주의 사상 단체. 홍명희·홍증식 등이 주도한 신사상연구회가 모태가 되었으며 이후 조선공산당 창립에 주도적인 역할을 하였다. 명칭은 마르크스 생일이 화요일인데서 유래되었다.

一、二次共産黨幹部
吳義善畢竟被捉
◇指名手配로 龍仁署에 잡혀
모풀責任者로 活動
石油坑出願
朝鮮에 嚆矢
釋放과
設置를 要望
小林面長等總督府에陳情
公州道廳移轉代償
朝鮮肥料解說
廿八名着京
七名取調中

▲〈동아일보〉 1931년 3월 20일자에 실린 오의선 체포기사. 지명수배 중 용인경찰서에서 잡혔다는 기사가 나온다.

그런 생활 속에서도 오의선은 국제공산당측과 연결해 모플의 간부가 되었다. 모플이란 국제혁명자후원회로서 혁명운동을 전개하다 구속된 이들을 돕는 후원단체였다. 이것은 상해 시기에 경험한 적십자 활동과 기근구제회 조사위원 활동과 연결되는 것이다. 오의선이 지명수배자가 되어 도주하는 삶 속에서도 모플 활동을 펼칠 것은 그가 적십자정신과 사회복지 차원의 이상적인 독립사회를 꿈꾸었고 이를 몸소 실천하려 했음을 보여주는 것이라 하겠다.

이처럼 오의선의 항일 행적은 상해 망명 시기에서부터 일관되게 항일독립과 이상사회 건설에 맞춰져있다. 일제는 그를 검거하기 위해 혈안이 되었는데, 그는 국내 동지들의 도움으로 일시 피신해 있기도 하고 만주로 망명해 있기도 하였다. 그러다 결국 1931년 3월 14일 고향인 용인에서 일경(日警)에게 피체되어 징역 3년형을 받고 서대문형무소에 감금되었다. 하지만 그는 복역 중 심한 고문으로 폐결핵과 복막염에 걸려 같은 해 5월 6일 조국의 광복을 보지 못하고 차디찬 형무소 감옥에서 순국하고 말았다.

오의선은 대한민국 임시정부를 비롯해 독립운동의 기틀을 닦고 지원하는 일을 게을리 하지 않았다. 한국 독립운동선상에서 오의선의 이러한 노력이 있었기에 만주와 노령 등지에서 줄기찬 무장투쟁이 이루어질 수 있었고, 27년이란 세월

▲ 용인독립운동기념사업회를 중심으로 매년 진행되는 학술회의. 2009년 12월에 오의선 선생의 중국과 국내에서의 활동에 대한 학술 발표가 있었다.

동안 임시정부의 활동이 이어질 수 있었다. 정부에서는 그의 이 같은 애국적 공적을 기려 1980년 건국훈장 독립장을 추서하였다. 국가보훈처와 광복회 등은 그를 2004년 12월 이 달의 독립운동가로 선정하여 공훈선양 학술강연회를 가진 바 있다. 용인 원삼면 죽릉리에 아직 그의 묘와 생가가 남아 있는데, 그를 기릴 기념비와 생가 복원이 마련되길 기대해본다.

▲ 용인 처인구 원삼면 죽릉리의 오의선 묘.

오의선 묘소

? 찾아가는 방법

- 용인시외버스터미널에서 원삼 청룡말 방면 버스(11번) 이용, 능골 하차해 문촌리 방면으로 2km 도보 이동
- 원삼면사무소에서 죽릉리 방면 4km 지나 어현교 건너 문촌리 방면으로 1.8km 직진

주변 볼거리

- ✓ 와우정사(해곡동)
- ✓ 우리랜드(사암리)
- ✓ 둥지박물관(죽릉리)

어록

"조선민중은 지금 극도의 생활불안에 빠졌습니다. 즉 옷이 없고 밥이 없고 집이 없는데, 요렇게 뻔히 없을 데가 어디 있겠습니까. 생활운동을 향하여 일치병진하지 않을 수 없습니다. 그러므로 조선청년에게 바라는 바가 역시 청년이 우리의 생활운동에 주요부대가 되어야 할 것을 각오하고 속히 주먹을 무루쥐고 가두에 서라는 말이올시다. 학생도 역시 그렇습니다"

_ 1926년 1월 1일자, 《시대일보》 〈밥 먹은 후 무슨 일이든지〉 기사 중에서

참고문헌

- 채영국, 『오의선선생 공훈선양학술강연회』, 대한민국순국선열유족회, 2004.
- 강효숙, 「오의선의 재중국 항일독립운동」, 『한국독립운동사 속의 용인』, 용인항일독립운동기념사업회, 2009.
- 강효숙, 「1920년대 오의선의 항일독립운동-국내 항일행적을 중심으로」, 『용인향토문화연구』11, 2010.
- 이재호, 『대한민국 임시의정원연구』, 단국대 사학과 박사학위논문, 2011.

세계사에 빛나는 3대 독립운동가, 참 군인 _ 오광선

#11

| 연보 |

- 1896년 5월 용인시 처인구 원삼면 죽릉리 어현 출생
- 1907년 부친 의병장 오인수의 체포를 목격 후 독립운동에 전념할 것을 결심
- 1913년 삼악학교 졸업 후 이듬해 상동청년학원 입학
- 1915년 중국 망명, 하북성 보정군관학교에 군사교육 받음, 신흥무관학교 입교
- 1918년 12월 신흥무관학교 수석 졸업, 체육교사 재직
- 1920년~1927년 서로군정서 중대장-대대장, 별동대장-경비대장 역임
- 1931년 한국독립당 의용군 중대장으로 한중연합 항일전투에 참전
- 1934년 낙양군관학교 교관 역임
- 1936년 북경 비밀첩보활동 중 체포되어 3년간 신의주형무소 수감 후 석방
- 1945년 11월 임정 주석단 귀국 주도, 광복군 국내지대장 역임
- 1948년 12월 육사 8기로 입교, 8년간 대령 역임 후 준장 예편
- 1962년 건국훈장 국민장, 이듬해 독립유공자 공적심사에 참여
- 1967년 5월 73세로 별세

지난 2011년은 만주 무장투쟁의 선구 역할을 담당한 신흥무관학교가 중국 서간도 유하현 삼원포 합니하에서 개교한 지 100주년이 되는 해이었다. 때마침 백주년기념사업회가 발족하여 각종 기념행사와 학술대회, 현지 답사 활동이 펼쳐져 백 년 전 절망을 희망으로 바꾼 선각자들을 기렸다.

신흥무관학교에서 가장 중요한 시절에 가장 오래 교장을 지낸 여준 선생과 교관이자 평생 독립군 장교를 지낸 오광선 장군의 고향인 용인시에서도 뜻 깊은 행사가 여러 번 열렸다. 용인 출신 독립정신가들을 선양하는 시민단체인 용인독립운동기념사업회(이사장 유성희)는 2011년 9월 24일 〈신흥무관학교 100주년과 용인출신 독립운동가〉란 주제로 학술세미나와 사진전시회를 열어 여준 선생과 오광선 장군의 생애를 조망하였다. 뿐만 아니라 기념사업회는 국가보훈처로부터 2012년 7월 이달의 독립운동가로 선정된 여준 선생을 기리는 학술강연회를 용인시에서 열었고, 10월 6일에는 여준 선생이 설립한 삼악학교 터와 이 곳을 졸업한 오광선의 생가 터에 표석을 세웠다. 정부기관이 아닌 일개 시에서, 시민 주도의 기념사업회가 이런 행사를 주관한 것은 아마도 전국에서 처음 있는 일일 것이다.

용인 출신의 대표적인 만주 항일독립군인 오광선(吳光鮮) 일가는 의병활동을

▲ 용인 처인구 원삼면 죽릉리 어현마을의 오광선 생가 터(좌). 부친은 포수 출신으로 항일의병에 참전한 의병장 오인수이다. 죽릉리 입구에 위치한 3대 독립운동항쟁기적비(우).

펼친 부친 오인수를 비롯해 부인, 자녀와 사위까지 가족 모두 독립운동 일선에 뛰어들은 3대 독립운동 가문이다. 의병에서부터 광복군까지 40여 년간 일가족 모두 항일전쟁에 뛰어들었다는 사실은 세계 역사상 매우 드문 일이다.

오광선(초명은 性默)은 1896년 5월 13일 용인 원삼면 죽릉리 어현에서 부친 오인수(吳寅秀, 1867~1935)의 맏아들로 태어났다. 포수들의 친목모임에서 매년 1등을 차지할 정도로 명포수로 이름을 날린 아버지 오인수는 1905년 조선의 외교권이 일제에 의해 빼앗기자 용인과 죽산 일대에서 일어난 항일의병에 참여하였다. 1907년 용인 출신 정철화 의병부대의 중군장을 맡아 게릴라전을 펼쳤던 그는 불행히도 고향집에 돌아오는 길목에서 일진회 회장 송병준이 조직한 토벌대에 의해 붙잡히고 말았다. 토벌대는 오인수를 체포하면서 그의 반려나 다름없는 애견부터 죽였고, 아들 광선이 보는 앞에서 그를 처참하게 끌고 갔다. 오인수는 6년 동안 서대문형무소에서 모진 옥살이를 한 후, 병든 몸을 이끌고 1913년 12월 출감하였다.

▲ 오광선

아버지의 체포현장을 지켜본 어린 광선은 이날부터 독립운동에 여생을 바치기로 결심하였다. 이후 마을 어른이면서 저명한 독립운동가인 여준(呂準, 1862~1932) 선생이 1908년 죽릉리에 세운 삼악학교의 고등과에 들어가 1913년 3월 졸업하였다. 백부는 아버지가 출옥하자마자 서둘러 17세인 광선을 결혼시켰는데, 신부는 14세로 산 하나 넘는 이웃 마을인 용인 이동면 화산리(華山里) 태생인 정정산(鄭正山, 현숙으로 개명, 1900~1992)이었다.

오광선은 신혼의 와중인 1914년 여름 무작정 서울로 올라가 종로에 있는 상동(尙洞)청년학원에 입학했다. 우당 이회영과 여준 선생이 학감을 지낸 이 학원이 일제의 식민지정책에 따라 이듬해 문을 닫게 되었다. 이에 은사인 장지영(張志映) 선생은 그의 조카 오일선·의선 형제 등과 함께 1915년 가을 압록강을 건너 중국으로 망명하도록 지도해 주었다.

어렵게 북경에 도착한 일행은 신규식 등 독립운동가의 도움으로 원세개(袁世凱) 당시 중화민국 임시 총통 앞에서 항일투쟁에 참여할 것을 결심하는 선서식을 하고 이름을 광선(光鮮)으로 바꾸었는데, '조선의 광복을 되찾겠다'는 뜻이라 한다. 이후 광선은 원 총통의 주선으로 북경 북부에 위치한 명문사관학교인 보정(保定)군관학교에 입학하여 6개월 동안 폭탄 제조법 등 특수훈련을 받게 되었다. 하지만 학교가 중국 내전으로 혁명군의 수중에 들어가는 바람에 그만둘 수밖에 없었다.

오광선은 이에 만주로 가기로 결심하고 봉천(현 심양)에서 700리를 걸어 마침내 여준 선생이 교장으로 있는 합니하의 신흥무관학교에 도착하였다. 오광선은 이 무관학교에서 1918년 12월 수석이란 우수한 성적으로 졸업하였다. 여준 선생은 그에게 부친과 부인 등 가족을 합니하 무관학교로 불러들여 같이 살게 하자고 권유했다. 곧 부친 오인수 의병장과 정정산(현숙) 여사 일행이 한 달간의 여정 끝에 합니하로 와 어렵게 상봉할 수 있었다.

1919년 5월 서로군정서(西路軍政署, 독판 이상룡·부독판 여준)가 설립되고, 12월 대한군정서(大韓軍政署, 총재 서일·사령관 김좌진, 일명 북로군정서)가 조직되었는데, 두 부대는 1920년 6월 봉오동과 10월 청산리에서 추격하는 일본군과 전투를 벌여 대승을 거두었다. 오광선은 서로군정서(부독판 여준)의 제1대대 제1중대장과 3중대장에 이어 제 1대대장을 맡아 각종 전투에 참전하였다. 1920년 12월 러시아 국경인 밀산에서 각 독립군 부대가 통합되어 대한독립군단(총재 서일, 부총재 홍범도·김좌진·조성환, 부대원 약 3천5백여 명)이 재발족되자, 오광선은 이 군단의 중대장에 임명되었다. 이 부대는 1921년 1월 러시아 경내인 이만을 거쳐 5월 중순경 자유시(알렉세프스크, 현재의 스보보드니)로 들어가게 되었다.

그러나 독립군은 1921년 6월 이른바 자유시참변*이라는 최대 비극을 맞고 말

---

* 자유시참변: 러시아령 자유시(알렉세프스크)에서 3마일 떨어진 수라셰프카에 주둔 중인 한인 독립군 부대인 사할린의용대를 러시아 적군과 한인 자유대대가 무장해제시키는 과정에서 무력 충돌해 다수 사상자가 발생한 사건. 한인 공산당 계열 중 이르쿠츠크파와 상해파가 군 통수권을 둘러싸고 파벌투쟁을 벌인 것으로 알려져 있지만, 러시아 극동공화국 인민혁명군이 한인 독립군 부대의 무장을 두려워한 나머지 무장해제를 시키려 사태를 부추긴 면이 있다.

왔다. 러시아 소비에트 정부가 한인 빨치산 출신 부대로 하여금 대한독립군을 공격케 하는 동족간의 참변을 일으킨 것이다. 이 사태로 독립군 5백여 명이 사망하고, 1천여 명이 포로로 붙잡혔다. 지휘관인 지청천과 오광선 등 84명도 중범자로 분류되어 군 형무소에서 특별 수감되었다. 6개월 동안 수형 끝에 동지들의 엄호를 받아 오광선은 탈출을 결행했고, "얼음에 뒤덮인 바이칼호를 맨발로 걸어" 밀산의 김좌진 장군에게 이 사실을 폭로해 1922년 8월, 1년 만에 일행들을 풀려나도록 했다.

경신참변과 자유시참변으로 독립군의 주력이 사방으로 흩어지게 되자, 여준은 1922년 초 서간도 일대의 독립군을 규합하기 위해 길림시 액목현(額穆縣)에 검성학장(儉成學莊, 후에 검성중학교로 개명)을 세워 교장에 취임했다. 이어 가장 믿음직한 제자인 오광선을 불러 체육선생으로 삼았다. 여준과 오광선은 이곳을 서로군정서의 새로운 기지로 삼기위해 둔전제를 실시하며 장기 전략을 세웠다.

오광선은 이후 용인 출신으로 신민부 중앙집행위원장에 선출된 김혁(金爀)이 주관하여 만든 대한독립군단에서 여단 부관을 맡았다. 취송(聚松)이란 그의 호도 김혁 장군이 지어 준 것이라 한다. 오광선은 액목현으로 가족을 옮겼으나, 몇 번의 이사를 거듭하고 마적단의 습격과 추위, 배고픔과 질병에 시달려야 했다. 그런 속에서도 정 여사는 첫딸인 오희영에 이어 2년 후에 둘째딸 희옥을 낳아 길렀다.

1930년 7월 길림성 위하현(葦河縣)에서 지청천과 홍진 등이 민족대단결의 원칙을 내걸고 한국독립당을 결성하였다. 이에 오광선은 군사부 위원에 배치되어 의용군 중대장으로 활동하였다. 한국독립군은 연변에서 봉기한 2천여 명의 길림구국군과 합류하여 항일 공동 작전을 펼치며 무장투쟁을 전개하였다. 동북 항일 한·중 연합군 독립부대가 치룬 주요 전투를 살펴보면, ▶일면파 전투(1932. 2~3) ▶연수현 전투(1932. 3~4) ▶아성 전투(1932. 5) ▶쌍성 전투(1932. 8 ; 11) ▶경박호 전투(1933. 1) ▶동경성 전투(1933. 6) ▶대전자령 전투(1933. 6)* ▶동녕현 전투(1933. 9) 등이다. 이 중 경박호 전투와 함께 대전자령(大甸子嶺)에서의 승리는 독립군 사상 3대승첩의 하나로 기록될 만큼 매우 값진 승리였다.

▲ 1933년 한·중 의용군 중대장으로 오광선이 참전한 길림성의 동문 모습.

이어 1933년 11월 임시정부 김구 주석의 연락으로 오광선 등 39명은 산해관을 넘어 중국 관내로 이동하였다. 1934년 2월 중국 중앙육군군관학교 낙양분교에서 한인 92명을 군관 양성하면서 오광선이 교관으로 초빙되었다. 이후 1936년 오광선은 김구 주석의 지시에 따라 북경으로 파견되어 비밀공작대를 조직하게 되었다. 김구 주석은 만주에서의 독립기지를 재건할 목적으로 오광선으로 하여금 신흥무관학교 출신들을 규합하려 하였다. 이에 따라 오광선은 1936년 북경에서 금은방을 차리며 잠행하게 되었다.

북경에 홀로 남아 첩보활동을 펼치던 오광선은 마침 그 곳에 들른 일본 관동군 참모장이며 특무기관 책임자인 도이하라 겐지(土肥原 賢二) 중장의 암살을 준비하였다. 그러던 중 국내에 침투한 다른 공작원의 체포에 따라 근거지가 노출되고 말았다. 1백여 명의 만주군 보안대와 일본 경찰의 기습으로 오광선은 1937년 1월 2일 체포되고 말았다.

약 11개월간 온갖 고문과 조사를 받았지만, 오광선은 다행히 중국인 행세를 하며 가명을 써서 3년 수감 후에 1940년 11월 출옥하였다. 그는 다시 중국으로 망명해 하얼빈 인근에서 지역 빨치산들과 만나 지하활동을 꾀하다가 1945년 8월 해방을 맞았다.

---

* 대전자령 전투: 1933년 7월 3일 지청천이 이끄는 한국독립군이 중국 길림 구국군과 연합하여 악명 높은 일제의 간도 임시 파견대 약 1,700여 명을 상대로 벌인 전투. 공격의 주동은 한국독립군이 맡아 산중턱에서 기습을 벌여 4시간 격전 끝에 약 300여 명의 사상자를 냈다. 연합군은 일본군 대포 3문, 군수품 200여 마차, 박격포 등 막대한 전리품을 차지하였다. 하지만 전리품 분배 과정에서 분란이 생겨 한·중 연합작전이 깨지고 말았다.

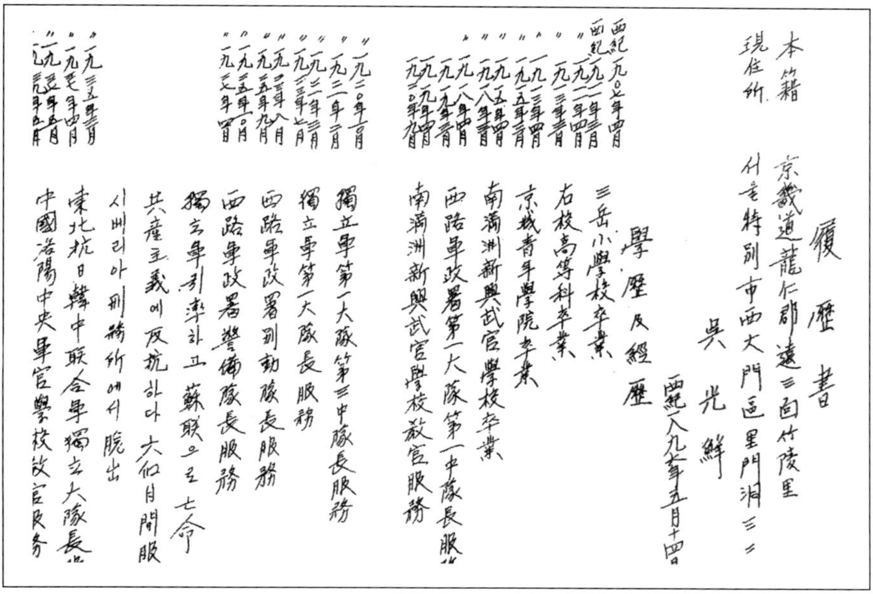
本籍 京畿道龍仁郡遠三面竹陵里
現住所 서울特別市西大門區里門洞三三

履歷書

吳光鮮 西紀一八九六年五月十四日

學歷及經歷

三岳小學校卒業
右校高等科卒業
京城青年學院卒業
南滿洲新興武官學校卒業
西路軍政署第一大隊第一中隊長服
南滿洲新興武官學校敎官服務
獨立軍第一大隊第三中隊長服務
獨立軍第一大隊長服務
西路軍政署別動隊長服務
西路軍政署警備隊長服務
獨立軍引率하고 蘇聯으로 亡命
共產主義에 反抗하다 六個月間服
시베리아 刑務所에서 脫出
東北抗日韓中聯合軍獨立大隊長
中國洛陽中央軍官學校敎官服务

▲ 1963년 독립유공자 공적 심사를 위해 작성된 오광선의 친필 이력서.(한가람역사문화연구소 제공)

일제의 패망 소식을 들은 오광선은 10월 만주와 북한을 거쳐 고향으로 돌아왔다. 그는 임시정부 김구 주석과 광복군 총사령관 지청천 장군을 만나기 위해 미군정의 협조를 얻어 10월 29일 상해로 건너갔다. 국내 제반 사항을 보고받은 김구 주석은 그에게 광복군 국내지대를 조직할 것을 주문하고 소장 계급장과 함께 지대장에 임명하였다. 11월 5일 국내로 귀환한 오광선은 동대문 밖 숭인동에서 광복군 국내지구사령부를 설치하였다. 고문으로는 이승만(李承晩)과 김승학(金承學)을 선출했다. 오광선 사령을 정점으로 모집된 광복군 국내지대 병력은 약 740명에 달했다.

광복군 국내지대는 미군 전용기로 임정 일행을 귀국시킨 후, 임정 요인들의 경호를 맡았으며 새로운 나라에 중추적 역할을 할 사관생도 양성을 위해 '대한무관학교' 설립에도 힘을 기울였다. 오광선 사령관은 334명의 생도 합격자들을 뽑아 1946년 2월 무관학교를 개교할 계획이었으나, 미군정의 '사설군사단체 해산

▲ 1961년 11월 20일 열린 독립운동자동인회 발기총회 기념식 사진. 맨 앞줄 가운데 안경 쓴 이가 김창숙, 오른쪽 두번째가 참의부 참의장을 지낸 김승학, 오른쪽 두 사람 건너 오광선이다.(한가람역사문화연구소 제공)

령'으로 부득이 해체하고 말았다. 이후 오광선은 대원 다수와 함께 광복청년회를 조직하고 중앙집행위원장과 훈련원장을 맡았다.

그는 1948년 7월 대한민국 정부수립을 계기로 한국 군대 창건에 투신하기로 결심, 그해 12월 육군사관학교 제8기 고등장교 특별훈련반에 입대해 수료하고 대령으로 임관되었다. 그후 호국군(護國軍)* 100여단장에서 이어 서울지구 병사구사령관(1949.7~12), 국방부 국회연락장교(1949.12~1950.4)로 복무하며 1950년 4월부터 6월까지 육군보병학교 참모학교를 수학하였다. 그러던 중 한국전쟁의 발발을 맞은 그는 서울에 남아 있다가 단신으로 월남해 국군에 합류하였다.

* 호국군: 1948년 8월 대한민국 정부수립부터 이듬해 8월까지 한국군의 예비병력을 확보할 목적으로 창설되었던 예비군. 이범석 초대 국방장관에 의해 추진된 호국군은 약 2만 명으로 편성되어 생업에 종사하면서도 필요한 군사훈련을 받는게 특징이다. 1949년 8월 병역법이 제정되어 징병제가 채택됨에 따라 해체되었는데, 이후 호국군 장교들은 육군초등군사반을 이수한 후 현역으로 편입되어 건군초기 국방에 크게 기여했다.

군에 복귀한 그는 전쟁 기간 동안 강원도 병사구사령관과 계엄민사부장(1950.7~51.4)에 이어 충남지구 및 제주도지구 병사구사령관, 육군 제1보충대대장, 육군 근무군단 부군단장 등에 복무하였다. 전후에 그는 대전지구 위수사령관과 전북지구병사 사령관 등에 복무한 후, 1956년 7월 육군 준장으로 예편하였다. 친일 정치군인들만을 중용한 이승만 독재정권은 실전경험이 가장 많은 광복군 출신이며 철저한 임정 계열의 무장인 그를 최전방 대신 8년 동안 후방의 예하부대만 전전하게 한 후 전역시켜 버린 것이다.

퇴역 후 오광선은 대한상무회 중앙본부의 상임고문으로 추대되었고, 1961년 4월 (사)대한혁명유족후원회의 상임이사장에 피선되었다. 4·19혁명으로 이승만 독재정권이 무너지고 제2공화국이 수립되자, 그는 그해 10월 열린 축하식전에서 건국공로훈장을 수여받은데 이어 이듬해인 1962년 3월 1일 건국공로훈장을 수여받게 되었다. 또 박정희 소장의 5·16쿠데타에 의해 1963년부터 독립유공자에 대한 공적조사가 처음 실시되자, 그는 원로동지인 김승학·김학규·김홍일 등과 함께 공적심사위원으로 위촉되어 독립운동가 표창에 앞장섰다. 하지만 1967년 5월 향년 73세로 서울 동대문구 이문동 단칸 셋방에서 쓸쓸히 작고하고 말았다.

▲ 서울 동작동 현충원에 자리한 오광선 장군의 묘.

오광선의 일생은 항일 독립운동과 자유 대한민국 건국활동으로 점철되어 있다. 철저한 민족주의자이면서 평생 독립군 교관, 국군 창설자로 살았던 오광선의 삶은 대한민국을 있게 한 거대한 뿌리임에 틀림없다. 3대에 걸친 독립투쟁과 자유 민국을 위한 대한 건군 활동은 한국을 넘어 세계의 자랑이자 귀감이 아닐 수 없다.

오인수 3대 독립항쟁 기적비

? 찾아가는 방법

- 용인시외터미널 또는 원삼에서 청룡말 방면 버스 이용 죽릉리 입구 하차
- 원삼면사무소에서 죽릉리 방면 4km 직진, 1km 어현마을 이동
- 오광선 · 정정산, 오희영 · 신송식 묘소 : 국립현충원(서울 동작동)

주변 볼거리

✓ 와우정사(해곡동)
✓ 우리랜드(사암리)
✓ 둥지박물관(죽릉리)
✓ 문수산 마애불(문촌리)

어록

"토벌대는 아버님을 체포하기 전에 아버님의 반려나 다름없는 애견부터 죽였다. 당시 11살이던 나는 붙잡혀 가시는 아버님을 동구 밖까지 배웅하고 돌아와서 죽은 애견을 묻으면서 한없이 울었다."

_ 김두찬, 「오광선 장군」『신동아』, 1971년 2월호
오광선의 인터뷰 내용 중에서

참고문헌

- 「오광선 자필이력서」(1963년)
- 김두찬, 「오광선 장군」, 『신동아』1971년 2월호.
- 이인영, 『내고장 용인 의병전쟁 및 독립운동사』, 용인문화원, 1989.
- 박환, 「용인출신 여자독립군 오희옥여사 면담록」, 『용인향토문화연구』6집, 2005.
- 김명섭, 「오광선의 항일 독립운동 연구-신흥무관학교와 한국독립군 활동을 중심으로」, 『용인향토문화연구』12집, 2011.
- 김민호, 「광복군 국내지대연구」, 『한국독립운동사연구』49, 독립기념관, 2014.

#12 여성의 몸으로 독립군이 된 만주의 어머니 _ 정현숙과 오희영·희옥

| 연보 |

- 1900년 용인 이동면 화산리에서 출생
- 1913년 12월 오광선과 정정산 결혼
- 1919년 정정산 만주 망명, 오광선과 재회 후 함께 거주, 정현숙으로 개명
- 1925년 4월 장녀 희영, 1927년 차녀 희옥, 1936년 장남 영걸 출산
- 1933년 남편을 따라 북경-천진-낙양으로 이주
- 1937년 임정 가족들과 함께 상해-남경-기강-중경으로 이동
- 1941년 정현숙 여사 한국혁명여성동맹 참가, 44년 한국독립당 가입
- 1944년 장녀 오희영 중경 광복군 제3지대에 참가, 신송식과 혼인
- 1945년 차녀 오희옥 광복군에 참가, 해방 후 오광선과 만나 함께 귀국
- 1963년 오희영-신송식 건국훈장 수상, 1990년 오희옥 서훈, 1995년 정현숙 여사 독립훈장 서훈
- 1992년 정현숙 여사 별세

흔히 독립운동사에서 독립운동가의 활동이나 무용담을 이야기하면, 고결하면서도 강직한 애국지사나 멋쟁이 웅변가, 나아가 씩씩한 장군의 모습을 연상하곤 한다. 물론 많은 지사들이 언제든 목숨을 내던질 각오를 하였기에 늘 고독하면서도 뜨거운 불나방 같은 삶을 살아갔다. 하지만 그의 어머니나 부인, 딸 등 여자들의 모습은 결코 평범하거나 평탄한 삶을 살지 못했다.

독립운동가의 아내이거나 어머니가 된다는 것은 곧 여느 여염집 아낙네처럼 최소한의 단란한 가정을 꾸리고 한끼밥을 함께 나누는 '호사'를 누릴 수 없음을 의미했다. 그녀들은 항상 남편과 아들이 일본 경찰이나 친일파들의 눈에 띄어 붙잡히거나 적병의 총탄에 맞아 죽을지 모른다는 긴장과 걱정 속에 살아야 했고, 끝없는 고문과 감옥에서의 형벌도 뒷바라지를 해야 했다. 게다가 집안에 가장이 늘 상 없는 관계로 고단한 농사일과 힘겨운 가계를 이끌고 나가야 하고 시부모와 함께 어린 아이들을 키워야 했다. 이처럼 화려한 독립운동가의 뒷면에는 어머니와 부인, 딸들의 엄청난 노고와 희생이 뒤따라야 했다. 만주 독립군과 한국광복군의 간부로서 평생을 군인으로 산 오광선 장군에게는 정현숙(본명 정정산 鄭正山) 여사와 같은 내조자가 있었고 부모의 모범을 따라 가시밭을 간 그의 두 딸이 있었다.

정현숙은 1900년 용인 이동면 화산리(堯山里)에서 태어나 정산이란 이름을 얻었다. 가난한 시골 마을에서 자란 대부분의 소녀들처럼, 그녀는 제대로 된 교육을 받지 못한 채 일찍 부모의 손에 의해 운명이 결정되어졌다. 즉 14세의 어린 나이에 산 하나를 넘는 이웃 마을인 죽릉리의 17세 소년 오광선에게 시집을 가게 된 것이다. 당시 죽릉리에서의 신혼살림을 그녀는 이렇게 회고하였다.

> "(신혼살림 때) 남의 땅에다 농사를 지어먹고 살았으니 언제나 쪼들릴 수밖에 없었어요. 시아버님께서 포수일을 하시면서 간간이 살림을 보태주셨지요. 나는 그때부터 일복을 타고 났다고나 할까? 농한기에도 다른 집일을 하면서 살림을 꾸려갔었지요. 워낙 힘이 꿋꿋해서 여자지만 남자 이상의 일을 했거든요"(「광복군 따라 대륙유랑 30년」, 『주간여성』 1974년).

▲ 용인 원삼면 죽릉리 오광선 생가터 표지석 제막식에 참배하는 차녀 오희옥 여사.

일찍이 삼악학교의 교장인 여준 선생의 영향으로 독립운동에 투신할 큰 뜻을 품은 남편 오광선이 신혼생활 와중인 1914년 여름 서울로 올라가면서 그녀의 단란한 신혼의 꿈은 깨어졌다. 오광선이 서울 종로에 있는 상동(尙洞)청년학원에서 공부를 시작한 것이다. 하지만 이 역시 일제의 압력으로 학원이 강제 폐교당하자, 오광선은 1917년 가족을 고향에 남겨두고 만주로 홀로 망명해 버렸다.

이후 오광선은 보정군관학교에 입학해 군사훈련을 받다가 그마저 폐교되자, 서간도 합니하의 신흥무관학교에 입학하였다. 다행이 오광선은 신흥무관학교에서 1918년 12월 수석이라는 매우 우수한 성적으로 졸업하였다. 이어 여준 선생의 주선으로 부친과 부인 등 가족을 합니하로 불러들여 같이 살 수 있었다. 용인에서 남편 소식을 기다리던 정현숙 여사는 당시를 다음과 같이 회고하였다.

"제가 20살이 되던 해(1919년-편자 주) 봄 그이로부터 소식이 왔어요. 압록강 대안(對岸)에서 2백 리 떨어진 합니하의 신흥무관학교에 와 있으니 그리로 오라는 것이었지요. 간단한 살림 도구를 챙겨 용인역에서 기차를 타고 평양을 지나 명죽리에서 내렸어요. 거기서부터 육로를 한 달 동안이나 걸어 만주로 들어갔지요."

한 달 동안의 피나는 여정 끝에 정 여사는 시아버지 오인수 의병장을 모시고 합니하에서 남편을 상봉할 수 있었다. 짧지만 단란한 그녀의 가정생활이었지만, 피나는 독립운동 뒷바라지의 시작이기도 했다. 신흥무관학교 터 강 건너편에는 현재에도 '까우리꽌즈(高麗館子)'라는 한족 마을이 있는데, 오광선 일가도 이 마을에서 거주하지 않았나 추측된다. 그녀는 중국 망명 후 혹시 모를 체포에 대비하고 보다 여자다운 이름으로 정현숙(賢淑)이라 개명하였다.

무관학교를 수석으로 졸업한 오광선에게 학교측은 합니하에서 200여 리 떨어진 해룡현(海龍縣) 성수하자(成水河子)에 위치한 동흥(東興)학교에 군사교관과 체육교사로 재직하게 하였다. 이후 지청천(池靑天)*이 일본군에서 탈출하여 신흥무관학교 교육훈련대장에 취임하자, 오광선이 다시 합니하로 와 함께 교관으로 일했다.

정현숙 여사 일가는 이 곳에서 화전을 일구고 옥수수와 조를 심어 어려운 살림을 이어갔다. 쌀을 구할 수 있을 때는 1년에 한 번, 설날뿐이었다. 교관인 오광선이 밤이건 새벽이건 갑자기 부하들을 데려와 밥을 먹였기에 집안의 식량은 매일 비었다고 한다. 그녀는 당시 상황을 다음과 같이 회고한다.

"밥만 먹으면 빨래하고, 산에 들어가 풀을 베거나 나무를 태우는 게 일이었어요. 저녁에는 남의 집 일을 해주고 품삯을 받아왔습니다. 이웃의 중국 사람들이 퍽 친절해서 빵이나 밀가루 등을 갖다 주기도 했어요."

1919년 3·1만세운동 이후 합니하로 수많은 한인 청년들이 몰려오게 되자, 학

* 지청천(1882~1957): 서울 출생으로 조선무관학교에 이어 일본 육군사관학교를 졸업한 후 1919년 만주로 망명해 신흥무관학교에서 독립군을 양성했다. 이후 정의부 군사위원장과 한국독립군 총사령관이 되었다. 1940년 임시정부가 광복군을 창설하자 사령관이 되어 1946년 귀국했다. 이후 오광선 등과 함께 광복청년회와 대동청년단을 이끌며 건군 작업에 전념했고 국회의원에 당선돼 병역법을 기초하였다.

교측은 그해 5월 고산자진 대두자(大肚子) 마을에 새로 분교를 설치했다. 대두자 신흥무관학교는 합니하로부터 약 40킬로 떨어진 고산자진(孤山子鎭) 전승향(全勝鄕) 승희촌(勝喜村) 조선족촌 뒷산 아래에 위치해 있다. 전승향 조선족 소학교 전 교장 민영해(閔泳海, 1946년생)씨에 의하면, 마을 이름은 청산리전투의 승리를 기뻐한다는 의미에서 지었다고 한다. 오광선도 이 곳에 교관으로 옴에 따라 독립군 양성에 더 활기를 띠었다. 이후 그는 항시 지청천 장군의 고급 참모로서 평생 상관이자 동지로 모시게 되었다. 이후 오광선은 서로군정서(부독판 여준)의 제1대대 제1중대장과 3중대장(1920.10~1921.2)을 거쳐 제1대대장(1921.2~1923.7), 그리고 별동대장(1923.8~1925.9)과 경비대장(1925.10~1927.4)을 맡아 각종 전투에 참전하였다.

이 와중에 오광선은 1921년 6월 대한독립군의 최대의 참극인 '흑하사변(일명 자유시참변)'을 겪게 되었다. 러시아 영내인 자유시에서 한인 무장부대끼리의 세력다툼으로 벌어진 이 참변으로 5백여 명 이상이 죽임을 당하고 장교와 사병 1천여 명이 포로로 잡혀 탄광과 벌목장에 노역병으로 보내졌다. 오광선을 비롯한 간부 84명은 러시아 감옥에서 모진 학대와 영양실조에 시달리며 사형수 생활을 했던 것이다. 이에 6개월 만에 오광선이 야음을 틈타 탈출을 결행하였고, 얼음에 뒤덮인 바이칼호를 맨발로 걸어 2만여 리를 헤치고 나가 밀산의 김좌진 장군에게 이 참상을 전하였다.

1922년 8월 지옥같은 러시아 포로생활에서 벗어난 오광선은 만주로 돌아와 여준 선생이 추진하는 무관학교 재건에 참여하였다. 여준 선생은 폐교되었던 신흥무관학교를 길림시 액목현(額穆縣) 황야강자향(潢池崗子鄕)으로 옮기기로 하고, 1922년 초 검성학장(儉成學莊)을 세워 교장에 취임했다. 이어 가장 믿음직한 제자인 오광선을 불러 체육선생으로 삼았다. 검성중학교는 1924년 가을 무렵 제 1회 30여 명의 졸업생을 배출하였다. 여준과 오광선은 이곳을 서로군정서의 새로운 기지로 삼기 위해 둔전제를 실시하여 장기 전략을 세웠다.

▲ 오광선의 장녀이자 광복군에 참전한 오희영.

오광선과 정현숙 일가는 액목현으로 옮겼으나, 몇 번의 이사를 거듭하고 마적단의 습격과 추위, 배고픔과 질병에 시달려야 했다. 그런 속에서도 정 여사는 첫딸인 오희영(吳姬英, 1925년 4월 23일생)에 이어 2년 후에 둘째딸 오희옥(吳姬玉, 1927년 4월 3일생)을 낳았다. 액목현에서 어린 시절을 보낸 둘째딸 오희옥은 당시의 생활을 다음과 같이 회고한다.

▲ 오광선의 차녀이자 광복군에 참전한 오희옥.

"어머니는 만주 가서 산의 나무를 다 자르고 밀어 논밭을 만들었대요. 농사짓고 거기서 제일가는 부자가 되었대. 우리 어머니는 정말 여장군 같아요. 일꾼 일곱 명 두고 농사짓는데, 거기서 하루에 12가마씩 밥을 지어서 독립군들에게 먹였대요. 무관학교 교관이고 체육교사였던 아버지가 밤늦게 여러 학생들을 데려오면 밥 다 해먹이구. 어렸을 때 생각하믄 마당이 무척 넓고 그 안에 학교가 또 하나 있고, 대문 쪽에 총 쏘는 건물을 만들었어. 건물 밖으로 지나가면서 일본 놈하구 싸우려고, 대문이 있구 무척 넓어요. 학교 마당 같아요. 옆에는 학교라해서 가서 애들 공부하구…."

이렇게 헌신적인 독립군 뒷바라지로 얻은 별명이 '만주의 어머니'였다. 하지만 이 학교는 점차 공산주의자들에 의해 좌경화됨에 따라 1927년 청년강습소로 개칭되기에 이르렀고, 이에 여준과 오광선 등은 더 머물지 않고 자리를 옮기기로 했다.

1931년 7월 일제가 만주를 본격 침략하게 되자, 오광선은 이청천·홍진 등이 결성한 한국독립당에 가입해 의용군 중대장으로 활동하였다. 한국독립군은 중국의 길림구국군과 합류하여 한중연합토군을 결성해 경박호 전투(1933. 1)와 대전자령 전투(1933. 6), 동녕현 전투(1933. 9) 등에서 큰 승리를 거두었다. 그러나 한중연합군이 공산주의자들의 방해로 해체되기에 이르자, 1933년 11월 임시정부 김구 주석의 연락으로 중국 관내로 이동하게 되었다.

이에 오광선 등 항일지사 39명이 산해관을 넘어 철수하였고, 정현숙 여사와 가족들도 북경에서 1년, 이어 천진으로 옮겨 2년 정도 살았다. 당시 지청천 일가를 비롯한 많은 식구들의 생계는 오광선이 중국 철도에 공무원으로 다녀 유지할 수 있었다고 한다. 천진에서 살던 오광선의 가족들은 다시 남경으로 이동하여 임시정부의 독립운동자 가족들과 합류하였다. 이 무렵 남경에서 첫 아들인 오영걸(吳永傑, 1936년생)이 태어났다. 정현숙 여사와 가족들도 임정 식구들과 함께 낙양으로 이동하게 되었다.

1936년 오광선은 김구 주석의 지시에 따라 북경으로 파견되어 금은방을 차리며 비밀공작대를 조직하게 되었다. 하지만 갓 돌 지난 아들을 두고 북경으로 잠입했던 오광선은 일본 경찰에 의해 체포되었고, 1937년 11월 신의주 형무소에 수감되었다.

오광선의 체포소식을 들은 남경의 임시정부 지도부와 가족들은 그가 처형당했을 것으로 여겼다. 생사를 확인하지 못한 가운데, 임정 요인들은 아들 영걸을 유복자로 여겨 특별한 관심을 기울였다. 시아버지이며 정신적 지주였던 오인수 의병장도 사망하여 가족의 고통은 매우 컸던 것이다.

이후 1937년 7월 중일전쟁이 터져 임시정부 요인들 모두 피난길에 오르게 되자, 오광선의 가족들 역시 남경에서 기강으로, 다시 중경으로 이동하였다. 기강에서는 토교(土喬)라는 작은 마을에서 임정 요인 식구 10여 세대가 함께 살면서 임정 요인들의 뒷바라지를 했다. 정 여사 식구들과 함께 토교에서 피난생활을 했던 정정화 여사*(김가진의 며느리)는 다음과 같이 회고하였다.

"토교에서도 정씨는 홀로 삼남매를 키우느라 늘 궁색한 처지로 형편 필 날이 없

---

* 정정화(1900~1991): 수원 유수를 지낸 정주형의 딸로 서울에서 태어나 대한협회장 김가진의 아들 김의한과 혼인하였다. 가족과 함께 상해로 망명해 대한민국 임시정부의 밀사로서 국내에 잠입해 독립자금을 조달하였다. 1932년 윤봉길 의거 후 망명정부를 따라 피난길에 올랐으며 이후 자서전 『장강일기』를 남겼다.

었고, 백범은 오광선의 가족들이 그렇게 고생하는 것을 안쓰럽게 생각하여 늘 관심을 가지고 지켜 보았다….이들에 비하면 영걸 어머니 정씨는 아무래도 고생이 심했다. 내가 다른 이들보다 특히 영걸 어머니에게 정을 쏟고 희영이나 희옥이에게 좀더 잘해 주려 한 것은 이런 이유에서였다. 영걸 어머니는 만주에서 농사를 해본 경험도 있고, 몸도 건강해서 내 밭일을 많이 도와 주었으며, 나는 그 대신 그 집 삼남매의 옷가지 손질이며 이부자리 만들기 등 주로 바느질일을 도와주었다."

오광선의 체포 이후 정현숙 여사와 어린 3남매는 김구 주석 등 임정 식구들의 각별한 보살핌을 받았다. 장남 오영걸은 자신의 어린 시절 주로 김구와 이시영 선생의 도움을 많이 받았다고 회고하였다. 이렇게 동지들의 도움으로 어려움을 이겨낸 정현숙 여사의 가족들은 직접 독립운동에 투신하는 열기를 보여주었다. 정현숙 여사는 1941년 6월 한국혁명여성동맹*이 결성되자, 그 맹원으로 활동하였

▲ 오광선 부인 정현숙(본명 정정산) 여사(중간 줄 가운데), 앞줄 왼쪽 두번째가 정정화. 1941년 6월 17일 중경에서 결성된 한국혁명여성동맹 창립사진.

* 한국혁명여성동맹: 1941년 6월 17일 중국 중경에서 결성된 단체로 주로 임시정부 요인들의 가족들을 중심으로 구성되었다. 현익철의 부인인 방순희 여사가 집행위원장을 맡았고 오광심·정정화 등이 위원으로 활동했다. 이 동맹을 기반으로 1943년 2월 중경에서 한국 애국부인회가 재건되어 항일 민족통일전선운동을 전개하였다.

▲ 대한민국 임시정부가 1945년 11월 3일 환국하기 전 기념으로 중경에서 찍은 사진.(오희영 여사 뒷줄 O표)

다. 주로 한글과 우리 역사를 잘 모르는 독립운동가 자녀들에게 한글과 역사, 노래를 가르쳤다. 이후 1944년에는 한국독립당 당원에 가입하여 임정 활동에 참여하다가 해방을 맞았다.

두 딸인 오희영과 희옥 자매 역시 1939년 2월 조직된 한국광복진선청년공작대에 가담하여 선전활동에 참여한 것은 물론, 광복군에 입대해 초모공작 등에 활약하였다. 특히 맏딸 희영은 1944년 김구 주석의 비서와 경호 업무를 맡고 있던 신송식(申宋植, 1914~1973)과 혼인하여 '부부광복군'의 모범을 보였다. 장남 오영걸은 누님 오희영의 결혼식에 김구 주석이 주례를 서 주었다고 기억하였다.

3대에 걸친 오광선 독립운동가 일가는 1945년 8월 해방 이후에서야 극적인 가족상봉을 할 수 있었다. 일제의 패망 소식을 만주 흥안령 지역에서 듣게 된 오광선이 곧 상해로 달려가 옛 상관인 광복군 총사령 지청천 장군을 만났다. 지 장군은 그에게 광복군 소장계급장을 달아주고 국내 지대장으로 임명하였다. 오광선은 중경에 있던 부인과 광복군에 복무중인 두 딸과 사위, 아들 등을 상봉한 후 함께 귀국하였다.

▲ 오광선·정현숙 여사의 첫딸 오희영과 혼인한 광복군 장교인 신송식(좌)과 서울 동작동에 묻힌 부부의 묘(우).

이후 정현숙 여사와 가족은 남편의 고향인 용인 원삼면

▲ 용인 원삼면 죽릉리 입구에 세워진 해주 오씨 3대 독립항쟁 기적비 앞에 선 오희옥 여사.

죽릉리에서 노후를 보냈다. 남편인 오광선은 1967년 5월 파란 많은 세상을 떠났고, 큰 딸 희영을 1969년에 먼저 떠나 보냈다. 이어 1973년 김구 주석의 비서로 활동했던 신송식의 임종을 지켜 보았고, 1992년 본인도 한 많은 생을 마감하였다.

정현숙 여사 역시 한국독립당 당원으로 활동하였지만, 가족 중에서는 제일 늦은 1995년에 이르러서야 독립유공자 서훈을 받았다. 그 이유에 대해 둘째 딸 오희옥 여사는 다음과 같이 진술하였다.

> "사실 우리 어머니가 진작 훈장을 받았어야 하는데, 우리 아버지가 너무 고지식해서 그래. 아버지가 초대 심사위원이었거든….우리 형부가 어머니도 공훈심사 대상으로 넣자고 얘기했는데, 아버지가 "얘, 한 집에서 여러 명하면 안된다." 그래서 아버지랑, 형부랑, 언니 세 명만 되고, 어머니하구 나는 처음에 안됐어. 어머니가 만주에서 얼마나 광복군들 먹여 살리고 활동했는데…. 초대 광복회장 지낸 조

경한(趙擎韓) 씨가 말하길 "니네 어머니는 정말로 여장군이시다. 만주 누구 빨갱이가 어떤 청년을 죽일라 하니까 껴안고 못 죽이게 말렸다"그래요. 근데 왜 훈장 안해 줬느냐하니 아버지가 너무 정직해서, 한집에서 너무 많이 훈장 받으면 안된다고 해서, 참…. 그래 몇 십 년 동안 못 받다가 내가 1990년에 독립훈장 받고 나서 어머니는 5년 있다가 겨우 받았어. 돌아가신 후에나 나왔지 뭐. 쯧쯧"

오인수 3대 독립항쟁 기적비

찾아가는 방법

- 용인시외터미널 또는 원삼에서 청룡말 방면 버스 이용 죽릉리 입구 하차
- 원삼면사무소에서 죽릉리 방면 4km 직진, 1km 어현마을 이동
- 오광선·정현숙, 오희영·신송식 묘소 : 국립현충원(서울 동작동)

주변 볼거리

- ✓ 와우정사(해곡동)
- ✓ 우리랜드(사암리)
- ✓ 둥지박물관(죽릉리)
- ✓ 문수산 마애불(문촌리)

어록

"사실 우리 어머니가 진작 훈장을 받았어야 하는데, 우리 아버지가 너무 고지식해서 그래. 아버지가 초대 심사위원이었거든… 우리 형부가 어머니도 공훈 심사 대상으로 넣자고 얘기했는데, 아버지가 "얘, 한 집에서 여러 명하면 안된다" 그래서 아버지랑, 형부랑, 언니 세 명만 되고, 어머니하구 나는 처음에 안됐어. 어머니가 만주에서 얼마나 광복군들 먹여 살리고 활동했는데…"

_ 2003년 8월, 한국광복군 오희옥 여사 인터뷰 중에서

참고문헌

- 「광복군 따라 대륙유랑 30년-정정산 여사」, 『주간여성』, 1974.
- 정정화, 『장강일기』, 학민사, 1998.
- 김명섭, 「용인의 3대독립운동가 연구서설-한국광복군 오희옥 여사 인터뷰」, 『용인향토문화연구』 5집, 2003.
- 박환, 「용인출신 여자독립군 오희옥여사 면담록」, 『용인향토문화연구』 6집, 2005.
- 김병기, 「오희영·신송식의 광복군 활동」, 『한국 여성독립군 오희영 재조명심포지엄』, 경기도, 2007.
- 김성은, 「대한민국 임시정부와 여성들의 독립운동」, 『역사와 경제』 68, 2008.
- 김명섭, 「오광선의 민족운동과 한국광복군」, 『한국독립운동사 속의 용인』, 용인항일독립운동기념사업회, 2009.

#13 불나방처럼 살다간 의열단원 _ 남정각

| 연보 |

- 1897년 12월 22일 용인 모현면 갈담리 파담에서 출생
- 1919년 수원에서 3·1운동 참여 후 이듬해 3월 북경으로 망명
- 1922년 6월 의열단에 가입, 8월 국내 폭탄 반입 추진하다가 실패
- 1923년 2월 2차 국내 폭탄 투척 계획 실행하다 체포, 8년형 수형
- 1930년 출옥 후 중국 천진으로 망명, 천진교민단 단장 활동
- 1945년 8월 해방 후 귀국 사업 수행, 고려동지회 활동
- 1963년 건국훈장 독립장 수여, 1967년 1월 29일 병사

용인시 처인구 모현면 갈담리 파담마을은 조선 숙종대에 영의정을 지낸 약천(藥泉) 남구만(南九萬, 1629~1711) 선생이 비파와 시를 벗삼고 말년을 보낸 예향이다. 남인의 영수로 군림하다가 정계에 은퇴한 후 낙향하여 비파담(琵琶潭)이란 호숫가에 정자를 짓고 은거하면서 후손들이 터를 잡게 되었다. 이 곳은 남구만 선생이 비파를 탈 때 선학들이 날아들었다는 전설이 전해 내려오는 미풍양속과 풍류의 고장이었다.

그러나 일제에 의해서 국권이 강탈당하자, 이 아름다운 마을은 충의와 저항의 고장으로 변모하였다. 의열단원으로 만주와 국내에서 치열하게 활동하였던 남정각(南廷珏) 선생이 태어나서 성장한 곳이 바로 용인 모현면 갈담리 파담이었다. 남구만 선생의 6대손인 남정각 선생은 1897년 12월 22일 부친 남팔원의 4남3녀 중 막내로 태어나 어릴 때 이름은 영득(寧得·英得)이었다. 맏형인 남정덕은 구한말 한국군대인 별기군 출신으로 일본 육사를 졸업한 무인이었다.

남정각은 어려서부터 의협심이 강해 빼앗긴 나라에 대한 울분을 갖고 일제 치하의 소학교를 다니는 것을 몹시 싫어했다고 한다. 그는 용인에서 16세인 1913

▲ 남구만 후손들이 1919년 용인 모현면 갈담리에 세운 사립학교인 유신의숙 유허비(좌)와 1998년 1월에 지어진 남구만의 별묘와 영당(우).

년까지 인근의 서당에서 한학을 익혔다. 그후 서울 기독교청년회 공업과에 입학하여 새로운 근대 학문을 접했으나, 이듬해 중퇴하였다.

1919년 3·1 독립만세운동이 일어나자, 남정각은 수원에서 만세운동에 참여하였다. 그는 안성·용인 지역에 만세운동이 확산할 수 있도록 『독립신문』을 배포하면서 적극적으로 선전선동에 나섰다. 용인에서도 3월 21일 이후 만세운동이 거세게 일어났는데, 이무렵 종친인 남태원·규원·도원 종형제가 사립 유신학교(維新學校)를 세웠다. 남정각이 참여했는지는 정확치 않으나, 지역민들의 문맹퇴치와 인재양성을 위한 남씨 일가의 노력이라 할 수 있다.

남정각은 1920년 3월에 중국으로 망명하여 북경에서 중국청년회 어학과에서 수학하였다. 이어 그해 12월 학교를 중퇴하고 장춘·천진·상해 등지를 순회하며 혁명운동의 방략을 모색하였다. 1921년에 겨울 북경에서 의열단 단장 김원봉(金元鳳)*과 만났으며, 이듬해 6월 최용덕(崔用德)과 이종암(李鍾岩)의 소개로 의열

▲ 중국에서 5·4운동을 주도한 남개대 주은래의 동상(좌)과 이회영의 아들 이규창 등 한인들이 많이 다닌 남개중학교(우).

* 김원봉(1898~1958): 경남 밀양 출신으로 1919년 중국으로 망명해 신흥무관학교를 졸업했다. 그해 11월 길림성에서 의열단을 창단한 후 일제 요인 암살과 조선총독부 투탄사건 등 각종 의열투쟁을 지도했다. 1925년 황포군관학교에 입교하여 졸업한 후 조선민족혁명당을 지도하고, 조선의용대를 만든 후 1944년 대한민국 임시정부 국무위원 및 군무부장을 역임하다가 해방 후 귀국했다.

단에 가입하였다.

남정각은 장차 의열단의 참모장을 맡게되는 저명한 아나키스트 류자명(柳子明, 1894~1985)을 의열단에 가입시킨 인물로 알려져 있다. 류자명은 그의 회고록에서 당시 장면을 이렇게 기술했다.

> 김상훈이가 귀국한 뒤로 남정각(南廷珏)이 나 있는 곳(천진-주)으로 와서 나에게 말하기를 "한성(서울-주)으로부터 온 사람이 당신을 만나보려고 한다."고 해서 나는 그와 같이 중화여관(中和旅館)에로 갔다. 내가 만나본 사람은 김약산(金若山, 본명 김원봉)과 양근호(梁根浩)였다. 김약산은 의열단의 책임자이고 양근호와 남정각은 의열단의 단원이었다.

당시 의열단이 서울에서 김한(金翰)에게 폭탄의 국내 유입을 추진하려 하자, 류자명이 남정각을 만나 국내로 잠복해 접선하였고 상해로 돌아와 거사 자금 2천 원을 받아 서울로 돌아왔다. 그는 자금을 김한에게 건네주고 중국 국경인 안동현에서 잠입하였다. 이후 남정각은 의열단*의 서울 폭탄 투척 계획에 자원하여 서울에 잠입하였으나 폭탄을 건네받지 못해 실패하였다.

1923년 2월 1일 서울을 빠져나와 천진으로 되돌아간 남정각은 다시 의열단 단장 김원봉을 만났다. 그에게 폭탄을 수일 내로 국내에서 전달받아 직접 폭탄을 던지기로 한 후, 여러 차례 투척 연습까지 마쳤다. 2월 14일 다시 서울에 몰래 잠입한 남정각은 폭파 대상을 조선은행과 동양척식주식회사, 일본인 전기회사 등으로 정하고 운동자금을 구하기로 하였다. 그는 서울 운니동에 은거하면서, 폭파 대상 건물을 실지 답사하여 지형지물을 익히는 등 거사를 철저히 준비하였다. 그런

* 의열단: 1919년 11월 9일 신흥무관학교 출신인 황상규와 김원봉 등 13명이 주축되어 중국 길림성 파호문 밖에서 결성된 의열 단체. 당시 독립운동 단체들이 온건한 외교·선전 투쟁에만 매달려 있다고 비판한 이들은 직접적 투쟁으로 일제 요인 암살과 침략 기관 파괴 등의 방법을 취하기로 하고, 조선총독을 비롯한 고위 간부와 총독부 등을 목표로 삼았다. 실제 초기에는 부산 및 밀양 경찰서 파괴, 총독부 폭탄 투척, 동양척식회사 파괴 등을 거행했다.

데 만주 안동현으로부터 오기로한 폭탄의 운송이 어렵게 되고, 국내에서 암살과 파괴 책임자로 활동하던 김한마저 체포되고 말았다.

東亞日報 號外

赤化의 烽火 獨立의 猛炎

義烈團事件內容發表

檢擧된關係者가兩處에서十八名

爆彈三種卅六個拳銃五挺等押收

革命的獨立運動의由來

資金의出處는露國共產黨

可恐할爆彈의威力

京城에搬來된爆彈은

▲ 서울에서의 의열단 폭탄유입사건을 보도한 1923년 4월 12일자 동아일보 호외 기사. 하단 맨 오른쪽 인물 사진이 남정각(남영득) 사진.

이를 안 남정각은 서울시내 황금정 2정목(지금의 을지로)에 있는 정목여관(正木旅館)에서 동지 권동산(權東山)·윤병하(尹秉夏)·유시태(柳時泰) 등과 의논하여 운동자금을 직접 조달하기로 하였다. 그리하여 유시태와 함께 내자동에 있는 이인희(李麟熙)의 집을 찾아가 자신을 상해임시정부 군무총장 정(丁)모라고 가칭하고 5천원을 요구하였다. 이인희는 지금이 음력 정월이라 자금 조달이 어려우니 몇 일간 미뤄줄 것을 간청하였고, 남정각은 이를 허락하였다.

그러나 이인희의 이 약속은 거짓이었고, 이를 믿고 기다리던 남정각 선생은 3월 3일 오전 9시 그의 집을 방문했다가 잠복해 있던 일본 경찰에 체포되고 말았다. 이 일로 동지들도 체포되어 1923년 8월 7일 의열단 단원 12명이 경성지방법원에서 재판을 받게 되었다.

재판에서 일본인 검찰 평산(平山)에 의해 징역 8년이 구형되자, 남정각 선생은 최후진술에서 분기충천한 태도로 자신의 민족독립정신을 강조하였다. 그의 법정 최후진술을 보도한 신문은 '말끝마다 피가 돋는 남영득의 진술'이란 제목으로 당시의 모습을 전했다.

> 이현준의 말이 끝나자, 남영득(남정각-주)은 분기탱천한 태도로 엄연히 일어서서 방금 피가 떨어지는 듯한 목소리로 역시, "나는 의열단원이오. 검사의 말이 우리의 행동이 직업적이라 하나 우리는 절대로 그렇지 않소. 나는 한일합방에 불평과 불만을 품고 의열단에 가입한 후 오직 조국을 위해 생명을 바쳤소이다. 나는 군자금을 모집하지 않았으며 더욱이 의열단은 군자금을 모집하지 아니합니다. 그리고 마지막으로 나는 우리 민족에게 각성을 주기 위하여 오늘날까지 살았은 즉, 나의 형벌에 대하여는 사형도 좋소이다. 더 말하지 아니하오."하고 자리에 앉았다.

법정 진술을 보면, 남정각은 자신을 군자금을 모집하는 공산당 '직업인'으로 몰아가려는 검찰의 의도에 상당한 반감을 갖고 항의하고 있다. 즉 의열단원인 자신은 돈을 뜯어내기 위해 잠입한 것이 아니라, 혁명활동을 위해 왔다는 점을 분명히 하고 있는 것이다. 나아가 그는 '죽음을 피하지 아니하며 단의 뜻에 진력하여 따른다'는 의열단 공약 8조를 충실히 따르는 투철한 사명감을 가진 것으로 보인다.

남정각은 옥중에서 독립정신을 고양하는 투쟁을 계속하다가 8년 형기를 마치고 1930년 출감하였다. 출옥 후 그는 다시 중국 천진으로 망명하여 지하운동을 전개하는 한편, 천진교민단*을 조직하였다. 천진의 한인들이 만든 천진교민단은 일본관헌들의 엄중한 단속과 재정의 궁핍으로 어려움을 겪고 있었지만, 의열단의 천진지부로서 독립운동자들의 연락 거점지로 활동되었다. 상해의 임시정부도 천진 지역에 비밀첩보기관을 운영했는데, 1936년 무렵 안중근의 집안 동생인 안경근(安敬根)이 책임을 맡은 것으로 알려졌다. 남정각은 이러한 천진교민단에서 이후 단장이라는 책임을 맡아 각종 독립운동 지원 사업을 비밀리 수행하다가 1945년 8월 해방을 맞았다.

---

* 천진교민단: 1921년 초반 류자명에 의해 대한민단이 처음 조직된 이래, 한인 애국단체인 한혈단 등이 1921년 12월 천진교민단으로 통합되었다. 교민단은 의열단의 천진지부로서 정보교류와 의열투쟁의 거점으로 활용되었다. 남정각은 출옥 후인 1930년 교민단의 책임을 맡아 1945년 8월 광복 직전까지 각종 비밀공작을 수행한 것으로 여겨진다.

▲ 남정각이 주로 활동한 중국 천진의 고루와 광동회관.

▲ 천진에서 이회영, 나석주 등 많은 독립지사들을 조사하고 감금했던 일본 총영사관 건물.

해방 직후 남정각은 귀국하는 동포들의 여비를 조달하기 위해 일본인의 재산을 몰수하고 동포들의 안전한 귀국을 위해 힘썼다. 그리고 귀국 후에는 고려동지회에 가입하여 활동하였고, 건국사업에 협력하는 등 여러 사업을 추진했다. 선생은 1963년 건국훈장 독립장을 수여받았으며, 1967년 1월 29일 병사하였다.

현재 선생의 무덤은 국립묘지 애국지사 묘역에 안장되어 있다. 남정각 선생의 이러한 독립정신과 애국활동을 기리기 위해서 1990년 5월 용인향토사학회와 후손들은 갈담리 파담에 '남정각 선생 유허비'를 건립하였다.

선생은 1997년 12월 독립기념관과 보훈처에서 이달의 독립운동가로 선정되었으며, 수원보훈지청은 2008년 1월 이달의 독립운동가로 선정하였다.

▲ 용인 모현면 갈담리 파담마을에 세워진 남정각 선생 유허비.

남정각 유허비

찾아가는 방법

- 모현면 방면 1500번 승차, 갈담리 파담마을 하차, 남구만 별묘 방향으로 500m 이동
- 모현면 방면에서 갈담리 파담 남구만 별묘 방향으로 5분거리
- 남정각 묘소 : 국립서울현충원(동작동)

주변 볼거리

✓ 남구만 선생 묘소(초부리)
✓ 마가미술관(동림리)

어록

"나는 의열단원이오. 검사의 말이 우리의 행동이 직업적이라 하나 우리는 절대로 그렇지 않소. 나는 한일합방에 불평과 불만을 품고 의열단에 가입한 후 오직 조국을 위해 생명을 바쳤소이다. 나는 군자금을 모집하지 않았으며 더욱이 의열단은 군자금을 모집하지 아니합니다. 그리고 마지막으로 나는 우리 민족에게 각성을 주기 위하여 오늘날까지 살았은즉, 나의 형벌에 대하여는 사형도 좋소이다. 더 말하지 아니하오."

_ 1923년, 남정각의 법정 최후진술 중에서

참고문헌

- 박태원, 『약산과 의열단』, 백양단, 1947.
- 김영범, 『한국 근대민족운동과 의열단』, 창작과비평사, 1997.
- 유자명, 『유자명 수기-한 혁명자의 회의록』, 독립기념관, 1999.
- 이인영, 『모현면지』, 용인문화원 향토문화연구소, 2003.
- 김병기, 「의열단원 우산 남정각의 독립운동」 『용인향토문화연구』11집, 2010.

돌아온 만주 항일무장투쟁의 영웅 _ 이홍광

#14

| 연보 |

- 1910년 용인군 포곡읍 신원리(?)에서 출생
- 1919년 고향에서 3·1만세운동 목격, 학교에서 1년 만에 퇴학 처리
- 1925년 만주 길림성 반석현으로, 이듬해 이통현으로 이주
- 1927년 농민동맹회에 가입, 30년 이통현에서 중국공산당에 가입
- 1931년 반석중심현위 위원에 당선, 개잡이대 창설해 대장 취임
- 1932년 4·3 반일시위 주도, 반석유격대 건립, 11월 남만유격대로 통합
- 1933년 동북인민혁명군 제1군 독립사단 편성, 참모장 맡음, 유하현 습격
- 1934년 동북인민혁명군 제1군단 건립, 참모장으로 조선 하성읍 습격
- 1935년 1월 조선 동흥진 습격해 군수품 노획, 5월 11일 전투에서 사망

온산이 붉은 단풍으로 물들어 겨울을 재촉할 무렵이면 춥고 배고픈 만주 벌판에서 풍찬노숙하며 독립을 위해 투쟁한 항일지사들을 떠올리게 한다. 수많은 항일지사 중 중국 모택동 주석조차 "성망이 제일 높은 수령"이라 칭송하였음에도, 남한과 북한 모두 독립지사 또는 혁명열사로 인정하지 않은 의문의 인물이 있다. 바로 용인 출신 항일 독립운동가인 이홍광(李紅光)이다.

이홍광은 대부분의 만주 항일투사들이 북한 출신인데 반해 남한 출신이라는 점, 1937년 김일성의 보천보 전투보다 2년 앞서 국내 진공작전을 펼쳐 일찍이 항일영웅이 되었다는 점에서 주목할 만하다. 하지만 북한에서는 김일성 항일투쟁의 선배라는 점에서, 남한에서는 그가 중국공산당에 가입해 활동했다는 점에서 양쪽 정부의 공식기관과 선양단체로부터 제대로 평가받지 못하고 있다.

이홍광에 대한 연구는 중국 '조선족' 학자들의 연구성과를 비롯해 일본의 교포 사학자, 그리고 북한에서의 개설서 등에서 언급되고 있다. 현재 중국에서 이홍광에 대한 책자나 신문 및 잡지, 기념도서나 현지 등에 소개된 회고의 글은 대개 1천여 건에 달한다. 이처럼 엄청나게 많이 발간된 전기물에도 불구하고, 이홍광은 1910년 경기도 용인군 단삼동(丹參洞, 또는 丹洞)에서 빈농(貧農) 이보경의 아들로 태어났다는 간단한 이력만 기술하고 있다. 또 많은 책들은 이홍광의 출생지를 경기도 용암(龍岩) 또는 용임군(龍任郡)이라고 기록하고 있는데, 용인군을 잘못 기술한 것이다.

다행이 한국의 일부 언론이나 용인 지역신문 등에서 관심을 갖고 그에 대한 현장 취재나 자료수집을 추진하였다. 대표적인 용인의 지역신문인 《용인시민신문》은 2001년 11월 29일자로 〈동만주의 큰 별 '이홍광'〉이라는 제목으로 특집면을 구성하였다. 이후 《한겨레신문》이 2005년 8월 23일자에 〈압록강 넘어 국내진격, 일제 놀래켜〉라는 제목의 전면 특집기사를 실은 바 있다. 특히 이 신문에서는 국내 최초로 중국 길림성 신빈현 야산에 묻힌 이홍광의 묘를 현장답사하고 사진을 실어 중요한 의미를 남겼다.

《강원일보》는 2005년 11월 7일자 '한민족 르포' 기사에서 중국 길림성 반석시(磐石市)의 홍광촌(紅光村) 마을 방문기사를 실었는데, 그곳 조선족 동포들의 '이홍광 장군'에 대한 드높은 자긍심을 보도하였다. 또《내일신문》은 2007년 8월 10일자 만주지역 답사 특집 기사에서 길림성 통화시(通化市)의 '양정우능원(楊靖宇陵園)' 전시관에 이홍광의 이름이 있다는 사실을 보도하였다. 이 신문은 중국인 양정우는 대단히 웅장한 기념관까지 지어 그의 생애와 업적을 추모하고 있는 데 반해, 조선인 이홍광은 단지 도표나 안내문에 간략히 그의 전임자임을 소개할 뿐이었다며 분개하고 있다.

이홍광이 용인 포곡읍 신원리 출신의 용인이씨(龍仁李氏)란 주장이 최근의 연구에 의해 제기되었다. 서울여대 사학과 이원명 교수는 2014년 용인이씨 판관공파(判官公派) 종중과 포곡읍사무소 발행 제적부를 활용하여 이홍광이 조선 선조 때의 무관인 이일(李鎰) 장군의 13대손으로 본명은 홍규(鴻圭)이며, 조부와 부모, 남동생과 여동생 등 여덟 식구가 있었다고 밝혔다. 용인이씨 대종보에 의하면, 이홍광의 할아버지는 한말 무과에 급제한 이준상(李駿相)이며, 부친은 이복영(李福榮, 1894~?)이고 어머니는 정창학(鄭昌學, 1891~1978)으로서 홍광은 6남매 중 장남으로 태어났다. 그리고 그의 가족으로는 남동생 이학규(李鶴圭), 그리고 여동생 경희·정숙·경순·경남 등 여덟 식구나 되었다. 출생일과 주소는 1910년 8월 29일 용인시 처인구 포곡읍 신원1리 401번지이다. 홍광이 태어났을 때 집이 가난했다고 하지만, 조부 이준상은 학식이 있어서 손자의 교육에 상당한 영향을 끼친 것으로 알려졌다.

다만, 이원명 교수의 논문에는 지금껏 알려진 그 친족의 이름과 족보상 밝혀진 이름 글자가 일부 틀리거나 한자가 다르게 표기하고 있어 아쉬움을 남기고 있다. 즉, 용인이씨 대종보에 실린 할아버지의 이름은 이준상이고 부친은 이복영인데 비해, 중국에서 펴낸 책자에는 할아버지 이상준으로, 또 부친은 이보경(李保卿)으로 다르게 표기하고 있으며, 동생 이학규(李鶴圭)도 이학해(李學海)로 다르게 적어왔다. 이홍광의 본명도 이홍해(李弘海)였으며 이홍규(李弘圭)·이의산(李義山) 등의 이름을 썼다고 『조선족백년사화』(심양: 료녕출판사, 1984) 등 많은 공식 전기물에서 밝혀왔는데, 이 교수는 제적등본을 통해 1910년생인 이홍규(李鴻圭)가 그의 본명이라고 주장했다. 이 교수는 제적등본 및 주민등본 상에 나와 있는 이홍광의 다섯 동생(慶姬·鶴圭·丁淑·敬淳·慶南)이 일치하다는 점과 딸로 추정되는 이오동과 사촌 등 친족들의 증언을 그 증거로 제시했다. 이러한 그의 주장을 뒷받침해줄 추가 자료가 발굴된다면, 한국 근현대사와 한-중 관계뿐만 아니라 용인 지역사에도 큰 획을 긋는 일이 아닐 수 없다.

이홍광의 부친은 어려운 가정형편임에도 장남인 그를 10살 무렵인 1919년에 보통학교(현재의 초등학교)에 보냈다. 이 무렵 소년 이홍광은 용인을 비롯해 전국 곳곳에서 3월부터 5월까지 벌어진 피어린 만세운동을 직접 목격하였다. 용인에도 원삼면 좌전고개를 시작으로 수지구와 기흥구, 백암면 등지에서 약 3개월간 13회에 걸쳐 13,200여 명이 만세운동에 참여하여 35명의 양민이 목숨을 잃었다. 이처럼 치열하게 전개된 만세운동과 일본 식민통치자들의 야수적 만행을 직접 목격한 소년 이홍광이 항일 민족의식을 깊이 갖게된 것은 매우 자연스러운 일이었다.

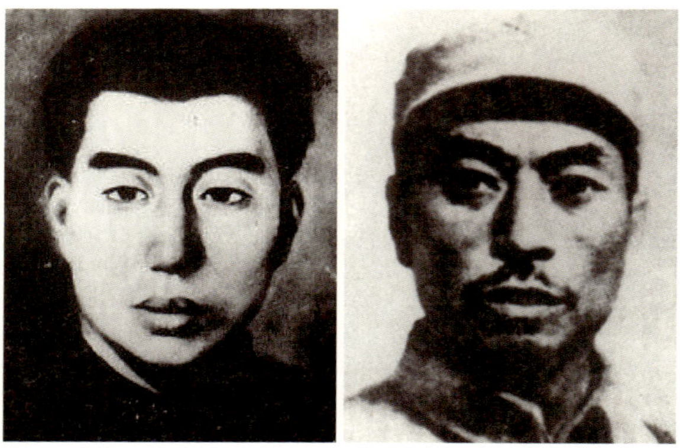

▲ 이홍광 사진(좌), 양정우 사진(우).

어린 이홍광 역시 학교를 1년밖에 다니지 못했다. 학교에서 일본 경찰관의 아들이 한국인 아이를 때리는 것을 보고 격분하여 일본 학생을 때린 결과, 학교에서 퇴학을 당했기 때문이다. 이때 아버지도 1주일 가량 일본 헌병대에 끌려가 구류를 당하였다가 겨우 풀려났고 감시를 받는 처지에 놓이게 되었다. 조선인과 일본인이 한 형제라는 내선일체론을 가르치면서도 잘못을 저지른 일본 학생을 두둔한 채 한인에게만 모진 매를 드는 일본 선생의 이율배반적인 모습을 보고, 또 자신을 학교에서 강제로 내쫓은 일제 식민교육의 실체를 절감한 이홍광에게 항일 투쟁의식은 더욱 깊어만 갔다.

학교를 그만두게 된 이홍광은 어린 나이에 아버지를 따라 힘겨운 농사일을 거들어야 했다. 하지만 틈틈이 할아버지에게 한문과 경서 등을 배워 상당한 소양을 갖추고 있었다. 또 그는 일본어를 배워 꽤 유창하게 말할 줄 알았다고 한다.

홍광의 나이 16세인 1925년 일제의 압제와 친일 지주들의 수탈이 점차 심각해지자, 이홍광 일가는 부득이 살길을 찾아 중국 길림성 반석현(磐石縣)으로 이주해야 했다. 일가족이 그곳으로 이사한 것은 일제의 억압과 어려운 경제생활을 벗어나 보자는 의도였으나, 이주 후에도 궁핍한 생활을 헤어나지 못하는 것은 마찬가지였다. 이듬해에 다시 이들은 이통현(伊通縣) 유사저자둔(留沙咀子屯)으로 이사했다.

이홍광 일가는 같이 이주한 다른 한인들과 함께 초라한 초가집을 짓고 어려운 소작 생활을 시작했다. 하지만 이주생활에서도 친일적 중국 지주들의 횡포와 학대가 심각해지자 이홍광은 반봉건 항일투쟁에 나서기로 결심하였다. 18세가 된 이홍광은 1927년 중국공산당 만주성위원회 산하의 '재만농민동맹(在滿農民同盟)'에 가입해 이통현 일대의 농민운동에 적극 동참하였다. 이어 1930년 말 이통현 삼도구(三道溝)에서 중국공산당에 입당해 이통현 당지부 서기가 되었고, 이듬해에는 이통-쌍양(雙陽)특별지부의 조직위원이 되어 여러 마을을 돌아다니며 농민들을 규합하였다. 그는 십 수 명으로 구성된 '노동적위대'를 조직하여 악명 높은 지주들을 응징·처벌해 명성을 쌓았다.

1931년 9월 18일 일제는 만주 전역을 본격 침략하면서, 반일 의식이 있을 것으로 여겨지는 지역의 농민들을 무차별 학살하기 시작했다. 이홍광은 이러한 일본군의 만행에 맞서 싸우기 위해 부인과 어린 자식, 할아버지를 조선으로 떠나보내야 했다. 하지만 부친은 이홍광이 유격대의 지도자라는 사실을 안 일제 관헌의 탄압으로 오래지 않아 별세하고 말았고, 동생 이학규도 1934년 불과 14살의 나이에 소년영(少年營) 대원으로 활동하다가 전사하고 말았다.

이홍광은 이통현에서 7명의 한인 청년들을 토대로 '적위대'를 창건해 항일무장투쟁과 반봉건투쟁에 본격 나섰다. 이 적위대는 일제와 친일 지주들을 응징한

紅軍李紅光暗躍
撫松警備陣襲擊計劃
筏木繫留所도危險

李紅光軍再起
長白縣內移動
秋夕前後에襲擊說

中江鎭對岸에
卅名士兵出現

▲ 이홍광 부대의 항전 소식을 전한《조선일보》1935년 8월 31일자와《동아일보》1936년 8월 8일자 신문.

다는 의미로 속칭 '개잡이대(일명 打狗隊)'로 널리 알려졌다. 1932년 5월 이홍광의 적위대는 반석현의 합마하자(蛤螞河子)에서 한인 농민 5백여 명과 다수의 중국인 농민들이 참가한 대규모 항일농민봉기를 주도했다. 이들은 일제의 만주 침략의 통로인 길해철도(吉海鐵道 : 吉林과 海龍 사이의 철도)의 일부 구간을 파괴하는 등 큰 반향을 일으켰다. 적위대는 그해 6월 반석공농반일의용군(磐石工農反日義勇軍, 약칭 반석의용군 또는 반석유격대)으로 확대 개편되었고, 이홍광은 제2분대 정치위원을 맡았다. 반석의용군은 일본군과 그의 괴뢰군인 만주국군과 싸우면서 50여 명으로 증가했고 4개 분대 체제로 재편되었다.

1932년 여름에 일본군의 항일부대 유격근거지 토벌작전이 본격 전개되자, 이홍광부대는 흑석진(黑石鎭) 전투를 주도해 승리를 거두었다. 같은 해 12월 중국공산당 만주성위 중앙의 방침에 따라 반석의용군이 '중국 홍군 제32군 남만유격대(약칭 남만유격대)'로 개편되어 양정우(楊靖宇)*를 대장으로 파견하자, 이홍광은 참모장을 맡아 적극 활동하였다. 남만유격대는 1933년 9월 18일 동북인민혁명군 제1군 독립사로 재편성하게 되었는데, 이홍광은 이 부대의 참모장 직분을 맡았다.

* 양정우(본명 마상덕, 1905~1940): 중국 하남성 확산에서 가난한 농민의 아들로 태어나 1927년부터 농민운동에 참가해 투옥되기도 했다. 1929년 만주 무순탄광에서 노동운동을 전개하다가 1931년 만주사변을 계기로 중국 공산당 지시에 따라 홍군 남만유격대 대장을 맡게 되었다. 1933년 이홍광을 참모장으로 삼아 동북항일연군 제 1로군 총사령으로 활약하다가 1940년 길림 몽강에서 전사하였다. 중화인민공화국 창건에 기여한 100인의 영웅 중 한사람으로 추앙받고 있으며 통화현에 능원과 기념관이 있다.

이홍광부대는 1933년 11월 24일 유하현 삼원포에 주둔한 일본군 본영을 습격하여 점령한 이후 이듬해 8월 산성진 부근에서 일본군 봉천수비대를 습격하였다. 또 9월에는 환인현 팔보구에서 일본군 수비대를 섬멸하였다. 특히 그의 부대는 그해 12월 2백여 명의 기병을 이끌고 얼어붙은 압록강을 건너 일본군의 중요 군사기지인 조선 하성읍을 습격한 데 이어 이듬해 1월에는 조선 동흥진을 습격해 일본 주둔군을 섬멸하고 많은 군수품을 노획하는 전과를 이루었다.

당시 압록강 국경 지대를 지키고 있던 일본군은 동흥진을 그 누구도 뚫지 못하는 '금성철벽'이라 자칭하며 자랑했는데, 이홍광부대가 이 곳을 불과 2시간 만에 점령하여 무기와 식량을 노획해 가자 큰 충격을 받았다. 당시 일본 관동군과 만주국의 신문은 이 사건을 "9·18사변 후 처음 보는 사변이며, 국방경비상에서 전례 없는 사변이다."라고 보도하였다. 국내신문인 《동아일보》(1935년 2월 13일자)에서 호외로 보도한 이후, 《조선일보》(1935년 2월 15일)도 이 사건을 상세히 전하였다. 중국 일간지인 《대동보(大同報)》는 동흥진을 습격한 사람이 '공산군 여비적인 이홍광이다'라며 여장군으로 잘못 보도하였으니, 그의 명성이 얼마나 높았는지 짐작할 만하다.

이처럼 괄목할 만한 전과를 올리던 이홍광과 그 부대원들은 1935년 5월 11일 본계(本溪)·환인(桓仁) 등지에서 기병대를 조직·확대하기 위해 부대원 2백여 명을 이끌고 일본인이 경영하는 목재소를 습격하여 80여 필의 말을 노획했다. 그리하여 그 말을 몰고 남만주의 신빈현과 환인현 경계 지점인 노령(老嶺)을 지나던 중, 당시 신빈현 평정산(平頂山)에 주둔하고 있던 2백여 명의 일본군·만주국군 연합 추격부대와 뜻밖에 조우하였다. 그는 이 전투를 지휘하며 용전하다가 총격을 받아 가슴에 중상을 입고 쓰러졌다. 그는 동지들에 의해 다음날 밀영으로 후송되어 간호를 받았으나, 보람도 없이 사망하고 말았다. 그의 나이 불과 만 25세의 일이었다.

중국의 이홍광 연구 전문가인 조문기 선생(요녕성 무순시 사회과학원)은 신빈현 유수향 차로자촌 알파채돈(新賓縣 榆樹鄕 岔路子村 嘎巴寨屯)에서 제 눈으로 직접 전투과정을 목격했다는 농민 한명을 만나 당시 전투가 벌어진 곳과 이홍광의 사망일, 묘소 위치 등을 고증하였다고 주장하였다. 당시 전투는 차로자 임가구령 노령

구(岔路子 林家溝嶺 老嶺溝)라는 곳에서 벌어졌으며, 일본군 수비대와 만주군에 의해 이홍광이 중상을 입었다는 것이다. 들것으로 환인현 완자구(桓仁縣 窪子溝)까지 옮겨져 치료를 받다가 절명하였다고 하니, 사망일은 1935년 5월 15일이다. 시체는 동지들에 의해 홍묘자향(紅廟子鄉) 흑할자망구(헤이샤츠왕) 마을 뒷산에 매장되었다고 한다. 이 묘 자리는 2005년 8월 한겨레신문사 기자의 현장 취재로 처음 한국에 알려졌다.

2007년 8월 필자를 비롯해 용인항일기념사업회 일행 5명은 조문기 선생의 안내로 묘소를 찾았다. 묫자리는 환인현에서 신빈현으로 넘어가는 산 길목으로서 마을에서 외길 산쪽으로 1시간 가량 올라가야 하는 험난한 산기슭에 위치해 있어 쉽게 찾을 수 없었다. 특이한 것은 중국인 무덤에서는 흔히 볼 수 없는, 고려식의 돌무덤이었다는 점이다.

만주 한인들이 이홍광의 죽음을 얼마나 애통해하고 그의 높은 뜻을 받들려 했는지는 여러 흔적에서 찾아볼 수 있다. 우선 태항산 일대에서 항일전쟁을 벌이

▲ 중국 길림성 반석현의 조선족학교인 홍광중학교에 있는 이홍광 동상. 이 학교 교가에는 "장군의 그 이름 빛내어가자"라는 가사가 있다.

다 해방직후 만주로 진군해 온 조선의용군 제1지대는 그 이름을 '이홍광지대'로 명명하여 국공내전에서 명성을 떨쳤다. 또 길림성 반석현에 있는 조선족 중학교는 학교 이름을 아예 '홍광중학교'로 지어 한인 민족교육을 전담하고 있고, 그가 활동한 반석현 깍지산 부근의 조선족 마을은 '홍광촌'이라 이름 지어 그를 기렸다. 현재까지 그를 기리는 흉상과 기념비도 신빈현에 3곳이나 있다.

하지만 그의 후임자인 한족 출신 양정우는 기념관까지 있어 대대적인 선양사업이 펼쳐지지만, 이홍광은 묘소조차 복원하지 못하고 있다. 남북한 모두에게 잊혀지길 강요받았던 이홍광을 되찾는 작업은 이념 대립으로 가려졌던 한국 근현대사의 질곡을 넘어 동북아시아의 평화와 연대를 위해서도 꼭 필요한 일이라 하겠다.

◀ 홍광중학교 정문에 세워진 이홍광 상.

이홍광 장군 유적

? 찾아가는 방법

- 중국 길림성 반석현 홍광중학교 앞 이홍광 전신 조각
- 중국 길림성 이통현 동북인민혁명군 제일사 사장집터 유적
- 중국 길림성 신빈만족자치현 북산 체육학교 만인갱유지 항일영렬기념비

어록

"동북의 황야에 / 불길이 타오른다 / 철도, 광산, 농촌 어데라 없이 / 전 동북을 붉게 태운다 / 삼천만 민중들이여 / 일어나 싸우자"

_ 1935년, 이홍광이 작곡한 것으로 알려진 노래 중에서

참고문헌

- 김운룡, 『이홍광의 이야기』, 심양:료녕인민출판사, 1981.
- 박창욱 주편, 『조선족혁명열사전』 제1집, 심양:료녕인민출판사, 1983.
- 리주산·리홍길·리천민, 『불후의 넋-항일민족영웅 리홍광장군 생애』, 중국:연변인민출판사, 1988.
- 장세윤, 「이홍광 연구-항일유격대 및 동북인민혁명군 내 한인지도자의 활동사례검토」, 『한국독립운동사연구』 제8집, 독립기념관 한국독립운동사연구소, 1994.
- 조문기, 「중국의 이홍광 연구현황과 평가」, 『만주에서 활약한 용인출신 독립운동가』, 용인독립운동기념사업회 학술대회 발표문, 2008.11.
- 장세윤, 「잊혀진 항일투사 이홍광의 생애와 만주지역 항일투쟁 『한국독립운동사 속의 용인』, 용인항일독립운동기념사업회, 2009.
- 김명섭, 「한국에서의 이홍광 연구현황과 향후 과제」, 『용인향토문화연구』 16집, 2009.
- 이원명, 「1930년대 '재만 항일운동가 李紅光(본명 李鴻圭)'의 전사연도와 가계에 대한 일고찰」, 『동북아 문화연구』 38, 2014.

대륙을 넘나든 독립군에서 단국대 설립자로 거듭나다 _ 장형

#15

| 연보 |

- 1889년 1월 18일 평안북도 용천에서 출생, 본명 장세담
- 1908년 동명중학교 졸업, 보성전문학교 입학했으나 1909년 자퇴
- 1911년 만주 망명, 국내외 동지 규합해 신흥무관학교 입학생 유도
- 1919년 국내·만주 오가며 정의부·서로군정서 및 임정에 군자금 전달
- 1930년, 38년 독립운동 자금 모집 중 체포로 징역 1년형
- 1938년~1945년 11월 길림성 반석현에서 정미소 운영하며 독립자금 지원
- 1947년 3월 건국실천원 양성소(소장 : 김구, 이사장 : 장형)설립, 운영
- 1947년 11월 3일 단국대학 설립 인가 받음
- 1963년 3월 1일 건국공로 훈장 수여, 1964년 사망

2014년 12월 현재 한국의 대학 개수는 4년제 대학교 222개와 전문대학 178개로 도합 400개에 이른다. 해방 후 지금껏 고등학교 졸업생 수에 비해 실로 엄청나게 많은 대학들이 설립되어 고학력 실업자를 양성하고 있다는 비판을 받고 있다. 급기야 출산율 감소에 따라 2017년 무렵에는 고교 졸업생 수가 대학입학 정원보다 적어짐에 따라 파산하는 대학이 속출할 예정이다. 이제 대학들이 상아탑에 앉아 찾아 오는 학생들을 잘라내며 배짱부릴게 아니라, 자기 대학만의 정체성 확립과 특성화된 학과운영 전략을 세워야 할 때이다.

불행히도 한국의 수 많은 대학들 중 한국인의 정체성인 단군의 홍익인간 사상과 독립정신을 바탕으로 세워지고 이를 가르치는 대학은 극히 손에 꼽을 정도이다. 왜 이런 일이 벌어졌을까. 한국 고유의 민족 사상과 국학정신, 독립운동사를 제대로 창학이념으로 정립하지 못하고 대학강단에서 가르치지 못하는 현실은 한국의 굴절된 근현대사와 깊은 연관이 있다.

한국의 대학들은 해방 후 미군정 아래에서 모두 41개 대학이 설립되었는데, 일제 치하에서 설립된 경성제국대학인 국립 서울대를 비롯해, 보성·연희·이화전문 등이 고려대·연세대·이화여대 등 종합대학으로 개편되었고, 불교계에서는 동국대를, 지방의 유지들은 부산대학교와 동아대 등을 각각 설립했다. 또 한 부류는 독립운동을 전개했던 김구 등 임시정부 요인들이 세운 대학들인데, 임정 외무부장을 지낸 신익희 선생이 국민대학을, 국무위원이자 부통령을 지낸 이시영 선생이 신흥대학을, 국학자 정인보 선생이 국학대학을, 독립운동가 장형 선생이 단국대학을 각각 세웠다.

그러나 신흥대학은 경희대학으로 재단 이사장이 바뀌고, 국학대학은 우석대로 바뀌었다가 고려대로 편입되었고, 국민대학의 경우 1958년 재단이 바뀌어 창학이념에서 독립정신을 찾아볼 수 없다. 그런 점에서 현재까지 독립운동가가 설립하고 독립정신을 정규 대학강좌에서 가르치는 대학은 단국대학밖에 없는 실정이다. 학교 이름도 남북통일을 위해 단군의 홍익인간 사상과 독립정신을 키워야 한다는 의미에서 단군의 '단(檀)'과 애국의 '국(國)'자에서 딴 것으로 설립자의 신념과 대학의 정체성을 잘 담고 있음을 알 수 있다.

범정(梵亭) 장형(張炯)의 본명은 장세담(張世談)으로 1889년 1월 18일 평안북도 용천에서 인동 장씨 창익(昌益) 진사공(進士公)의 차남으로 태어났다. 그는 9살까지 서당에서 한학을 공부한 후 1905년 8월 사립 동명(東明)중학교에 입학해 1908년 3월에 졸업했다. 이어 그해 4월 서울로 올라와 현 고려대 전신인 보성전문학교(普成專門學校) 법과에 입학했다. 학창시절 그는 도산 안창호 선생과 의암 손병희 선생의 애국사상에 강한 영향을 받았다고 한다.

보성전문학교에서 근대 학문을 접하였지만, 설립자 이용익(李容翊) 선생이 반일 정치인이었던 관계로 학교 교육방침도 배일 민족사상이 주류를 이루었다. 1909년 일제가 대한제국 국권침탈을 노골화하여 학교 운영권도 장악하려하자, 이 학교 학생들이 모두 항거하며 자퇴하거나 학업을 포기하여 단 한명의 졸업생도 배출하지 못하는 초유의 사태를 맞았다. 항일의식이 강했던 장형도 곧 학업을 중단하고 비밀결사인 신민회 회원으로 들어갔다.

일찍이 자금동원의 수완이 남달랐던 청년 장형은 나름 운동자금을 마련해 대한매일신보사의 양기탁과 유동열, 이시영 등에게 독립자금을 제공하였다. 하지만 1911년 1월 일제가 날조한 105인 사건으로 인해 신민회 회원에 대한 대검거 선풍으로 고향인 평안도 인사들이 많은 피해를 당하자, 그는 그해 2월 친지들에게 조차 행선지를 알리지 않은 채 만주로 망명했다. 이 무렵 그는 스승으로 손병희와 안창호에게만 마지막 인사를 드렸는데, 손병희 선생이 그에게 독립운동 자금조달의 중요성을 일깨워주며 이 일을 담당해 줄 것을 당부했다고 한다.

중국으로 망명한 후 그는 후일 남긴 진술대로, 중국 남부에서부터 만주 일대까지 안 가본 데 없이 돌아다녔다는 뜻의 '남선북마(南船北馬)'* 독립군이었다.

* 남선북마: 중국 남쪽에 강이 많아 주로 배를 타고, 북쪽엔 평지가 많아 주로 말을 탄다는 뜻에서 유래된 중국 고사. 사방으로 늘 여행했다는 의미와 바쁘게 돌아다녔다는 뜻을 갖고 있다. 장형 선생의 생전 인터뷰 중 "남선북마 독립군이었다"는 내용은 그런 이름의 독립군 부대에 있었다는 것이 아니라, 독립자금 모집을 위해 중국 곳곳을 바쁘게 돌아다녔다는 의미로 받아들여야 할 것이다.

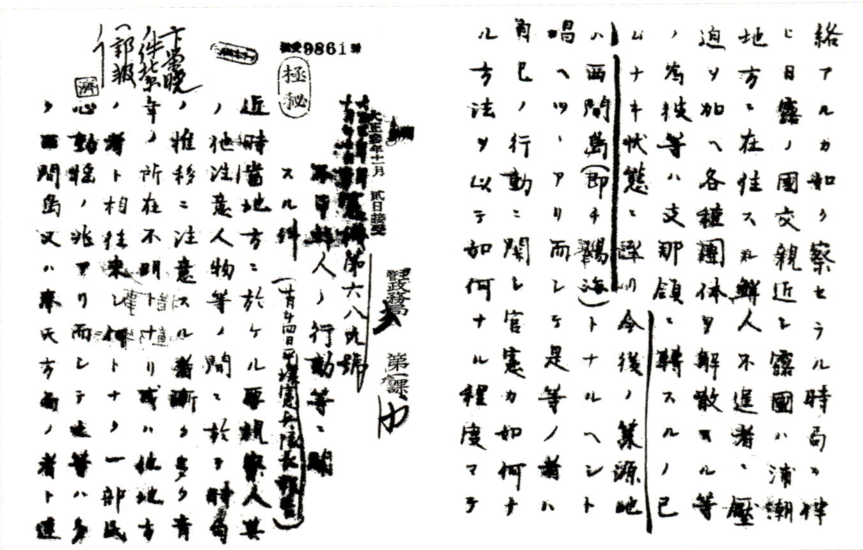

▲ 1914년 10월 24일자 평안헌병대장 보고서. 여기에 장형이 단동을 중심으로 경성·심양을 오가며 독립운동가로 활동한 사실이 나타나 있다.

1914년 평양에 주둔한 일본헌병대 대장이 조선주차헌병대 사령부를 거쳐 조선총독 앞으로 보고한 자료에 의하면, 장형(본명 장세담張世淡)은 항상 서울과 안동현 단동, 심양 등지를 왕복하면서 젊은 동지들을 규합해 독립정신을 고취시키고 국외로 망명시켜 신흥무관학교로 입교시키는 역할을 맡았음을 알 수 있다. 그는 대종교에도 입교하여 중광단(重光團) 등에서 활동한 것으로 보이는데, 망명청년들을 이 곳에 가입시켜 독립군에 편입시켰던 것이다.

장형의 독립군 활동은 무엇보다 군자금 모집에 탁월한 수완을 발휘한 것으로 보인다. 그는 손병희 선생의 유훈에 따라 군자금 조달의 중책을 맡았는데, 1919년 무렵 국내로 들어와 자금을 모집하여 이를 서로군정서의 이극(李極)을 비롯해 정의부에서 재무부장을 맡은 오동진(吳東振), 대한독립단의 전덕원(全德元) 등에게 자금을 전달했다. 또한 신흥무관학교 교관출신으로 대한독립군단에서 활약 중인 오광선(吳光鮮)과 이진산(李震山)을 비롯해 임시정부의 재무총장인 이시영(李始榮)과 재무담당 국무위원인 송병조(宋秉祚) 등에게 군자금을 전달한 것으로 알려졌다.

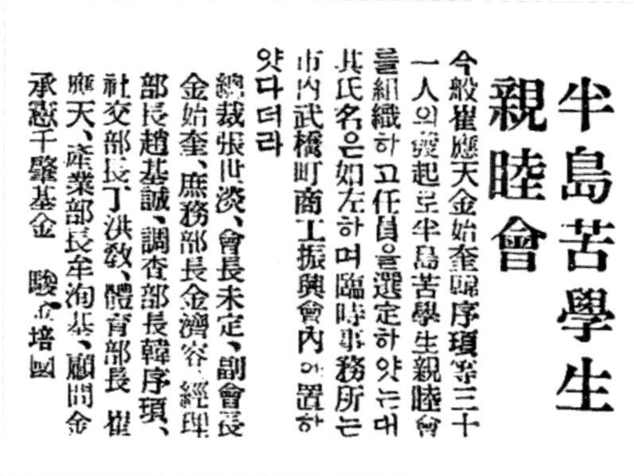
半島苦學生親睦會

今般崔應天金始奎韓序項等三十一人의發起로半島苦學生親睦會를組織하고任員을選定하얏는대其氏名은如左하며臨時事務所는市內武橋町商工振興會內에置하얏다더라

總裁張世淡、會長未定、副會長金始奎、庶務部長金濟容、經理部長趙基誠、調查部長韓序項、社交部長丁洪敎、體育部長 崔應天、產業部長牟洵基、顧問金承懿千肇基金 駿[illegible]培國

▲ 장형(장세담)의 반도고학생친목회 총재 취임을 보도한 ≪동아일보≫ 1921년 8월 20일자 기사.

장형은 군자금을 모집하기 위해 다양한 방법을 동원했다. 그는 우선 1921년 8월 국내에서 반도고학생친목회를 조직해 총재로 취임한 후, 애국계몽을 선전하기 위해 전국 순회 강연을 다녔다. 임정 임시의정원 의원을 지낸 여운홍(呂運弘)과 강봉한(姜鳳漢) 등이 참여한 이 강연단은 전국 각지를 순회하면서 애국계몽적 강연을 한 후, 이에 감동을 받은 청중들로부터 의연금 명목의 자발적 성금을 받은 것이다. 특히 장형은 별도로 상공진흥회장이란 직함을 만들어 자금능력이 있는 지방 유지들과 애국적 경영인들을 결속시켜 독립자금을 모집하는 방법을 활용했다.

장형은 또 스스로 한의 침구술을 배워 침술사로 위장하여 국내외를 오갔다. 그의 한의사 활동은 1916년 무렵부터 약 20년 동안 이어가면서 애국지사들을 접촉하는 수단이 되는 한편, 군자금을 모집하는 방편도 되었다. 이에 일제 경찰은 1930년 9월과 1938년 두 차례에 걸쳐 그를 '유사 의료 행위를 빙자'했다며 구속시켜 버렸다. 그가 심료치료술을 통해 거액을 편취했다는 것인데, 1938년에는 징역 1년형을 언도받게 되었다. 이에 강원도 철원의 거부인 고중권(高重權)과 화성의 박기홍(朴基鴻) 등이 나서 변호인단의 증인으로 나서 풀려날 수 있었다. 특히 그와 혈연동지를 맺은 박기홍은 기꺼이 장형의 자금창구 역할을 맡았으며, 전 재산을 애국동량을 키우는 육영사업에 사용해 달라는 유언을 남기고 해방 직전 사망하였다. 그의 막대한 재산은 후일 미망인 조희재(趙喜在) 여사를 통해 단국대학의 설립 자산으로 활용되었다.

장형은 1927년 2월 중국 길림성 대동문 밖에서 안창호·양기탁에 의해 결성된 농민호조사에 가입한 후, 선만(鮮滿)토지개간주식회사의 사장으로 피선되어 활동하였다. 이 단체는 만주에 이주한 2백만 명에 이르는 한인들의 생활개선을 위해 농업증진과 교육발전, 위생보건의 실현을 목표로 결성되었는데, 길림 부근과 경박호의 대수원을 이용한 대대적인 수전개발 사업도 계획하였다. 하지만 1931년 일제가 만주를 침략하는 9·18사변을 일으키게 되자, 사업은 모두 수포로 돌아가고 말았다.

장형은 1932년경 길림성 반석현으로 이주하여 1945년 11월까지 정미소를 운영하며 군자금을 모았다. 이 지역은 1만여 명의 조선족들이 모여 살면서 친일파들을 숙청하고 일제와 전투를 벌이는 항일 유격대 활동이 활발한 곳이었다. 장형은 이 곳에서 이주 한인들의 긴요한 식량을 생산하는 정미소를 운영하며 군자금을 조달하였는데, 이런 일로 일본군 수비대에게 정미소를 방화당하기도 하였다.

장형은 반석현에서 8·15해방을 맞았다. 그는 곧 심양으로 이동해 중국군 소장 출신으로 임정이 파견한 동북한교 사무처에서 활동 중인 김홍일(金弘壹) 장군을 만나 통행증을 받아 무사히 귀국하였다. 서울로 도착한 장형은 곧 김구 임정 주석과 신익희 외무부장이 추진 중인 국민대학 설립기성회에 참여하였다. 그는 낙원동 서북학회 회관에서 신익희를 쫓아 국민대학 설립에 실무역할을 맡아 일하였다. 또한 그는 1946년 10월 김구 주석과 함께 건국실천원양성소*를 조직하였다.

하지만 국민대학을 설립한 신익희 학장이 1947년 7월 김구 주석과 결별하여 한국독립당을 탈당하고 단독정부 수립을 주장하는 이승만계에 합류하자, 장형은 크게 분노하였다. 그는 자신의 내수동 집을 찾아온 신익희와 크게 다툰 후, 임정의 정신을 계승할 새로운 대학의 설립을 결심하였다. 먼저 조희재 여사가 국민대학에 기부했던 5만 평의 토지를 회수하고 자신의 땅도 팔아 자금을 마련했다.

* 건국실천원양성소: 대한민국 임시정부가 환국한 후 새 조국 건설에 따른 인재의 양성을 위해 서울 용산구 원효사에 설립된 교육기관. 1947년 3월 설립된 이 양성소의 명예소장은 이승만, 소장에 김구 선생이 맡아 독립운동사와 민족문화, 공산주의 비판 등을 강의하였다. 매 기수마다 100명씩 9기까지 배출했다. 김구가 암살된 뒤인 1949년 9월에 홍익대학교에서 원효사를 인수해 해체되었다.

그는 보성전문학교 동기이며 저명한 민족사학자인 장도빈*과 안재홍·안호상과 함께 의논하여 학교이름을 '단국(檀國)'으로 정하였다. 남북으로 갈라진 민족을 통일시키기 위해서는 한민족의 시조인 단군의 건국사상과 애국정신을 바탕으로 민족 동질성부터 찾아야 한다는 뜻에서였다. 이러한 많은 이들의 도움으로 1947년 11월 3일 해방 후 최초의 사립대학인 단국대학이 미군정청으로부터 설립인가를 받게 되었다.

장형은 단국대학을 설립한 목적에 대해 말하면서 "꿈을 실현하기 위함이다"라고 밝혔다. 즉 그는 "김구 주석이 상해 임시정부에서 윤봉길·이봉창 의사 등을 양성한 것처럼, 나도 이 나라를 지키고 이 나라를 이끌고 나갈 지도자를 양성하려고 한 것이다."고 밝혔다. 그는 교수들에게 독립정신을 강조하고 독립운동사를 교육시킬 것을 주문하면서 "독립정신을 헤아리지 못하는 교육은 목적이 없는 활동입니다. 여러 선생께서는 스스로 독립운동사를 읽으시고, 학생들로 하여금 넋으로 받아들이도록 가르쳐 주기 바랍니다."라고 당부하였다.

장형은 김구를 '형님'으로 불렀고, 김구 역시 그는 '아우'라고 불렀다. 신민회 시절부터 시작된 것으로 보이는 두 사람의 관계는 해방 후에도 이어져 1948년 봄 김구가 장형의 집을 방문했을때, 엄항섭·장도빈 등과 단국대 학생들이 함께 찍은 사진이 지금도 전해지고 있다.

장형은 단국대학의 초대 학장으로 민족사학자이며 독립운동가인 장도빈(張道斌) 선생을 초빙하였다. 학과는 정치학부와 문리학부 등 5개과를 설치하고 960명의 학생을 선발해 12월 3일 입학식을 거행하였다. 이후 전문부에서 1948년 6월 25일 첫 졸업생을 배출했는데, 졸업식에는 백범 김구 선생이 직접 참석해 축사를 해주었다.

장형은 1947년 3월 20일 김구 선생이 직접 준비위원장을 맡은 건국실천원양

* 장도빈(1888~1963): 평안남도 중화 출신으로 ≪대한매일신보≫ 논설위원과 주필을 역임했다. 1932년 ≪동아일보≫에 66회에 걸쳐 「조선사」를 연재했다. 해방 후 ≪민중일보≫를 창간하고, 1947년 단국대 초대 학장에 취임했다. 육군사관학교 교수와 서울시사편찬위원 등을 역임했다.

▲ 1947년 단국대학 설립을 격려하기 위해 내방한 백범 선생과 나란히 앉은 장형 이사장. 뒷줄 왼쪽부터 장도빈 초대학장, 엄항섭, 양주동, 김정실, 박정숙 여사.

성소에서 5기 이사장을 맡았다. 자주적 독립국가 건설에 필요한 인재를 양성하기 위해 설립된 이 단체에서 그는 직접 강의도 맡으면서 김구를 도왔다. 그러나 1949년 6월 26일 김구가 암살당하게 되자, 이 양성소도 12월 해체되고 말았다. 장형은 이후 김구 선생기념사업회를 이끌었는데, 이 사업회의 활동은 엄혹한 이승만-박정희 정권의 압력에도 불구하고, 아들인 장충식(張忠植)에게 이어졌다.

장형은 1963년 3월 1일 건국공로 훈장을 수여 받았다. 이어 이듬해인 1964년 12월 30일 조용히 눈을 감았다. 그의 묘소는 수지구 죽전동 단국대학교 내 석주선 박물관 뒤편 언덕에 위치해 있다. 서울 용산구 한남동에 있던 묘소가 2007년 단국대학교의 캠퍼스 이전과 함께 이곳으로 이장된 것이다. 단군성조의 뜻깊은 홍익인간 정신과 남북통일·구국자립의 정신이 서울에 이어 용인땅에서 뿌리내리고 널리 세계만방에 퍼져나가길 고인은 진정 바랄 것이다.

▲ 용인 수지구 죽전동 단국대 안에 있는 장형 선생 묘. 2008년 단국대의 용인 이전과 함께 서울 한남동에서 이전하였다.

장형 선생 묘소

찾아가는 방법

용인 수지구 죽전사거리에서 고가도로 진입해 죽현교차로에서 좌회전 단국대 죽전캠퍼스로 들어와 석주선박물관 뒤편 오른쪽에 위치

주변 볼거리

- ✓ 김세필 묘소(죽전동)
- ✓ 보정동 단대문화의 거리(보정동)
- ✓ 포은아트홀(죽전동)

어록

"도산 안창호는 '배워야 산다'면서 각 지방을 두루 다니며 계몽강연을 하였고, 그 강연을 들은 사람들은 모두 자기 마을에다가 사립학교를 설립하였던 것이네. 내가 단국대학을 설립한 동기도 바로 여기에 있는 것이다. 이 나라 청년 남녀들에게 높은 지식을 가르쳐 이 나라를 세계 일등 국가로 만들기 위한 꿈이 있었기 때문일세."

_『범정언행록』 중에서(1986)

참고문헌

- 범정혜당기념사업회, 『범정언행록』, 단국대학교출판부, 1986.
- 황원영, 『범정의 교육철학』, 단국대학교출판부, 1997.
- 김동환, 『장도빈: 실천적인 민족주의 역사가』, 역사공간, 2013.
- 박성순, 「환국 이후 범정 장형의 사회교육 활동」, 『한국근현대사연구』67, 2013.
- 박성순·한시준·이홍구·문종철·염송심, 『범정 장형의 독립운동과 단국대학 설립』, 단국대출판부, 2014.

눈물 속에서 민족혼을 발견한 용인 시인 _ 홍사용

#16

ㅣ 연보 ㅣ

- 1900년 용인군 기흥구 농서리 151번지에서 대한제국 육군 헌병 홍철유의 독자로 출생
- 1916년 서울 휘문의숙 입학, 18년에 유인물 「피는 꽃」 발간
- 1919년 3·1운동 참가 체포되었다가 석방
- 1922년 나도향·현진건·이상화 등과 함께 『백조』 발간, 토월회 가입 문예부장
- 1923년 '나는 왕이로소이다' 발표, 27년 극단 산유화회 결성해 희곡 연출
- 1928년 『별곤건』에 희곡과 수필 등 발표, 평론 「조선은 메나리나라」 발표
- 1939년 희곡 「김옥균전」을 썼으나 총독부 검열로 중단돼 절필 선언
- 1945년 해방 후 근국청년단 조직해 건국운동 참여, 임정 봉대운동 전개
- 1947년 1월 17일 폐 질환으로 사망

용인시 기흥구 농서동 151번지. 용수골로 알려진 이 곳은 현재 세계인의 눈과 손과 귀를 집중시키고 있는 핸드폰의 주재료인 반도체를 만드는 삼성회사의 대규모 공장들이 둘러싼 자재창고 자리이다. 하지만 이 곳은 암울한 일제 침략시기에 눈물과 순우리말로 민족적 울분을 쏟아내며 저항한 시인 노작(露雀) 홍사용(洪思容)이 태어난 곳이다.

홍사용은 1900년 5월 17일 대한제국 통정대부(通政大夫) 육군헌병(陸軍憲兵) 부위(副尉)로 있던 아버지 남양(南陽) 홍씨 철유(哲裕)와 어머니 한산(韓山) 이씨 한직(韓稙)의 외아들로 경기도 용인군 기흥면 농서리에서 태어났다. 부친이 용인과 화성 일대에 많은 농토를 가진 지주이었고 대한제국 군인이었기에 어린 사용은 남부럽지 않은 환경에서 자랄 수 있었다. 그가 태어난 지 1백일 만에 아버지가 서울 재동으로 근무처를 옮김에 따라 그곳에서 유년기를 보냈다. 아호로는 노작(露雀), 소아(笑啞), 백우(白牛) 등이 있으나, 주로 노작을 많이 사용했다. 별명으로는 돌부처, 대리석, 고양이 등이 있으며 아는 것이 많아서인지 열두박사라고도 불렸다 한다.

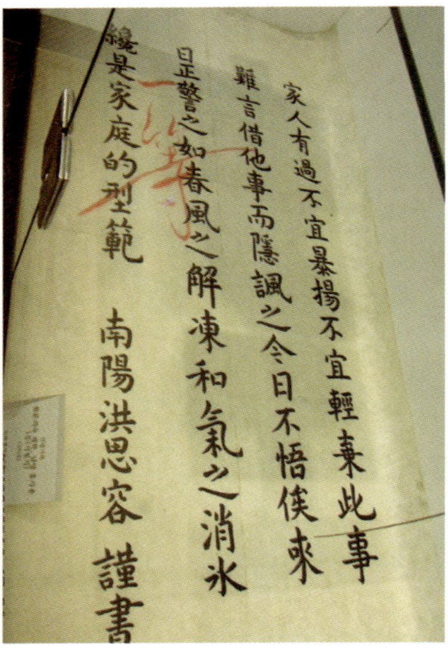

▲ 홍사용이 1916년 서울에서 재학한 휘문의숙에서 받은 1등 시험지(노작문학관 소장).

하지만 8살 때인 1907년 8월 대한제국 군대가 일제의 강압에 의해 해산당하게 되자, 퇴직당한 아버지와 함께 화성 석우리(石隅里, 일명 돌모루)로 낙향하게 되었다. 이어 이미 작고한 백부인 홍승유(洪升裕)의 양자로 들어가 백모를 모시면서 집안에서 한학을 공부하게 되었다. 그리고 13세에 두 살 위의 처자인 원주원씨(原州元氏) 효순(孝順)과 혼인하였다.

17세가 된 1916년 홍사용은 홀로 서울로 상경하여 휘문의숙(徽文義塾-후에 휘문고등보통학교로 개칭)에 입학하였다. 서울 의주로에서 하숙하면서 그는 19살의 나이인 1918년, 훗날 소설가가 되는 1년 후배인 월탄(月灘) 박종화(朴鍾和)*와 사회주의 운동가가 되는 정백(鄭栢, 본명 정지현)**과 함께 유인물 「피는 꽃」을 펴내면서 문필활동을 시작하였다.

휘문고등보통학교를 졸업하던 해인 1919년 3·1운동이 일어나자, 홍사용은 서울에서 적극 만세운동에 참여하였다. 만세운동 도중 일제경찰에 체포되었으나, 나이가 어리다는 이유로 곧 풀려났다. 이후 그는 정백과 함께 낙향하여 은신하였는데, 당시의 참담한 심경을 다음 시에서 살펴볼 수 있다.

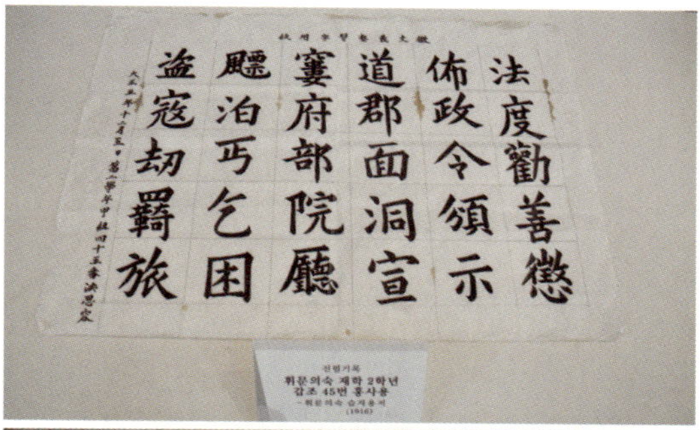

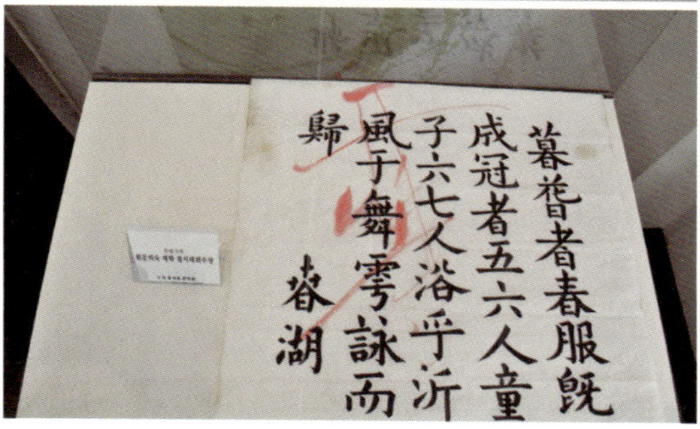

▲ 홍사용의 휘문의숙 재학당시 기록 1916년(상), 경시대회 수상한 친필기록(하)(노작문학관 소장).

> "… 돌아다보아도 우리 시고을은 어디멘지 / 꿈마다 맺히는 우리 시고을 집은 어디 메씀이나 되는지 / 떠날 제 '가노라' 말도 못해서 만날 줄만 여기고 기두르는 커다란 집 / 찬 밤을 어찌 다 날도 새우는지… 〈중략〉 … 퍼런 풀밭에서 방긋이 웃는 이 계집아해야 / 무궁화 꺾어 홀리는 그 비밀을 그 비밀을 일러라 / 귀 밑머리 풀기 전에-"(「푸른 언덕 가으로」 부분)

---

* 박종화(1901~1981): 서울 출생으로 1920년 휘문의숙을 졸업했다. 1921년 『장미촌』 창간호에 시를 발표한 이래, 『백조』 동인으로 홍사용과 함께 활동했다. 소설가·수필가로도 활동했으며 해방 후 우익 진영의 대표로서 한국문화가협회 초대 회장을 역임했다.

** 정백(1899~1950): 강원도 철원 출신으로 서울 양정고보를 졸업했다. 1923년 고려 공산동맹 만주지부인 간도총국에 관여했으며, 3차 조선공산당 중앙간부로 활동하다가 체포되었다. 해방 후 장안파 조선공산당의 지도자로 활동했으며, 민주주의 민족전선 중앙위원을 역임하였다. 1949년 전향선언을 발표해 국민보도연맹 명예 간사장을 지내다가 한국전쟁 때 북한 정치보위부에 의해 총살당했다.

이 시의 표면적인 의미는 잃어버린 고향에 대한 그리움이다. 그런데 그 그리움은 일반적인 향수가 아니다. 시적 화자도 고향을 그리워하고 있지만, 시골집 또한 간다는 말도 못하고 떠난 사람을 기다리고 있다고 하여 그리움과 기다림의 절실함을 강조하고 있다. 또한 시적 화자는 시골집이 나의 집이 아니라 우리의 집이라고 표현함으로써 시골집이 있는 고향은 개인의 고향이 아니라 잃어버린 조국임을 은연중에 드러내고 있다. 때문에 '무궁화 꺾어 홀리는 비밀'이 가지고 있는 함축적 의미는 독립에의 의지라고 할 수 있다. 3·1운동을 직접 체험한 문학청년 노작의 가슴속에는 일제에 대한 저항의지가 굳건하게 자리잡고 있는 것이다.

1920년 서울로 다시 돌아온 홍사용은 월탄 박종화와 정백 등과 함께 잡지사인 서광사(曙光社)를 만들어 『문우(文友)』라는 잡지를 창간하고, 여기에 「커다란 집의 찬 밤」이란 시를 발표하였다. 청년 홍사용의 참 문학은 동인지 『백조(白潮)』를 통해 피어나기 시작했다. 그는 재종형 홍사중(洪思仲)을 설득하여 문화사(文化社)를 설립하고, 사상 잡지 『흑조(黑潮)』와 함께 『백조』를 발간하려고 했다. 하지만 일제 관헌의 방해 공작으로 사상 잡지는 끝내 발간하지 못하고, 나도향·현진건·이상화 등과 함께 문학동인지인 『백조』만을 3호까지 발간하게 되었다.

▲ 1920년 나도향 등과 함께 발간한 백조 창간호.

『백조』의 문학적 경향은 '병적 낭만주의'라는 오늘날 문학사의 지적과 같이 3·1운동의 실패로 인한 비극적 세계관의 반영이라고 할 수 있다. 『백조』에 실린 「백조는 흐르는데 별 하나 나 하나」 등의 작품들은 대부분 속된 현실에서의 도피, 꿈과 죽음의 세계에 대한 경사, 잃어버린 고향에 대한 그리움 등을 주조로 하고 있기 때문이다.

하지만 『백조』가 궁극적으로 열망하고 있는 것은 암울한 식민지 현실에 대한 저항이었고 새로운 독립국가의 건설이었다. 창간호의 후기인 「육호잡기」(1922.1)에서 현재의 빛은 낡고 퇴색되었기 때문에 새로운 이의 부르짖음이 절실함을 밝히고 있다. 1923년 9월에 발간된 『백조』 3호에 홍사용은 저 유명한 시인 「나는 왕이로소이다」를 발표한다.

> "나는 왕이로소이다 / 어머님의 가장 어여쁜 아들 / 나는 왕이로소이다 / 가장 가난한 농군의 아들로서… / 그러나 시왕전(十王殿)에서도 쫓기어난 눈물의 왕이로소이다… / 〈중략〉 / 아아, 뒷동산 장군 바위에서 / 날마다 자고 가는 뜬구름은 / 얼마나 많이 왕의 눈물을 싣고 갔는지요 / 나는 왕이로소이다 / 어머니의 외아들 / 나는 이렇게 왕이로소이다 / 그러나 그러나 / 눈물의 왕! / 이 세상 어느 곳에든지 / 설움이 있는 땅은 / 모두 왕의 나라로소이다."

이처럼 시인 홍사용은 현재의 식민지 조선이 억압과 수탈 가득한 설움의 땅이고, 그 세상에 살고 있는 자신은 눈물의 왕일 수밖에 없다며 울부짖고 있다. 그는 일제 강점기의 암담한 현실을 한탄하면서 식민지 지식인의 비애를 자조적인 어조로 노래하고 있다. 이무렵 홍사용이 쓴 수필은 시와 달리 날카로운 현실인식을 보여주고 있다. 서울에 관한 다음과 같은 통찰은 더욱 그러하다.

> "서울은 왜 이러하냐. 왜 이리도 답답하고 괴로웁고 쓸쓸하고 드러웁고 망칙스러우나. … 〈중략〉 … 이름만 그저 조하서 살기 조흔 한양산천인지, 광천 청계천에는 더러운 구정물이 검게 검게 썩는다. 지릿내 구릿내, 모기 빈대, 아아 서울이 다 망한다 하드라도 서울의 빈대는 업서지지 아니하랴는지. 병에는 전염병, 나날이 새로운 병명만 늘어가는 곳은 서울이니, 수구문은 저절로 제멋대로 변하야 시거문이 되어 버렸다… 〈중략〉 … 서울 성중에는 어느 동내 누구이 집에인지는 몰라도 가장 지악한 독약을 감추어 두엇는 것이다. 그래 그 약의 독기는 안개 가티 몽롱하게 품기여 골목골목 집집마다 한군대도 빼어노치 안코 삿삿이 차저 단인다. 그러하야서 그 독기는 걸니는 사람이면은 아모든지 모조리 고치지 못할 깁흔병이 든다."(「그리움의 한묵음」, 『백조』 3호)

'빈대'와 '독약'이 가지는 은유를 통하여 노작은 일제강점기의 모순적인 상황을 정확하게 표현하고 있다. 이렇듯 홍사용의 현실인식은 도피나 외면의 낭만주의와는 다른, 비판적이면서도 현실주의적이었다. 그러면서도 그는 민요에 큰 관심을 보였는데, 전통 율조와 민요시로 민족정서의 명맥을 잇고자 했다.

『백조』에서 눈물과 낭만의 세계를 노래했던 홍사용은 1923년 가을 토월회(회장 박승희)에 가담해 문예부장직을 맡아 직접 서양극을 번역하는 한편, 직접 「회색(灰色)의 꿈」이란 연극의 연출가로 활동했다. 나아가 그는 1924년 자작 연극인 「산유화〉를 상연하는 한편, 이듬해에는 「무정」과 「추풍감별곡」을 각색해 상연하였다. 또 1927년에는 박진, 이소연 등과 극단 '산유화회'를 조직해 연극 운동을 벌이게 된다. 산유화회에서 홍사용은 창립 공연으로 1927년 5월 조선극장에서 「향토심」과 「소낙비」를 상연하였다. 잡지 간행과 극단 운영에 전 재산을 털어 매진하였지만, 일제의 간섭과 대중들의 이해부족 등으로 성공을 거두지는 못하였다.

하지만 홍사용은 곧 한국문학사뿐 아니라 민요연구에 중요한 맥을 이루는 평론인 「조선은 메나리나라」를 잡지 『별건곤』12·13호(1928년 5월)에 발표한다. 이 평론에서 그는 민요를 빌어 한민족의 넋과 정체성에 대한 강한 신념을 피력하였다.

> 이제 조선이 다- 거지다 되었더라도, 그 보물만은 어느 때든지 거부자장일 것이다. 또 다른 걱정이 무어야. 그것을 가진 우리의 목숨은 살았다… 〈중략〉 … 그것은 우리로서는 아주 알기 쉬운 것이다 싸고도 비싼 보물이다. '메나리'라는 보물! 한자로 쓰면 조선의 민요, 그것이란다… 〈중략〉 … 메나리는 글이 아니다. 말도 아니요 또 시도 아니다. 이 백성이 생기고 이 나라가 이룩될 때 메나리도 저절로 따라생긴 것이니, 그저 그 백성이 저절로 그럭저럭 속 깊이 간직해 가진 거룩한 넋일 뿐이다… 〈중략〉 … 우리 마음의 거문고가 우리의 마음속에서 절로 울려 여지는 그 까닭이다. 우리는 메나리 나라 백성이다. 메나리 나라로 돌아가자. 내 것이 아니면 모두 빌어온 것뿐이다. - 〈조선은 메나리나라〉,『별건곤』12·13호(1928년 5월)

▲ 1923년경 토월회 공연을 마치고 단원들과 함께 찍은 사진. 2열 가운데 정장 차림으로 가슴에 꽃을 단 이가 홍사용 시인(노작홍사용문학관 제공).

그러면서 그는 "흔한 '양시조', 서투른 언문풍월(彦文風月), 도막도막 잘 터놓는 신시(新詩) 타령, 그 것은 다 무엇이냐"고 비판하며 어색한 '앵도장사'는 "차라리 제 멋의 제 국으로나 놀아라"고 일갈하였다. 이처럼 홍사용은 메나리*라는 민요를 통해 한민족 고유의 정서인 한(恨)과 율조를 통해 민족주의 이념을 표출하고 있다. 민요에 대한 그의 애정과 신념은 후일 「붉은 시름」과 「각시풀」(1938) 등의 연작시로 나타난다.

1928년 무렵 그는 입원환자의 운명을 그린 「할미꽃」(1928.1월)과 한 가난한 가족이 섣달그믐에 겪는 사건을 그린 「제석(除夕)」과 「벙어리 굿」, 그리고 이차돈의 순교를 내용으로 하고 있는 「흰젓」, 싯달타의 출가를 그린 「출가」 등의 작품을 창작하였다. 「제석」은 일본 유학까지 갔다 왔지만 자신의 소신을 굽히지 않고 궁핍하게 살아가는 주인공 '이인식'을 통하여 일제에 대한 저항의식을 드러내고 있는

* 메나리: 강원도와 경상도, 충청도 일부 지방에서 전승되는 민요. 농부들이 김을 매며 부르는 노동요의 하나로 일명 '미나리'라고도 한다. 매우 구슬프고 처량한 느낌을 주는 민요로서, 경상도의 '얼사영', 충청도의 '산유화', 전라도의 '산야', 강원도 강릉의 '오독떼기'와 비슷하다.

작품이다. 홍사용의 이런 주제 의식은 「벙어리 굿」에서 집약되는데, 종로의 종이 울리면 독립한다는 소문을 들었다가 기다리는 동안의 일을 그린 이 작품은 초교 상태에서 일제의 검열에 걸려 전문 삭제와 함께 압수당하고 만다.

홍사용은 『백조』 발간과 연극 활동에 대한 자금 조달로 결국 가산을 탕진하고 평생의 친구인 박진의 집에서 머물다가 병을 얻어 각혈을 하기 시작하였다. 그 후 홍사용은 전국을 떠돌며 유랑하다가, 둘째 부인 황숙엽(黃淑燁)을 만나 서울 자하문 밖 세검정(洗劍亭)에서 동거하게 되었다. 박진은 당시의 그의 방랑에 대해 말하길, "김삿갓 아닌 홍삿갓이 되어 동가식 서가숙이요, 시 한 수에 술 한잔으로 팔도강산을 미투리 한 켤레와 화류목단장으로 마을이고 절이고 발 닿는대로 답파했다"고 회고했다.

다행이 둘째 부인의 도움으로 『新朝鮮』·『月刊每申』지에 시조 「한선(寒蟬)」과 민요조시 「월병(月餠)」을 발표했다. 그리고 둘 사이에 셋째딸이 태어나 가난하지만 단란한 가정을 꾸렸다. 이 곳에서 그는 한방의학을 공부하여 근근히 생계를 유지하며 문필활동을 이어갔다. 즉 1936년 1월 「명성(明星)이 빛날 제」 예천좌 공연에 이어 9월 산문으로 「백조시대에 남긴 여화(餘話)」를 『朝光』지 11호에 발표하였다.

그러던 중 중일전쟁을 일으킨 일제와 조선총독부가 1939년 홍사용에게 희곡 「김옥균전(金玉均傳)」을 쓰도록 강요하였다. 하지만 홍사용의 작품이 자신들의 기대에 미치지 못하자, 그의 주거를 제한하면서 사상검열을 감행해 친일 작품으로 유도하려 하였다. 홍사용은 이를 거부하고, 절필을 선언했다. 이후 그는 작품을 쓰지 못한 채, 전국의 사찰을 순례하면서 불경 연구에 힘썼다. 또 해방 직전인 1944년 경 전라도 강경과 전주 등지에서 교편을 잡은 적도 있으나, 곧 그만두고 유랑길을 떠났다고 한다.

드디어 1945년 8월 홍사용이 고대하던 해방이 찾아왔다. 이에 그는 가슴에 품었던 웅지를 펼치고자 근국청년단(槿國青年團)을 조직하여 임시정부 봉대운동에 참여하였다. 하지만 오랜 방랑과 투병생활로 폐질환을 얻어 병석에 눕게 된다. 그럼에도 젊은이들과의 술자리를 좋아하여 임정 행사와 청년들의 건국운동에는 꼭

▲ 화성시 동탄면 석우동에 위치한 노작공원의 시(좌)와 작가연보(우).

참석해 격려하였다고 한다.

결국 1947년 1월 4일 서울 마포구 공덕동 첫째 부인의 큰아들 집에서 48세의 나이로 세상을 등지게 된다. 그의 유해는 경기도 화성시 동탄면 석우리 묵실(墨室) 불당골에 묻혔다. 현재 화성시 석우동에는 그의 호를 따 만든 노작공원이 있고 그의 작품 세계를 소개하고 유물을 전시하는 '노작홍사용문학관'이 들어서 있어 지역주민들의 쉼터인 동시에 문학나눔터 역할을 톡톡히 하고 있다.

▲ 화성시 동탄면 석우동에 위치한 노작홍사용문학관 전경.

▲ 노작문학관 카페(좌)와 노작문학상 수상 작품집 2001~2010년(우).

현재 홍사용이 태어났던 용인의 생가에는 아무런 흔적이 남아 있지 않았을 뿐 아니라, 이 일대는 목가적인 농촌의 모습마저 잃어버렸다. 세계인에게 잘 알려진 첨단 디지털 단지가 그의 이름을 대신하고 있지만, 울분과 방랑 속에서도 민족문학의 꿈을 놓지 않았던 시인의 숨결을 느낄 수 없다는 것은 안타까운 일이 아닐 수 없다. 내 가까운 삶의 결에 시인의 아름다운 꿈과 미소가 있다는 것은 무엇보다 바꿀 수 없는 행복을 주기 때문이다.

▲ 용인 기흥구 농서동 151번지인 홍사용의 생가터.

▲ 화성시 동탄면 석우리에 자리한 홍사용 묘와 시비.

홍사용 생가 터

찾아가는 방법

- 🚗 용인 신갈오거리에서 오산 방향 도로 → 화성 동탄면 이전 삼성전자 방향 우회전 → 농서1리 노인정 옆 용수골

노작홍사용문학관

찾아가는 방법

- 🚗 동탄, 기흥IC에서 동탄신도시 반석산 석우중학교 옆 노작공원 내
- 🚌 병점역 27번 마을버스 동탄 동사무소 앞 하차

어록

"나는 왕이로소이다 / 어머님의 가장 어여쁜 아들 / 나는 왕이로소이다 / 가장 가난한 농군의 아들로서… / 그러나 시왕전(十王殿)에서도 쫓기어난 눈물의 왕이로소이다… / (중략) / 아아, 뒷동산 장군 바위에서 / 날마다 자고 가는 뜬 구름은 / 얼마나 많이 왕의 눈물을 싣고 갔는지요 / 나는 왕이로소이다 / 어머니의 외아들 / 나는 이렇게 왕이로소이다 / 그러나 그러나 / 눈물의 왕! / 이 세상 어느 곳에든지 / 설움이 있는 땅은 / 모두 왕의 나라로소이다."

_ 1923년 9월, 『백조』3호에 발표한 〈나는 왕이로소이다〉 중에서

참고문헌

- 『백조』 1,2,3호, 1923년
- 백철, 『조선신문학사조사』, 수선사, 1948
- 오세영, 『한국 낭만주의 시 연구』, 일지사, 1981
- 김학동 편저, 『홍사용 전집』, 새문사, 1985
- 박숙현, 「노작 홍사용 탄생 100주년기념 생가를 찾아서」, 『용인문학』제4호, 2000.
- 노작문학기념사업회 편, 『홍사용전집』, 뿌리와 날개, 2000.
- 이문창, 『해방공간의 아나키스트』, 이학사, 2008.
- 윤진현, 「연극인 홍사용 연구」, 『민족문학사연구』55, 2014.

이제는 넘어서야 할 식민사학의 거산 _ 이병도

#17

| 연보 |

- 1896년 용인군 이동면 천리에서 충청수군절도사 이봉구의 5남으로 출생
- 1914년 보성전문학교 법률과 졸업, 4월 도쿄 와세다대학 고등예과 입학
- 1919~24년 중동학교, 중동야학교, 경신학교 교사(지리·영어·역사 등)
- 1925~45년 조선총독부 조선사편수회 촉탁 · 수사관 역임, 중앙불교학교·이화여자전문학교 강사, 1934년 진단학회 조직 및 학보간행(~41년)
- 1945년 해방 후 진단학회 재건, 학보 발간, 12월 경성대학 법문학부 교수 취임
- 1946년 국립서울대학교 문리과대학 교수, 중앙도서관장 보임
- 1950년 국방부 정훈국 전사편찬위원장, 1952년 서울대 문학박사 학위 수여.
- 1960년 4월 하정과도내각 문교부장관 선임(~8월), 대한민국학술원 회장 선임
- 1961년 서울대학교 정년퇴직, 국민대학교 학장, 성균관대학 대동문화연구원장
- 1980년 국정자문위원 위촉, 1984년 수필집 『나의 인생관』 출판
- 1989년 8월 10일 94세로 사망

2013년은 한국 역사학자들에게 비난과 상처를 안겨주었을 뿐 아니라 학자적 자괴감을 갖게 한 '치욕의 해'로 기억될 성 싶다. 국정원과 군의 대통령 선거 개입이 폭로되는 와중에 집권을 시작한 박근혜 대통령이 연초부터 국사과목을 수능필수과목으로의 채택을 강행하더니만, 식민지 근대화론과 이승만·박정희 친일 독재를 공공연히 찬양하는 교학사의 국사 교과서가 교육부 검인정 심의를 통과하였다. 기다렸다는 듯이 집권여당 대표가 당내에 역사 교실을 만들어 국회의원들에게 뉴라이트 학자의 강연에 박수치게 하였고, 깨인 시민과 학생들에 의해 교학사 교과서의 채택률이 0%에 이르는 참패를 당하자 다시 교육부가 나서 국사 교과서의 국정 교과서 체제를 추진하고 있다.

'2013년 한국 역사전쟁'을 일으킨 일부 학자들은 지금껏 '자학사관'과 친북 성향을 가진 학자들이 '건국의 아버지'인 이승만 초대 대통령과 근대화 신화를 이룬 박정희 전 대통령의 업적을 폄하하였으니, 이의 명예를 되살려야 한다고 주장한다. 하지만 그들이 만든 교학사 교과서 내용의 전반에는 한국의 역사가 외세의 식민지배 속에서 태어나 당쟁과 분열을 먹고 자라났으며, 일본의 '보호'와 '지도'를 받아 겨우 번영의 기틀을 만들게 되었다는 식민지 근대화론을 고스란히 담고 있다. 이 식민지 근대화론의 원조, 식민사학의 태두로 꼽히는 학자가 용인 출신이며 용인에 묻힌 이병도(李炳燾) 박사이다.

이병도 박사는 민족문제연구소가 편찬한 『친일인명사전』에도 수록되어 있는 대표적인 역사학자이다. 하지만 그의 주장은 2014년 현재 중·고등학교 국사 교과서 안에 단단히 박혀있을 뿐 아니라, 국사편찬위원회와 동북아역사재단 등 국가기관의 공식기관 편찬물에도 충실히 반영되어 있다. 2013년 동북아역사재단이 10억 원의 국고를 들여 미국 하버드대학의 한국학연구소에 제작을 의뢰해 만든 책자가 고조선을 멸망시킨 한나라의 4군이 한반도 내에 있었다는 내용이었다는 것은 그 슬픈 자화상이다. 뿐만 아니라 한국사학계에서 가장 오래된 학회인 진단학회(震檀學會)에서 그의 호를 딴 '두계 학술상'을 제정해 2012년까지 31회에 걸친 수상자를 배출하였으며, 2013년 12월 그의 학문세계를 조망한 학술대회가 열릴 정도로 역사학계에 남긴 족적이 지대하다. 무엇이 그를 '식민사학의 대부'와 '국사학계의 태두'라는 전혀 상반된 평가를 낳게 하였는가. 그가 남긴 무엇을 기억해야 하고 넘어서야 할 산은 무엇인가.

▲ 용인 처인구 삼가동(고등골)에 위치한 이병도 부친묘.

두계(斗溪) 이병도(李丙燾)의 본관은 우봉(牛峯)으로 호서수군절도사 이봉구(鳳九)의 둘째 부인인 나주김씨의 5남으로 태어났다. 아이러니하게도 이병도의 가계와 성장의 비밀은 용인시 삼가동(고등골) 야산 아래에 있는 부친 이봉구의 묘비가 많은 부분을 밝혀주고 있다. 묘비명에 의하면, 이봉구는 고종 대에 충청수군절도사를 지냈는데, 1894년 동학군을 토벌하러 나갔다가 변을 당해 죽었다고 적혀 있다. 그는 첫째와 둘째 부인으로부터 5남 3녀를 두었다.

1896년 9월 20일 경기도 용인군 이동면 천리(노곡리)에서 둘째부인인 나주김

▲ 호서수군절도사인 부친 이봉구의 묘비석(좌). 묘비명에 5남 이병도는 '수사관'으로 적혀 있다.(우)

씨의 5남으로 태어난 이병도는 어려서 한학을 배우다가 1907년 여름 서울로 올라왔다. 곧 운니동에 설립된 한성 보광학교(普光學校)에서 들어갔다가 이듬해 3월 사립 중동학교(中東學校)를 졸업했다. 15세가 되던 1910년 당시 16세의 나이로 신학문을 배운 처자 조남숙(趙南淑, 육군참장 조성근의 장녀)과 혼인한 후 보성전문학교 법률학과에 입학하였다.

이병도는 1914년 3월 보성전문학교를 졸업했지만, 법률학과에는 큰 관심을 갖지 못한 것으로 보인다. 대신 역사에 관심을 갖게 되었는데, 국제공법학에서 찾아볼 수 있는 역사적 사례들을 공부하면서부터이다. 그는 곧 1915년 4월 일본으로 건너가 와세다(早稻田)대학 고등예과에 입학하여 1916년 7월 예과를 수료했다. 이어 두달 후에 와세다대학 문학부에서 그는 동양사와 서양사·일본사·사회학 등이 함께 합쳐진 사학급사회학과(史學及社會學科)에 들어갔다.

이병도는 애초 서양사를 전공하려 했으나, 일본사의 권위자였던 요시다 도오고(吉田東伍)*와 쓰다 소우기치(律田左右吉)**의 영향을 받아 조선사연구로 방향을 바꿨다. 요시다 교수는 1893년 고대 일본 열도와 한반도의 관계에 대해 서술한 『일한고사단(日韓古史斷)』이란 책을 발간하였는데, 이 책에는 일본과 한국이 같은 조상을 갖고 있다는 일선동조론(日鮮同祖論)***을 담고 있어 일제 식민주의자들의 침략행위를 정당화시켜 주고 있다. 이병도는 이러한 그를 '나의 생애에 가장 많은 영향을 준 분'으로 기억하면서 그의 연구에 큰 자극을 받아 역사연구의 길로 접어들었다고 회고록에서 밝히고 있다. 그는 요시다가 죽은 이후 뒤를 이은 쓰다 소우기치와 도쿄제대(東京帝大)의 이케우치 히로시(池內 宏)에게서 본격적으로 역사연구 방법

* 요시다 도오고(? ~ ?): 독학으로 일가를 이룬 재야사가 출신으로 역사지리와 생활사 등 업적을 남겼다. 『大日本地名辭書』과 『日韓古史斷』을 저술했다.

** 쓰다 소우기치(1873~1961): 일본 고대사학자로서 일본사서인 『古事記』(712년)와 『日本事記』(720년) 등 일본 고대기록을 믿을 수 없다고 비판해 대학으로부터 추방당했다.

*** 일선동조론: 19세기 말 도쿄제국대학에서부터 시작된 식민사관의 하나로, 본래 한국과 일본은 같은 민족으로 조상이 같으니, 조선이 일본의 보호와 도움을 받는 것은 당연하다는 논리이다. 이 주장은 한국 민족의 독자성을 부정하고 일본의 식민지배를 당연시 여기는 것으로 내선일체(內鮮一體)의 근거로 이용되었다. 이에 신채호와 정인보 등은 일본과 뚜렷이 구분되는 조선문화의 독자성과 우수성을 강조하였다.

론을 배웠다. 그리고 졸업논문으로 『고구려의 대수·당전쟁에 대한 연구』를 썼다.

1919년 7월 일본 와세다 대학 사학과를 졸업한 이병도는 귀국 후 중앙학교(현 중앙고등학교)에서 역사와 지리·영어를 가르치는 교사로 재직하였다. 이듬해 7월에는 김억·나혜석·염상섭 등과 함께 잡지 『폐허』를 창간해 문인으로 활동하기도 하였다. 그러던 중 이병도는 1925년 8월 이케우치 히로시의 소개로 조선총독부 중추원에서 주관하는 조선사편수회에 수사관보로 임명되었다.

1922년 12월 조선총독부 직속으로 만들어진 조선사편수회는 식민사학 전파의 선봉장 역할을 한 이마니시 류(今西龍)와 구로이타 가쓰미(黑板勝美)·이나바 이와키치(稻葉岩吉) 등이 책임을 맡고 있었다. 이마니시는 1921년 「단군고」라는 논문을 통해 단군조선을 단순한 신화에나 나오는 원시부족 사회였으며 그 중심영역도 한반도 북부 대동강 일대라는 주장을 폈으며, 이나바 역시 진(秦)나라 만리장성의 동쪽 끝이 지금의 조선 황해도 수안(遂安)의 경계에서 시작되었다는 내용의 「낙랑군 수성현 및 진 장성 동단에 관한 고찰」을 발표한 식민사관의 창시자들이었다.

조선총독부는 민족주의 역사가인 박은식이 1915년 『한국통사』와 『한국독립운동지혈사』 등을 발간해 한국인들의 독립열기를 고양시키자, 이에 위협을 느낀 나머지 한국인이 예로부터 독립할 능력이 없는 민족이라며 역사를 재작성하고, 일본과 조선인이 한 뿌리로서 합병되는 것이 당연하다는 역사관을 만들고자 하였다. 1923년 6월 개편된 조선사편수회는 강의록인 『조선사강의』를 간행한 데 이어, 일반사 부분을 『조선사대계(朝鮮史大系)』로 묶어 1927년 5권으로 간행했다. 이어 1938년까지 『조선사』37권, 조선사료총간 20종, 조선사료집진 3권을 간

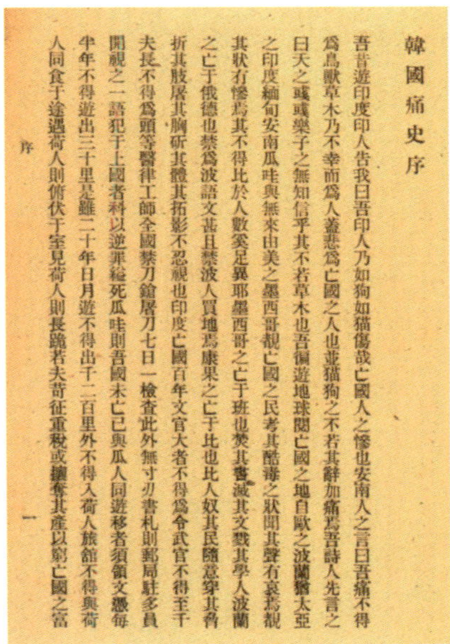
韓國痛史序

吾昔遊印度印人告我曰吾印人乃如狗如猫傷哉亡國人之慘也安南人之言曰吾痛不得爲鳥獸草木乃不幸而爲人蓋悲爲亡國之人也並猫狗之不若其辭加痛焉吾詩人先言之曰天之蔑蔑樂子之無知信乎其不若草木也吾徧遊地球閱亡國之地自歐之波蘭猶太亞之印度緬甸安南瓜哇與無來由美之墨西哥覩亡國之民考其酷毒之狀聞其聲有哀焉覩其狀有慘焉其不得比於人數奚足異耶墨西哥之亡于班也焚其書滅其文戮其學人波蘭之亡于俄德也禁爲波語文甚且禁波人買地焉康果之亡于比也比人奴其民隨意穿其脅折其肢屠其胸斫其體其拓影不忍視也印度亡國百年文官大者不得爲令武官不得至千夫長不得爲頭等醫律工師全國禁刀鎗屠刀七日一檢查此外無寸刃書札則郵局駐多員開視之一語犯于上國者科以逆罪縊死瓜哇則吾國未亡已與瓜人同遊移者須領文憑每半年不得遊出三十里是雖二十年日月遊不得出于二百里外不得入荷人旅館不得與荷人同食于途遇荷人則俯伏于室見荷人則長跪若夫苛征重稅或攘奪其産以窮亡國之富

序 一

▲ 박은식의 〈한국통사〉 서문 (1915년).

행하였다. 편수회는 일제의 식민지 지배에 유리하고 필요한 부분만 선택해 수록하였을 뿐 아니라, 외세의 침략과 영향을 과장되게 서술하여 한국사가 고대에서부터 외세의 지배로부터 출발하였다고 주장했다. 나아가 조선 사회가 일본의 지배이전까지 부패와 무능력으로 정체되어 있었다는 주장을 담았다.

이러한 식민사관의 총본부인 조선사편수회에 들어가기 위해 31세 장년의 이병도가 교직을 버렸다는 사실은 일본 스승의 가르침에 따라 식민사관을 충실히 수행하겠다는 의지의 표명이라 할 수 있다. 그동안 이병도의 모든 공식 연보에는 '조선사편수회 촉탁' 또는 '수사관보'에 근무한 것으로 되어 있지만, 아버지인 이봉구 묘비명에는 분명 그를 '수사관(修史官)'이라 명기하고 있다. 따라서 그가 일제의 식민사관 총본부에서 단순한 조선인 보조 역할만 한것이 아니라, 공식 직책을 받아 실무 제작에 참여했음을 알 수 있다.

실제로 이병도는 이마니시 류와 함께 『조선사』제1편 「신라통일 이전」과 제2편 「신라통일시대」, 제3편 「고려시대」의 편찬을 담당했다. 그리고 조선사편수회 소속 학자들의 공동연구기관인 조선사학동고회(朝鮮史學同攷會)의 편찬원을 맡았고, 이어 1930년 조선총독부 간부들이 조직한 청구학회(靑丘學會)의 위원을 지냈다. 1933년부터 1943년까지 중앙불교전문학교 강사로서 조선유학사를 강의한 이병도는 이화여자전문학교에도 사학강좌를 맡아 가르쳤다.

이병도는 조선사편수회에서 일본 스승들의 총애와 가르침을 받으면서 활발한 연구성과를 발표하였다. 처음 조선 유학사에 관심을 두고 「이율곡의 입산동기」를 밝힌 논문을 조선사편수회에서 발행한 『조선사학』 창간호에 발표하였지만, 곧 일본 스승의 지도에 따라 고대사 연구에 착수했다. 그의 회고 대로 일본인 스승들이 "정치적 요구와 학문적인 호기심으로 한국과 만주에 걸친 역사지리에 관한 조사사업에 대한 필요성 때문"에 고대사 연구를 독려했기 때문이다. 그는 중국 한나라의 고조선 침략에 이은 사군(四郡) 설치에 관심을 갖고 「진번군고(眞番郡考)」(1927년)과 「현도군과 임둔군고(玄菟郡 及 臨屯郡考)」(1930년)을 발표한 데 이어 「고려삼소고(高麗三蘇考)」 등 여러 편의 논문을 발표하여 적지 않은 반향을 일으켰다. 그의 연구 목록을 보면, 1926년부터 1933년까지 16편의 논문을 발표한 것을 알 수 있다.

하지만 일본인 학계에서는 이병도를 비롯한 한인 학자들의 연구를 탐탁치않게 여긴데다, 모든 고대사 관련 자료와 발굴 성과를 독점하며 경계하였다. 이에 여러 차례 일본인 학자들에게 연구와 관련한 부당한 제재와 모욕을 당한 이병도는 급기야 한국인들만으로 구성된 학회의 창설에 나서게 되었다. 즉 1934년 5월 7일 고유섭(高裕燮)·김상기(金庠基)·이선근(李瑄根) 등과 함께 한국인들만의 연구단체를 만들자는 취지에 따라 진단학회(震檀學會)*를 창립한 것이다. 이병도는 발기인으로 참여해 상무위원에 선임되었고 학회지의 편집위원(편집인) 겸 발행인을 맡았다.

한인 중심의 학회지로 발간된 『진단학보』는 다행이 전문적인 내용을 담은 탓에 일제 사법 당국의 검열에서 큰 문제를 겪지는 않았다. 다만 재정적인 어려움이 따랐지만, 동아일보사 사장인 김성수(金性洙) 등 찬조위원의 도움을 받은 덕에 1943년 14집까지 학보를 발간할 수 있었다. 이 잡지를 통해 이병도는 삼국시대 이전을 다룬 「삼한문제(三韓問題)의 신고찰」을 비롯해 「고려시대의 연구」 등을 발표하였다.

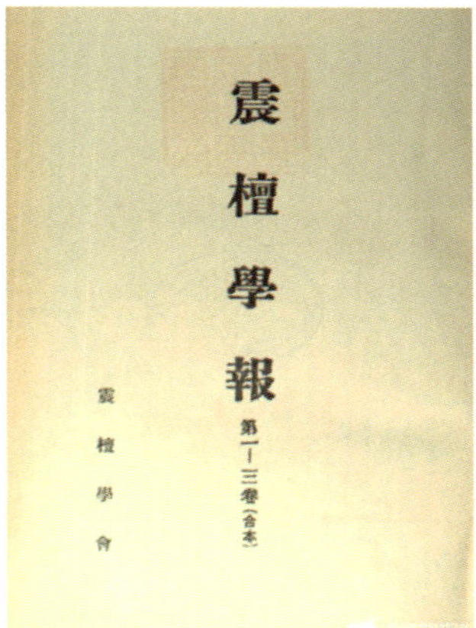

▲ 1934년 발간된 진단학보(제 1권).

하지만 한국인의 민족문화를 되찾고자 하는 이병기(李秉岐)·이희승(李熙昇) 등 민족사학자들의 활동에 조선총독부가 제동을 걸게 되자, 이병도는 그들과 거리를 두었다. 이병도는 1939년 11월 총독부의 지원으로 전국 유림 단체를 연합하여 침략전쟁을 후원하기 위해 조직된 조선유도연합회(朝鮮儒道聯合會)의 평의원으로 참여하였다. 그는 1943년 9월 조선어학회사건(朝鮮語學會事件)으로 이병기 등 일부 진단학회 회원들이 일제히 투옥하게 되자, "스스로 학회를 해체하고 학보 발행을 중지"하고 말았

* 진단학회: 진(震)은 주역에 나오는 '동방'으로 해석되어 중국이나 한국에서도 한국의 별칭으로 쓰였다. 발해는 국호를 '진국'으로, 고려 때는 '진단' 또는 '진역'으로 쓰였다. 진단은 '동방단군의 나라'라는 뜻으로 진단학회는 이를 연구하는 모임이란 뜻으로 지어졌다.

다. 진단학회는 해방 후 재조직되어 학보를 계속 발행하여 한국사 연구의 대표적인 학회로 명맥을 유지해왔다. 하지만 일제치하에서 민족의 역사와 문화를 연구하며 '학문적 저항을 했다'는 그들의 주장에도 불구하고, 식민통치와 식민사학에 대한 저항이나 민족사관 정립에 매우 소극적이었다는 평가를 피할 수는 없다.

1945년 8월 해방으로 일제가 한반도에서 물러갔지만, 일제 잔재인 식민사학의 청산과 민족사학의 정립은 요원한 과제로 남았다. 백암 박은식과 단재 신채호·정인보와 안재홍 등 독립투쟁의 한 방편으로 이어진 민족주의 역사학자들은 항일 전선에 투신하다가 죽거나 납북되어 남한 학계에 남아 있는 이가 없었다. 이에 비해 일제 치하에서 실증사학을 배우고 성장한 이병도와 신석호 등은 학계에 그대로 남아 진단학회를 부활시켰다.

해방으로 일제가 물러가고 '친일파 척결'이 민족적 숙원사업으로 떠오르게 되자, 이병도에게도 위기가 찾아왔다. 1945년 8월 31일 송석하를 회장으로 한 진단학회가 사단법인으로 창립총회를 갖고 체제를 정비하게 되자, 총무간사인 조윤제가 이병도를 비롯한 신석호 등을 겨냥하여 '친일학자 제명문제'를 공개 제기하였던 것이다. 이에 진단학회에 재가입할 수 없었던 이병도와 신석호·김상기 등은 1945년 12월 12일 조선사연구회라는 별도 연구단체를 결성해야 했다.

이후 1946년 8월 서울대학교가 창립되었을 때 두 학회 회원들이 사학과로 대거 진출함에 따라 한국사학계의 주요 인맥을 형성하였다. 1946년 9월 서울대학교 문리대학 교수로 발령을 받은 이병도는 진단학회의 회원으로 재가입한 후 서울대 사학과 창설을 주도한 것은 물론, 본격적인 사학계 원로의 길로 접어 들어 갔다.

해방 당시 50세였던 이병도는 이미 학계의 원로가 되었다. 그는 1947년 서울대학교 중앙도서관장을 맡은 후 이듬해에 『한국사대관』과 『고려시대의 연구』를 출판하였다. 한국전쟁 와중인 1950년 10월에는 국방부 정훈국 주관의 전사편찬위원회에서 위원장을 맡아 1954년까지 전란사 편찬의 책임을 맡았다. 1952년 서울대학교에서 문학박사 학위를 받은 후 이병도는 박물관장을 맡았고, 1954년 서울대학 대학원장에 취임하는 한편 진단학회 이사장과 학술원 종신회원을 맡는 영예를 얻었다. 특히 그는 미군정의 주도로 추진되었다가 1949년 재조직된 국사편찬위원회에 참여하여 1982년까지 편찬위원으로 재직하였다. 이곳에서 이병도는 『한국사』 발간편찬위원으로 재직하면서 한국사 총괄서를 저술함으로써 명실상부하게 역사학계 최고의 영향력을 행사할 수 있었다.

학계 원로가 된 이병도 박사가 잠시 정계에 참여하게 된 것은 1960년 4·19혁명으로 이승만 대통령이 하야한 후 구성된 과도정부 때였다. 허정 과도정부는 4월 28일 내각구성 명단을 발표했는데, 문교부 장관에 이병도를 맡긴 것이다. 이 과도정부는 사태수습을 위한 5대정책을 발표했는데, 그중 '한일관계의 정상화, 일본인 기자의 입국허용' 등을 내세워 민심의 반발을 샀다. 결국 과도정부는 신-구파의 대립으로 4개월만에 와해되었으므로 이병도의 정계진출도 짧게 막을 내렸다.

1960년 대한민국학술원 회장에 선임된 이병도는 이듬해 1961년 서울대학교 교수직에서 정년퇴직한 뒤 국민대학교 학장, 성균관대학 대동문화연구원장을 맡는 등 각종 명예를 이어갔다. 나아가 1972년 진단학회 평의원회 의장에 이어 (재)민족문화추진회 이사와 이사장을 맡아 사망할 때까지 재임하였고 1980년 전두환 군사정권의 국정자문위원에 위촉되기도 하였다. 수상 실적도 화려하였으니, 한국사 발전에 기여한 공로를 인정받아 충무무공훈장, 서울시문화상, 문화훈장대한민국상, 학술원상, 인촌문화상, 5·16민족상 등을 수여받는 등 학계의 대부로 자리를 굳혔다. 이러한 이유로 인해 그동안 국가 원로급 사학자인 이병도에 대하여는 어떠한 학술적 비판의 목소리를 제대로 낼 수 없었다. 이병도 박사는 1984년 수필집 『나

▲ 이병도 박사의 1969년경 강연하는 모습(한가람역사문화연구소 제공).

▲ 용인 이동면 천리의 노루실 뒷산(174번지)에 자리한 이병도의 묘비. 제자이자 서울대 국사학과 동료인 한우근 교수가 묘비명을 지었다.

의 인생관』을 출판하였고, 1989년 8월 10일 94세 일기로 생을 마쳤다.

그의 묘소는 현재 용인 이동면 천리의 노루실 뒷산(174번지)에 있으며, 묘비명은 그의 첫 제자이며 서울대 국사학과 명예교수 겸 대한민국학술원 회원인 한우근(韓㳓劤) 박사가 지었다. 한우근 박사는 고인이 '근대사학의 개척자'로서, "실증사학을 도입하여 한국근대사학의 기반을 견고히 다져 학문의 객관성을 견지함으로서 새로운 사학발전에 기틀이 되었다"고 칭송했다. 나아가 그의 "엄격한 학풍과 불굴의 탐구정신은 후학의 사표가 되며 학계의 귀감이 될 것"이며, 그 "높은 업적과 지대한 공로는 영원히 빛날 것"이라 적었다. 2012년 『두계이병도전집』의 편찬을 주관한 편집위원인 민현구 고려대 명예교수도 "엄격한 사료 비판과 실증을 토대로 한 독자적인 학문 세계를 구축한 것이 바로 두계사학의 본령"이라며 높이 평가하였다.

하지만 '엄격한 사료 비판과 실증'의 상징처럼 칭송되어온 이병도의 역사학은 오히려 후대 역사학자들로부터 많은 비판을 받고 있다. 철저한 사료 검증과 냉철한 객관화 없이 한국고대사를 만주 일대가 아닌 한반도 안으로 축소시켰으며, 나아가 식민사학자들의 논리를 그대로 따라 일제의 식민지 지배를 정당화시키는 데 앞장섰다는 비판이다. 대표적인 것이 한사군의 위치 비정에 관한 것이다. 그의 논문 중 「낙랑군고」(『한국고대사연구』, 1985)에는 낙랑군 수성현을 황해도 수안으로 비정하는데, 그 논리가 다음과 같다.

> 수성현(遂城縣)… 자세하지 아니하나, 지금 황해도 북단에 있는 수안(遂安)에 비정하고 싶다. 수안에는 승람 산천조에 요동산(遼東山)이란 산명이 보이고, 관방조(關防條)에 후대 소축(所築)의 성이지만, 방원진(防垣鎭)의 동서행성의 석성이 있고, 또 진지(晉志)의 이 수성현조에는-맹랑한 설이지만- '진대장성지소기(秦代長成之所起-진나라때 장성이 시작된 곳이다)'라는 기재도 있다… 〈중략〉 … 그릇된 기사에도 어떠한 꼬투리가 있는 까닭이다.

즉, 낙랑군 수성현과 황해도의 수안이 같은 수(遂)자를 썼고 황해도에 요동산이 있으며 작은 석성이 있다는 이유만으로 낙랑군을 황해도 수안으로 비정한 것이다. 자신조차 '맹랑한 설'이라 하고 '그릇된 기사'라고 인정하였지만, 그가 주창한 이른바 실증사학과는 거리가 먼 가설이 아닐 수 없다. 『국사대관』에 실린 그의 위치 비정에 따르면, 고구려 북쪽에 현도군이 있고 남쪽 대동강 유역에 낙랑군이 있으며, 그 아래 황해도 유역에 대방군이 있다고 하였다. 이병도는 대방군의 대방현을 황해도 봉산군으로 단정했는데,

> 고려사 지리지 황주목(黃州牧)조를 보면 '황주목, 본 고구려 동홀(冬忽)'이라고 하여 그 밑에 분주에 '우동어홀(于冬於忽)'이라 하였다. 여기 '우동어홀'의 동어(東於)와 둔유(屯有)의 음이 서로 근사한데… 곧 같은 말의 이사(異寫, 달리 적은 것)가 아닌가 생각된다. 하여튼 둔유현이 지금의 황주에 해당하리라고 생각되는 점은 비단 지명상으로 뿐만 아니라 또한 실제 지리상으로 보더라도 적중하다고 믿는 바이다.

이병도가 황해도 황주를 둔유현이라 본 근거는 동어와 둔유의 음이 비슷하다는 이유 하나뿐이다. 나아가 그는 대방군의 7현 중 하나인 열구(列口)현을 황해도 은율군으로 보았는데, 그 이유는 황해도 은율군이 고구려시대의 '율구(栗口)' 혹은 '율천(栗川)'이니, "율구는 열구(列口)와 음이 거의 같고 율천도 열수(列水)를 달리 적은 것으로 볼 수 있기 때문"이었다. 단지 오늘날 지명의 음이 비슷하다는 이유만으로 위치를 비정하여 한사군을 굳이 한반도 내에 존재했다고 단정하는 이병도의 주장은 『사기』와 『한서』 등 중국 고대 사서들의 기록과 상당 부분 다를 수밖에 없다. 무서운 일은 오늘날 중국의 공식 지도들은 '한국 사학계의 태두'인 이병도의 주장에 따라 한반도 내륙까지 만리장성을 연결해 놓았다는 사실이다.

고조선과 한사군이 한반도 내에 있었다는 그의 주장에 대해 많은 후배 사학자들이 반론을 제기했다. 대표적인 학자로 천관우(千寬宇)를 비롯해 문정창(文定昌)·김정학(金廷鶴)와 윤내현(尹乃鉉) 등을 꼽을 수 있다. 특히 윤내현 전 단국대 교수는 고조선이 대부분 서쪽으로는 난하(灤河)*, 남쪽으로는 청천강에 이르는 남북만주 전부와 한반도 북부 지역에 걸쳐 존재했음을 증명했다. 나아가 한 무제가 위만조선을 정복하고 세운 낙랑군 역시 한국사와 무관한 존재로 파악하였다. 러시아 학자인 U.M 푸틴은 중국 고대 사서와 최근의 북한연구, 고인돌과 청동검 등 동아시아의 출토 유물들을 근거로 고조선 지역이 고인돌로 대표되는 거석문화의 특징을 갖고 있으며, 중국의 영향이 아닌 독자적인 문화를 형성했다고 주장했다. 북한 학계 역시 리지린 등에 의해 고조선 영역이 평양 일대를 중심으로 만주 일대에서 시작하여 요하, 송화강 상류로 확대되었다는 설이 자리잡고 있다.

이병도의 연구가 일본 스승들이 만든 식민사학을 벗어나지 못한 채 오히려 더 '합리적으로 수정하였다'는 주장은 1966년 서울대 사학과 전임교수가 된 김용섭(金容燮)의 회고록에도 나타나 있다. 그는 일본 식민사학자들이 한국 전래의 고

---

* 난하: 중국 하북성 북쪽 몽골 고원 남부에서 발원하여 북경 근처에 남동쪽으로 흐르는 큰 강. 인근에 함독과 갈석산이 있어 고조선의 왕검성과 관련한 지역들이 자리하고 있다.

대사 체계를 부정하고, 고대사회의 출발이 중국의 식민지로부터 시작되었다는 논리에 이병도 자신도 확신하였다고 보았다. 즉 이병도는 한국사회가 "청동기시대를 거치지 않고 철기시대로 들어온 일종의 변칙적 발전을 한 사회"라고 확신하였고, 따라서 한사군 이전의 한국사회를 미개사회로 파악한 반면, 철기문화를 들여온 한사군을 높이 평가하게 된 것이라는 지적이다. 그러면서 김용섭은 이병도가 해방 후 일본 천황사상이 잘 보존되어 있는 천리대학(天理大學)에 가 천리교(天理教) 도복을 입고 예배에 참석하였다는 일화를 전하면서, 그의 제자들인 서울대 교수들로부터 "이제 민족사학을 그만하자"는 권유까지 받았다고 회고하였다.

고조선의 중심지를 평양으로 볼 것인가, 한반도 밖의 요동으로 볼 것인가는 이후 설치된 한사군의 위치와 고구려·부여 등 열국시대의 개막과 직결되어 한국 고대사의 체계를 전면 수정해야 하는 문제이다. 나아가 한민족의 뿌리와 정체성을 되찾고 남북한의 동질성을 확인할 수 있는 미래의 문제이기도 하다. 한반도 중심의 사대사관과 식민지 근대화론의 뿌리인 식민사관을 극복하는 일은 그래서 이병도라는 큰산을 넘어서야 하는 후대 역사학자들에게 매우 시급하고도 중요한 일이 아닐 수 없다.

이병도 묘소

찾아가는 방법

노루실 뒤산에 주차한 후 우측 산을 돌아 이병묵 묘소를 거쳐 약 100m 위

어록

"… 조선사편수회가 조직되자, 내가 그 촉탁의 직임을 맡게 되면서 한국사연구에 오랫동안 종사해온 일인(日人) 학자들과 직접 접촉하게 되어 연구에 자극이 적지 않았고 국내의 우리 학자 여러분들과 교류하며 강마절차하여 격려를 받으면서 자기연구에 정진하여 나갔다."

_ 1966, 〈나와 나의 조국〉『내가 본 어제와 오늘』 중에서

참고문헌

- 이용럽,「이병도사관을 총비판한다」,『사상계』1955.6.
- 두계이병도박사화갑기념사업추진회 편,『이병도박사화갑기념논총』, 일조각, 1956.
- 이병도,『내가 본 어제와 오늘』, 신광문화사, 1966.
- 이병도,「진단학회를 통해 본 학술적 투쟁」,『신동아』1968.7.
- 김정희,「이병도-식민사관을 계승한 이병도사관」,『청산하지 못한 역사』3, 청년사, 1994.
- 조동걸,『현대한국사학사』, 나남출판사, 1998.
- 편집부,『친일인명사전』, 민족문제연구소, 2009.
- 이덕일,『한국사 그들이 숨긴 진실』, 위즈덤하우스, 2009.
- 조인성,「이병도의 한국고대사연구와 식민주의사학의 문제」,『한국사연구』114, 2009.
- 김용섭,『김용섭 회고록-역사의 오솔길을 가면서』, 지식산업사, 2011.
- 『두계이병도전집』, 한국학술정보, 2012.
- 민현구,「두계 이병도의 修學과정과 초기 학술활동」,『진단학보』116호, 2012.

전쟁과 혁명을 헤치고 돌아온 조선의용군 _ 정철수

#18

| 연보 |

- 1922년 11월 용인시 모현면 능원리 17번지 출생
- 1942년 보성전문학교 입학, 결혼 후 장녀 출생
- 1943년 12월 학도병 징집, 이듬해 3월 29일 탈출, 팔로군 지역 도착
- 1944년 재화북조선혁명군사정치학교 반장, 조선의용군 제5지대 활동
- 1950~52년 길림중학교 초대 교장 중 삼반오반운동으로 수감
- 1957년~59년 반우파투쟁, 1966~76년 문화혁명 시기에 수난을 받음
- 1979~84년 길림성장 조남기 추천으로 연변대 일문과 교수로 부임
- 1984년 〈KBS이산가족찾기〉로 모친 재회 후 영구 귀환, 중국조선민족발자취총서 편찬위원회에 참가, 1989년 2월 17일 사망
- 2011년 8월 대한민국독립유공자 공훈표창

지난 2010년 8월 초순, 필자는 국가보훈처에 근무하는 후배로부터 반가운 전화 한 통을 받았다. 2010년 광복절 보훈대상자로 지난 2009년 12월 용인독립운동기념사업회 주최로 열린 해외에서 활약한 용인 출신 독립운동가를 조명하는 세미나에서 발표된 정철수란 분이 선정되었다는 소식이다. 중국공산당에 가입한 바가 있어 심사위원간 이견이 없지 않았지만, 일본군 학병에서 탈출하여 항일투쟁에 참여한 행적이 분명하고 다른 조선의용군 출신과 달리 한국전쟁 참전이나 북한 정권 수립에 일체 관여하지 않아 만장일치로 최종 결정되었다는 것이다.

비록 가장 낮은 등급인 대통령 표창이지만, 먼 이국땅에서 평생을 항일전쟁과 후진양성 그리고 조선민족문화 편찬에 매진했던 고인의 공적이 모국에서 늦게나마 빛을 발했다는 데 의의가 크다. 고향을 떠난 지 42년 만에 고국으로 돌아와 늙은 어머니와 친지들을 만난 그는 뒤늦게 고향 땅에서 주목받은 독립운동가이다. 다행히 2009년 용인 학계의 후배들이 마련한 학술세미나에서 명망있는 전문가들의 객관적인 연구와 토론이 이루어졌고, 그런 노력이 독립유공자 포상 결정에 결정적으로 작용했다는 점에서도 용인의 홍복이 아닐 수 없다.

정철수(鄭哲洙)의 삶은 말 그대로 드라마틱하다. 그는 '조선의용대 마지막 분대장'의 주인공으로 한국에 널리 알려진 항일투사이자 소설가인 김학철(金學鐵, 1916~2001)의 인생 역정과 너무나 비슷한 길을 걸어온, 그의 혁명동지였다. 더욱이 그는 한국 성리학의 시조이자 충신의 상징인 포은 정몽주 선생의 24대 종손이란 점이 특이하며 매우 중요한 의미를 갖는다.

▲ 용인 처인구 모현면 능원리에 자리한 정몽주의 묘역. 매년 5월 포은문화제가 열린다.

정철수는 1922년 11월 25일(양력 1923년 1월 11일) 용인 모현면 능원리 71번지에서 태어났다. 영일 정씨 포은 후손들이 수백 년에 걸쳐 집성촌을 이루어 살아온 능원리 일대에서 그는 문중과 마을 어른들의 많은 신망과 관심을 받으며 성장했다. 연변대학에 소장되어 있는 그의 이력서에 의하면, 그의 집안은 포은공파의 종가집인 까닭에 소지주였으며 매년 전답에서 1백여 석의 소출이 있었다고 한다.

소년 정철수는 1930년 용인 모현면에서 처음 문을 연 모현공립보통학교에서 4년을 수학한 후 1936년 수원으로 가 수원보통학교 2년을 다녔다. 그리고 서울의 경복중학교(제2고보고)를 다닌 후 1942년 졸업하였다. 졸업 후 곧 보성전문학교(현 고려대학교) 상업과에 입학하였는데, 공부는 주로 상업보다는 법학을 공부하였다. 재학 도중 가문을 잇기위해 만 20살에 결혼을 하게 되었는데, 신부는 종친의 소개로 만난 경남 진주 출신인 하증덕(河曾德, 1923~현재)이었다.

하지만 달콤하고 희망차야 할 신혼에 식민지 조선의 청년에게 닥친 현실은 매우 가혹하였다. 그가 2학년 재학 중인 1943년 전장은 중국 동북 지방과 산동반도, 상해 등지를 넘어 동남아시아, 말레이반도까지 확대되고 있었다. 정철수는 1943년 12월 하순, 학도병 영장을 발급 받게 되었다. 이미 갓 결혼한 아내와 뱃속의 아이까지 있었건만, 보성전문학교 교장인 김성수를 비롯해 많은 친일 지식인

▲ 정철수의 증명 사진. 20대에서 30대, 60대, 70대 사진 순이다.

들은 자신의 제자들에게 출전할 것을 강요하여 총 4,385명의 한국 학생들을 학병으로 강제 입대시켰다.

하지만 정철수는 이무렵 일본군에 입대하면 탈출해 독립군이 되어야 겠다고 결심했던 것으로 보인다. 후일 그는 아들 래정에게 "학교에서 끌려 나갈 그 시점부터" 탈출을 생각했고, 탈출 루트에 대해 미리 힌트를 받은 바 있다고 얘기하였다. 또한 친척들에 의해 전해지는 일설에 의하면, 정철수는 입대 전에 마을 친척 어른들께 작별인사를 하며 자신은 꼭 탈출할 것이란 얘기를 했다고 한다.

대학졸업을 얼마 앞둔 1943년 12월말 정철수는 아내와 뱃속의 아이, 그리고 부모형제와 눈물의 생이별을 한 채, 학도병의 대열에 강제로 참여하게 되었다. 정철수는 학도병들이 끌려가는 서울 남대문 정거장에서 통곡하는 수많은 환송객들을 목격했다. 그는 떠나는 군용열차를 쫓아오며 절규하는 부모들을 보면서 "하여간 죽더라도 일본 놈의 대포밥이 되지 말고 조선 독립을 위해 조선사람답게 똑똑히 죽자."라는 생각을 갖게 되었고, "전선에 도착하면 도망치자"라는 결심을 하였다고 한다. 후일 이날 본 광경은 조선의용군 전체대회에서 공연된 연극의 각본 자료가 되었다.

정철수를 비롯한 징집 학도병들은 경상북도 대구의 훈련소에 입대하였다. 이곳에서 제식훈련과 집총교육 등 기본교육을 1개월간 받았다. 이등병인 1944년 1월경 정철수 등 학도병을 실은 군용열차는 북으로 한참을 내달렸고, 며칠 후 중국 산동성 제남(濟南)에 도착하였다. 제남의 관동군 부대 안에는 조선인만 70여 명이 포함되어 있었는데, 일본군들은 이 학도병들을 1개 분대에 1명 혹은 2명씩 끼어 넣어 훈련시켰다. 대부분의 조선인 학도병들은 일본군영을 탈출할 생각을 가졌다고 한다.

하지만 조선인 학도병들의 탈출시도에 대한 경계가 너무 심하였고, 실제로 2명이 탈출하였다가 처형당한 일도 있었다. 그러던 중 정철수는 우연히 일본 군인들에게서 병영 70여 리 밖 태산(泰山)에 중국 항일 유격대인 팔로군(八路軍)이 출몰하고 그 중에 조선인도 섞여 있다는 정보를 듣고 탈출의 기회를 엿보았다. 그는 함

▲ 조선의용군의 항일투쟁인 호가장전투에서 희생된 전우의 무덤과 고별 하면서 1945년 9월경 촬영된 정철수의 사진.

께 탈출할 학도병 3명을 섭외하였고, 일본군이 나눠준 비상식량을 비롯해 담배와 수건·비누 등을 준비하였다. 그런 후 결행 날짜를 1944년 3월 25일 밤으로 결정하였다. 드디어 그는 동료인 평창우(동경 불교학교인 고마사와대학에서 학병으로 징집)와 허섭 등 두 사람과 함께 야밤에 탈출을 감행하였다. 조선의용군 연구 권위자인 염인호 교수(서울시립대 사학과)는 1944년 3월 29일 탈출하여 광복군 장교로 활동한 김준엽(1920~2011) 전 고려대 총장보다 4일 빠르므로 그가 '학병 탈출 1호'로 기록되어야 한다고 주장했다.

천신만고 끝에 일행은 조선의용군과 중국의 팔로군이 주둔하고 있는 지역에 도착하게 되었다. 3인은 곧 팔로군 유격지역으로 안내되었다가 그해 6월경 조선독립동맹 산하 조선의용군* 주둔지인 하남성 섭현 하남점에 도착하였다. 그는 곧 조선독립동맹에 가입하고 조선의용군이 되었다. 독립동맹 측에서는 정철수 일행을 환영하는 대회를 열어 주었고, 이 사실을 항일 신문지에 실어 한인 사회에 널리

* 조선독립동맹 산하 조선의용군: 1941년 1월 중국공산당 팔로군 산하에서 한인 독립운동가들이 모여 화북조선청년연합회를 조직하였고, 이를 모태로 1942년 7월 조선독립동맹(위원장 김두봉)이 결성되었다. 산하에 무장 독립부대인 조선의용군을 창설했는데 총사령에 무정 장군이 맡아 태항산을 기점으로 한 항일 독립전투를 벌였다.

알렸다. 이런 노력으로 일본군 내의 학도병들의 탈출도 줄을 이었고, 강제징용에서 탈출한 농민·노동자들과 지식인들도 늘어났다. 서울에서 청년학생들에게 존경받던 김태준(金台俊) 교수와 진보적인 필체로 일본 문단에서 활동한 바 있는 소설가 김사량(金史良) 등이 대표적이다.

항일투쟁의 근거지인 태항산에서 정철수는 무정 장군(武亭 본명 김무정, 1905~1952)*과 김창만(金昌滿)** 등 많은 독립운동가들을 만나게 되었다. 정철수는 자신이 일제에 붙잡힐 경우 가족들에게 피해를 끼치지 않기 위해 그를 처음 인도한 팔로군 간부 고씨의 고(高)와 자신의 이름 가운데 자인 철(哲)을 따 '고철'이란 이름으로 개명한 후 저명한 한글학자인 김두봉이 이끄는 조선독립동맹의 태항분맹원으로 활동하였다. 나아가 그는 태항산의 화북조선혁명군사정치간부학교(교장 무장 장군, 교도주임 김창만) 내에서 분대장(반장) 또는 소대장(패장) 직을 맡았다.

정철수는 자신의 학도병 탈출 과정을 소재로 한 연극 대본을 집필하였고, 그의 문학적 재능을 아낀 무정 장군과 김창만 선전부장 등의 적극적 후원 아래 선전활동과 문필활동에 전념할 수 있었다. 그는 「태양기 아래의 사람들」이란 주제의 연극을 비롯해 희곡 「조선은 살았다」와 「개똥이와 이쁜이」, 그리고 풍자극 「이발소」 등을 창작해 무대에 올려 큰 호응을 얻었다.

그러던 중 꿈에도 그리던 해방의 기쁨을 맞게 되었다. 하지만 그는 정치간부의 중요책임을 맡고 있어 곧장 귀국할 수 없었다. 그가 소속된 조선의용군 제5지대는 동포들이 많이 사는 길림성 동부군구인 연변으로 진군해 들어갔다. 5지대는 토비와 친일파 축출에 앞장서 동포들의 많은 호응을 받았다. 이후 조선의용군은 연길

---

* 김무정(1905~1952.10): 함경북도 경성 출신으로 중앙고등보통학교를 다니다가 1923년 중국에 망명해 이듬해 보정군관학교를 졸업했다. 1934년 중국 홍군의 대장정에 참전해 팔로군 총사령부 작전과장과 첫 포병단 단장을 역임하여 연안파의 핵심이 되었다. 1942년 조선의용군 총사령관으로 독립 투쟁에 참전하다가 1945년 해방 후 북한으로 귀국했다. 1950년 제2군단장으로 참전하고 평양 방위사령관이 되었으나, 그해 12월 패전 책임을 물어 숙청되었다. 1952년 지병으로 사망하였다.

** 김창만(1907~1966): 함경남도 영흥 출신으로 중국 중산대학을 졸업하고 1937년 중앙육군군관학교인 성자강흥분교를 졸업한 후, 이듬해 조선의용군에 가담했다. 주로 선전 활동에 종사했으며 후방의 조선인을 규합하는 선전 책임자로 일하다가 해방 후 북한으로 입국했다. 1958년 교육상, 1962년 최고인민회의 대의원, 부수상을 역임하다가 숙청되었다.

의 경비대와 자위대 등을 통합하여 길동보안군으로 전환하였다.

▲ 1950년 중국 연길현 교육과장이었던 정철수에 대한 송별기념 사진 (상), 1955년 연변작가협회(하).

정철수는 연길에 도착한 후 고향으로 돌아가려고 상부에 여러 차례 건의한 것으로 보인다. 하지만 당시 상부에서는 민족간부가 모자란다는 이유로 그의 귀국행을 막았다. 이후 1946년 5월부터 1948년까지 길동군분구 정치부의 선전교육부에서 선전과장을 맡았다. 그는 바쁜 와중에도 연변일보에 희곡을 투고하였고, 1948년 4월부터는 연변일보사에 입사해 편집을 담당했다. 그러던 중 그는 조선동포 민족교육의 중요성을 절감하고 1949년 4월 1일 길림중학교의 초대 교장으로 부임하는 한편, 교사로 활동하기 시작했다. 다른 조선의용군 동료들과 달리, 한국전쟁에 참전하지 않고 1952년까지 길림중학교 사택에 머물러 교사로 활동할 수 있었던 것은 그로서는 큰 다행이 아닐 수 없다.

하지만 그 역시 시대의 광풍을 피할 수는 없었으니, 1952년 4월부터 일기 시작한 반우파 정치개혁 투쟁인 삼반오반(三反五反)운동*에 연루되고 말았다. 모택

* 삼반오반운동: 모택동 주석이 정권수립 후 신흥 엘리트 집단을 통제하고 공산권력을 공고히 하기 위해 추진한 운동. 삼반은 독직과 낭비·관료주의에 반대해야 한다는 것이고, 오반은 증회와 탈세·국유자재 절취, 노력과 시간·재료의 속임, 국가경제정보의 절취 등 5독을 제거하자는 것이다. 당과 국가간부를 주요 대상으로 전개되어 대중에 의한 심사와 고발·고백의 방법으로 진행되었다.

동 중국공산당 주석의 주도로 전개된 이 운동은 애초 부패와 낭비, 관료주의를 반대한다는 명분이지만, 한족 공산당원들이 고위직에 오른 조선족 지식인들을 겨냥하여 누명을 씌운 것이다. 이 일로 그는 길림시 인민법원에 수형되었다가 1953년 5월 누명을 벗을 수 있었다.

이후 정철수는 연길시로 이주하여 제2초급중학교 교원으로 근무하면서 문학을 강의하였다. 이 무렵 1950년 재혼한 김순옥(金淳玉, 1930년 6월 2일생) 여사와의 사이에서 장녀 정희(晶姬, 1951년생)와 차녀 연희(延姬, 1954년생), 장남 정암(晶岩, 일명 來晶, 1957년생)을 낳아 안정된 가정을 꾸리는 듯 했다. 하지만 또다시 일기 시작한 광풍을 피할 수 없었다.

1957년 6월 모택동 주석의 지시에 의해 시작된 반우파 투쟁(1957~1959)은 반사회주의 자산계급 반동파를 축출한다는 명분 아래 1년 동안 전국에서 55만여 명을 체포하였다. 조선족으로는 김학철과 정철수를 비롯해 많은 문단의 중견 작가와 시인들이 억울한 누명을 쓰고 투옥되었다. 나아가 1966년부터 본격화된 문화대혁명(1966~1976)으로 인해 교단에서 쫓겨나 잡역 노동자로 일하며 각종 수난을 당해야 했다. 이 일로 정철수는 연길시 화룡으로 이주하여 1976년까지 개간사업의 잡역과 인쇄창의 보일러공으로 일하면서 가까스로 생계를 유지해야 했다.

다행이 1979년 11월 군 시절 그의 부하였던 당시 길림성 부정치위원으로 문화혁명 피해자 복권에 앞장섰던 조남기(趙南起)* 장군의 구명 활동으로 유배에서 풀려나 복권되었다. 또한 그의 추천으로 연변대학 일본어과 교수로 채용되어 61세인 1984년까지 근무할 수 있었다. 정철수는 한국의 KBS 방송국에서 진행한 이산가족찾기에 참여해 꿈에도 그리던 어머니와 상봉하게 되었다. 그리고 무려 41년 만인 1984년 그리던 고향 땅을 밟게 되었다.

그리던 어머니와 가족 친지들을 만난 그는 영구 귀국을 결심하고, 중국에서

* 조남기(1927~?): 충북 청원 출신으로 1938년 길림성 연길현으로 이주했다. 군정대학을 거쳐 중국 팔로군에 입대해 항일전쟁에 참전했다. 1973년 연변조선족자치주 인민정부 주석을 맡았으며 길림성 성장 등 조선족 중 최고 지위에 올랐다.

의 조선민족문화 정리에 여생을 바치기로 결심하였다. 그는 1985년 6월 원로 조선족 작가들과 상의하여 중국조선민족발자취 총서 발간을 결의하고 편찬위원회에 참여하였다. 발자취 총서는 모두 4권으로 구성했는데, 정철수는 태항산 현지를 답사해 조선의용군 역사를 집필했다. 나아가 자신의 역정을 기록한 수기인 『나의 청춘』을 비롯해 「호가장전투」·「동틀무렵」·「태항산에서 잠든 일본인」 등의 미공개 육필 원고를 집필하였다.

▲ 정철수가 1982년 무렵부터 쓰기 시작한 회고록을 사후인 1993년 동북조선민족교육출판사에서 편찬한 책인 『나의 청춘』 표지.

정철수는 한국으로 1986년 10월 10일 귀국하였다. 귀국 후 정철수는 1987년 10월 10일 두 동생과 함께 역대 종손 묘역을 만들고

▲ 용인 처인구 모현면 능원리 포은 정몽주 묘역 좌편에 위치한 역대 종손 묘역에 있는 정철수의 묘.

비석을 새겼다. 그는 40년 만에 돌아와 역대 선조의 산소를 배알하니 너무 훼손된 바가 심하여 눈물을 금할 수 없었다고 하면서, "종가란 무엇인가, 시조의 집안이요 포은의 집안이니 충효와 진(眞)의 집안이라 … 〈중략〉 포은 22대 종손 의열의 장남 철수·3남 창수(彰洙)·4남 덕수(德洙)가 마음과 힘을 합하여 이 역대의 종손묘지를 만듬은 충효와 진을 보전하여 빛내고자 함이라."하며 묘단을 만든 경위를 적었다. 평생 충효와 진을 신념으로 삼았던 그의 심경이 잘 드러난 글이라 하겠다.

그후 3년 만인 1989년 2월 17일 파란만장한 생을 마감하고 고향땅인 모현면 능원리 선영에 잠들었다. 그의 유고를 담은 『나의 청춘』은 중국 연변에서 1993년 출간되었다. 왜 북한으로 들어가 출세하지 않았냐는 아들 래정의 질문에 대해 "내 고향은 남쪽이다. 이랬던 저랬던 동족간의 전쟁인데, 포은의 종손인데 말이 되느냐"며 답변했다는 대목은 개인의 출세보다 민족의 평화와 장래교육에 일생을 바치고자 한 그의 신념을 잘 보여준다. 대한민국 정부는 2011년 8월 독립유공자로 그를 공훈 표창하였다. 전쟁과 광기가 난무한 '격정시대'를 거칠게, 그러나 당당히 헤치고 나아간 용인인, 포은의 후손이 아닐 수 없다.

정철수 묘소

찾아가는 방법

43번 국도 죽전 교차로에서 광주/오포 방면으로 우측 방향 → 문형교차로에서 우측 방향 → 모현면 사무소 방면으로 우측방향 → 처인구 모현면 능원리 포은 정몽주 묘역 → 역대종손묘지 내.

주변 볼거리

✓ 정몽주 선생 묘(능원리)
✓ 한국등잔박물관(능원리)

어록

"취침나팔을 분지 오래되었건만 나는 너무나도 흥분된 탓에 도무지 잠을 들 수 없었다. 노예로부터 주인이 된 감격과 결심, 기쁨과 흥분 이런 감정에 사로잡힌 나는 자연히 아직도 일본병영에서 강제학도병에 목이 매이여 헤매고 있는 동무들, 아직도 망국노의 노예생활에서 허덕이고 있는 부모, 형제, 자매와 벗들, 그리고 아내와 딸, 그들이 지금 나의 이 처지를 안다면 얼마나 기뻐하랴!"

_ 1944년 3월 29일 학병탈출 후 조선의용군에 가입한 내용을 쓴 「태항분맹생활」 중에서, (『나의 청춘』, 동북조선민족교육출판사, 1993.)

참고문헌

- 정철수 저, 『나의 청춘』, 동북조선민족교육출판사, 1993.
- 염인호, 『조선의용군의 독립운동』, 나남, 2001.
- 염인호, 「조선의용군 정철수(고철)의 생애와 독립운동」, 『용인독립운동사 속의 용인』, 용인항일독립운동기념사업회, 2009.
- 정철수 지음·홍순석 엮음, 『나의 청춘-한 학도병이 걸어온 길』, 채륜, 2013
- 김명섭, 「정철수의 항일운동과 해방후 민족교육활동」, 『포은종가의 절의와 정철수선생의 민족운동』, 용인항일독립운동기념사업회, 2013.6.

#19 용인의 한과 꿈을 노래하다
용인에 묻힌 시인 _ 류완희

| 연보 |

- 1901년 11월 5일 용인 내사면 송문리 429-1번지에서 출생
- 1915년 3월 양지공립보통학교 졸업, 대용 교원직 수행
- 1920년 관립 경성제1고등보통학교, 23년 경성법학전문학교 졸업
- 1923~26년 경성일보, 동아일보, 시대일보사, 중외일보사 기자 활동
- 1928년 조선문학원 강사, 조선중앙일보사 편집간부, 기문사 총지배인
- 1946년~54년 용인중고등학교 설립, 송전중학교 교감으로 재직하며 교가 작사
- 1956년 서울신문사 편집국장·세계일보 논설위원 역임
- 1964년 2월 17일 지병으로 사망

1. 송전초등학교 (작사 류완희, 작곡자 모름)

백두산 정기 받은 삼봉산 아래 / 이동의 한복판에 우뚝이 솟은

켜놓은 개화의 꽃 육영의 등불 / 우리의 앞길을 비추어주네

너도나도 칠천만에 앞장이 되자 / 우리의 송전 송전 의분의 봉화

2. 용천초등학교 (작사 류완희, 작곡 류완희)

물 맑고 산새 좋은 대자연 속에 / 남으로 날개치는 우리의 학원

무한히 뻗어나갈 어린 새싹이 / 해마다 이 마당에 자라 나와서

용천의 맑은 새암 근원을 삼고 / 굳세고 씩씩하게 자라나간다

3. 용인중학교 (작사 류완희, 작곡 이홍렬)

성산의 메아리 여울져흘러 / 줄기찬 김량의 넓은 들녘에

우리의 빛나는 배움의 터전 / 장하다 그이름 용인중학교(1절)

창공을 날으는 큰새와 같이 / 무한한 포부와 희망을 안고

한학창 한뜰에 업을 닦으니 / 우리는 고장과 나라의 보배(2절)

4. 태성중·고등학교 (작사 류완희, 작곡 나운영)

동천에 솟는해를 가슴에 안고 / 높직한 터전 위에 자리잡으니

보기도 장엄하다 우리의 학원 / 흐르는 김량천을 거울삼아서

깨끗한 자연속에 영기를 길러 / 빛나는 역사를 쌓아나가세

힘차게 나가라 태성의 건아 / 길이길이 떨치자 태성의 교풍(1절)

우리는 사천년의 피를 받들어 / 겨레의 크나큰 기대를 지고

세계의 무대에 등장할 자손 / 다같이 이나라의 동량이 되리

굳세게 약속하고 배워나가세 / 한량없는 장래가 우리에 있다

힘차게 나가라 태성의 건아 / 길이길이 떨치자 태성의 교풍(3절)

5. 용인바이오고등학교 (작사 류완희, 작곡 홍준표)

시궁산 줄기아래 승전벌 안고 / 깨끗이 자리잡은 우리의 학원

한수의 근원마저 이에서 나니 / 향토의 고운정기 모두 어렸네(1절)

사랑에 살아가고 의에서 맺은 / 고장과 선인들의 전통을 이어

나날이 덕을 닦고 힘을 기르니 / 종전의 빛난 역사 쌓아가리라(2절)

거룩한 화랑정신 거울을 삼고 / 씩씩한 고구려의 혼을 담아서

의리와 충성으로 목숨을 삼는 / 우리도 제2세의 충무공되자(3절)

위의 노래는 수많은 향토인재와 나라인물을 배출한 용인의 대표적인 사학기관인 송전초등학교(1919년 개교)·용천초등학교(1944년 개교)와 용인중학교(1947년 개교), 태성중·고등학교(1946년 개교)와 용인바이오고등학교(1949년 이동고등공민학교 설치, 전 송전농업고등학교) 등의 교가이다. 이 교가들의 공통점은 용인에서 태어나 용인의 한과 희망을 노래하다 용인에 묻힌 '용인의 시인' 류완희가 작사했다는 점이다. 한 지역의 초등학교부터 고등학교까지의 교가를 한 사람이 지었다는 점은 전국에서도 매우 희귀한 일이기도 하지만, 그 학교 역사서나 교정에 시인을 기리는 글이나 시비 또는 기념 상징물이 하나도 없다는 것도 참 드문 일일 것이다. 아직 류완희란 인물이 시인으로서 용인 지역에 본격 조명된 지 얼마되지 않은 탓도 있지만, 아마도 그 시인이 일제 치하에서 일본 제국주의뿐만 아니라 자본주의의 병폐를 맹렬히 비판했던 프로문학을 지향한 '이념 인사'인 탓도 있을 것이다.

하지만 그가 작사한 가사내용에서 잘 드러나듯이, '용천의 맑은 새암'이나 '성산의 메아리'·'김량의 넓은 들녘'·'시궁산 줄기아래 승전벌 안고' 등 용인 지역의 산세를 담은 향토성 짙은 시어를 사용하고 있다. 나아가 그는 '백두산 정기 받은'이나 '우리는 사천년의 피를 받들어', '거룩한 화랑정신 기틀을 삼고 / 씩씩한 고구려의 혼을 담아서' 등과 '제2의 충무공 되자'는 가사에서 보여주듯, 한민족의 기상과 웅지를 드러내는 시구에서 「광야」의 시인 이육사와 유사한 민족지사의 면모를 가지고 있다.

시인 류완희(柳完熙)는 1901년 11월 25일 용인 내사면 승문리 429-1번지에서 태어났다. 본관은 전주(全州)이며 자는 공벽(公壁), 호는 적구(赤駒)이다. 부친은 대한제국 시기인 고종대에 한양사범학교를 졸업해 지방 교원을 역임하고 관립 교동(校洞)보통학교 교장을 지낸 학수(學秀)이며 모친은 이점순(李点順)이다. 그는 1남 1녀 중 장남이다.

류완희는 용인 양지현에 위치해 1908년 세워진 양지공립보통학교를 1915년 3월 25일 제4회로 졸업하였다. 이어 그해 4월 5일 양지공립보통학교 대용 교원이 되었다가 이듬해 3월 사직하고 더 넓은 학문의 길로 나서고자 서울로 올라가 관립 경성제1고등보통학교(현 경기고등학교)에 입학하였다. 이 무렵 부모님의 권유에 의해 17세의 나이에 여주 참봉 엄규경(嚴桂炅)의 따님인 남희(男羲) 씨를 신부로 맞아 결혼하였다.

류완희는 1920년 3월 경성고보를 졸업한 후 곧장 경성법학전문학교(현 서울대 법대)에 진학하였다. 이 학교에서 그는 행정법과 정치학, 문학과 철학 등을 수학했다. 대학 후배이자 시인인 박팔양(朴八陽)*은 그가 중학 시절부터 문학에 관심을 보여 작가가 되려고 일본 유학을 가고자 했으나, 가난한 집안에 노부모를 모셔야 했기에 포기했다고 한다. 류완희는 많은 시간을 도서관에서 문학도서 탐독으로 보냈으며, 가난하고 학대받는 사람들에 대한 뜨거운 옹호의 정신을 갖고 있었다고 한다.

1923년 3월 20일 본과를 1회로 졸업한 류완희는 법률가가 되라는 주위의 권고를 뿌리치고 신문사의 기자가 되기로 작정하여 그해 4월 경성일보(京城日報)사의 편집부 겸 학예부 기자로 입사하였다. 이후 당대 사회의 모순과 불합리성을 파헤치는 기사를 쓰는 한편, 시(詩) 창작의 길로 들어섰다. 그는 1924년 11월 동아일보(東亞日報), 1925년 6월 시대일보(時代日報)사와 중외일보(中外日報)사에서 기자

* 박팔양(1905~1988): 경기 수원 출생으로 경성법학전문학교를 졸업하고 ≪조선일보≫에서 기자로 활동했다. ≪동아일보≫에서 시인으로 등단한 후, 1926년 조선 프롤레타리아예술가동맹에 가담하였다. 그는 사회적 현실을 비판하는 한편, 전원을 예찬하는 자연시를 주로 썼다. 해방 후 월북하여 문예총 중앙위원을 거쳐 최고인민회의 대의원을 지냈다.

로 활동했다. 이 무렵 그는 심훈(沈熏)·김기진(金起鎭)·염상섭(廉想涉) 등 동료 기자들과 교류하며 애국계몽에 관한 시와 수필 등을 발표하기 시작했다. 특히 심훈과는 각별한 사이로 그에게 신문기사 대신 소설을 쓰도록 적극 권유해 『상록수』를 발표하게 했다는 일화가 전해진다.

민족정신과 사회정의에 남다른 열정을 가졌던 기자 류완희는 일제의 폭압적 현실과 민중의 저항운동에 눈을 감지 않았다. 그는 동아일보사에서 함께 기자활동을 하던 박헌영(朴憲泳)·허정숙(許貞淑)·심훈 등과 함께 평기자 중심의 민주언론단체인 철필구락부(鐵筆俱樂部)를 조직하였는데, 언론사상 처음으로 기자들의 급료 인상 투쟁을 벌이다가 심훈 등과 함께 퇴사당하고 말았다. 그는 곧 홍명희(洪命憙)가 사장으로 있는 시대일보사로 옮겨 사회주의자들과 긴밀한 교류를 이어갔다.

특히 그는 지방 특파원으로 파견되어 당시 분출하고 있던 민중들의 항일 투쟁현장을 취재하여 적극 보도하였다. 대표적인 기사로 1925년 호남 전역에서 벌어진 소작쟁의로 인한 '민중운동사 사건공판'인데, 일제의 토지조사사업과 악덕 대지주들의 농지수탈 현실을 폭로하는 한편 소작농들의 저항운동 과정을 자세히 기사화한 것이다. 이러한 보도활동은 조선총독부의 비위를 크게 거슬르게 하여 기사 삭제 요구와 압수행위가 빈번하는 등 요주의 인물로 찍히게 된다.

류완희는 또 그해 8월 현실비판적인 예술가들의 모임인 조선프롤레타리아예술가동맹(일명 '카프' KAPF)*의 결성에 고무되어 이를 시로 형상화한 「거지」라는 시를 《시대일보》(1925년 11월 30일자)에 발표해 문단에 등장하였다.

별수업다 / 인제는 별수업다

차라리 감옥(監獄)에나 갈 도리(道理)를 하야라

---

* 카프(조선프롤레타리아예술가동맹): 일제 시기 문학예술가 조직으로 에스페란토의 머리말을 따서 이름지었다. 1923년 사회주의 사상을 수용한 심훈의 염군사와 김팔봉·박영희 등 파스큘라가 통합하여 1925년 8월 창립되었다. 기관지 『문예운동』을 발간하여 예술의 대중화와 계급의식에 입각한 정치운동을 목적으로 삼았다. 1932년 1차 검거와 1934년 2차 검거 등 일제의 탄압으로 1935년 6월 해체되었다.

- 네 자식을 위하여 그럴 듯한 죄를 짓고… (「거지」의 일부)

이처럼 거지의 절망적인 생활과 비인간적인 부자를 대비시켜 모순에 찬 식민지 현실을 비판했다. 이 무렵 그는 신념을 향해 천리마처럼 내달리자는 의미로 '붉은 망아리'란 뜻의 필명 '적구(赤駒)'를 쓰기 시작했는데, 《시대일보》(1925년 12월 7일)에 「현실에 대한 반역」이란 글을 게재하였다. 1926년 4월 적구라는 필명으로 『개벽』지에 「여직공」·「희생자」·「아오의 무덤에」·「향락시장」 등의 시를 실어 노동자와 민중들의 참담한 생활상과 울분을 생생히 표현하였다. 나아가 카프의 준기관지 성격을 가진 『문예운동』제2호(1926년 5월)에 「신흥문예의 예술적 가치」라는 평론을 게재하여 프로문학 발흥의 필연성을 역설하였다. 이 무렵 그는 소설도 쓰게 되는데, 『개벽』지에 「영오(英伍)의 사(死)」를 게재하였다. 당시 발표된 대표적인 시를 소개하면 다음과 같다.

봄은 되얏다면서도 아즉은 겨울과 작별을 짓지 못한 채
낡은 민족의 잠들어 있는 저자우에
새벽을 알리는 工場의 첫 고동소리가
그래도 세차게 검푸른 하늘을 치바드며
三十萬 백성의 귓결에 울어나기 시작할 때… 〈중략〉
오오 祖上이여! 나의 남편이여!
왜 당신은 이놈의 세상을 그대로 두고 가셨습니까?
- 안해를 달리고 자식을 애태우는 - (「여직공」, 『개벽』1926.4)

오냐 이놈!
한 개의 탄자로서 내 남편을 밧궈간 원수놈 -
아모련들 가슴의 매듭이 풀닐 줄 아느냐 !?
내 목숨이 世上에 머물러 있는 동안은 - (「희생자」, 『개벽』1926.4)

「여직공」은 오늘날에도 북한문학계는 물론, 남한의 대표적인 노동시 100선에 선정될 만큼, 작품성과 대중성을 인정받은 작품이다. 일제는 이러한 그의 활발한 항일 언론 활동과 작품 발표에 대해 강력히 대응하기로 하고, 1926년 11월 6일 당시 《중외일보》 '거미줄란(欄)'에 쓴 내용을 문제삼아 그를 명예훼손죄로 고소하였다. 그는 고등법원에 상고하였으나 기각되어 결국 금고 3개월의 체형을 받게 되었고, 서대문형무소에 수감되어 이듬해 2월 5일 만기 출소하였다. 필화사건으로 수감되기는 하였으나, 그의 분노는 더욱 심화되어 식민지 현실과 민중의 분노를 표출하고 그들에게 더욱 큰 애정을 표시하는 계기가 되었다.

류완희는 1927년 8월 다시 조선일보(朝鮮日報)사의 기자로 입사하여 1934년 3월 30일까지 근무하였다. 이 곳에서 사장인 이상재(李商在)와 안창호(安昌浩)·오세창(吳世昌) 선생 등을 가까이 모시며 투철한 항일정신은 물론 민족지도자로서의 품성과 교육철학을 배우게 되었다. 이어 그는 이듬해 9월 조선문학원에서 강사로서 철학, 시문학, 문장론 등을 강의하였다. 이 와중에 그는 「나의 요구」, 「나의 행진곡」, 「가두의 선언」, 「민중의 행렬」, 「오즉 전진하라!」, 「어둠에 흘으는 소리〉 등의 시를 《조선일보》 등에 집중 발표하였다. 그중 몇가지만 소개하면 다음과 같다.

누가 나의 압흘 막느냐? 나의 나가는 압흘
나는 民衆의 압흐로 民衆의 압흐로 함께 나가랴는 사람이다
나의 든 '뿌랏쉬'는 나의 든 붓자루는 民衆을 그리고
民衆을 놀애하랴는 도구다
온 街頭의 看板이 되고 '삐라'가 되어 (「나의 행진곡」, 《조선일보》1927.11.5. 일부)

보라! 사랑하는 이여! 젊은이들이여
검붉은 雰圍氣 - 굽이치는 물결
나오라! 詩人이여! 美術家 - 音樂家

거리로 나오라! 나와서 소리치라! (「가두의 선언」, 《조선일보》1927.11.20. 일부)

행렬! 프롤레타리아의 行列!
家庭에서 田園에서 工場에서 또 學校에서
街頭로 街頭로 흘너저 나온다
營養에 주리여 蒼白한 얼골 - 그러나 熱에 뜨인 거름거리
그들은 그들의 뛰노는 心臟의 鼓動을 듣는 듯하다
비웃느냐? XXX(원수의) 무리들
--그늘에 자라는 享樂의 날이 아즉도 멀었다고
그러나 그 거름거리를 보라! 大地를 울리고 新生으로 新生으로
다름질하는 그 거름거리를… (「민중의 행렬」, 《조선일보》1927.12.8. 일부)

북한의 문학사에서는 그의 시를 "자본가계급의 멸망을 촉진하는 노동계급의 혁명적 진출을 낙관주의적 전망과 결부시켜 노래하였다"며 높이 평가하고 있다. 이 무렵의 류완희 시 세계를 분석한 정우택 박사는 "시대 모순에 대한 강한 부정과 민중의 혁명적 진출에 대한 흥분, 그리고 시인의 결의를 직설적이고 관념적으로 표현하였다"고 지적했다. 하지만 그의 시는 비참한 현실로부터의 출구를 찾지 못한 채 개인적 울분과 절규에 머물러 있다가 선언적인 투쟁 결의, 흥분된 감정 토로로 대체되었다는 비판도 제기되었다. 카프 진영에서조차 그의 시가 '격정적이고 선정적'이라 비판하면서 순간의 구체적 감정을 파악해야 진정한 프롤레타리아 시인이 되어야 한다고 충고하였다. 1930년대에 접어들어 류완희의 시는 다소 비관적이고 퇴폐적인 경향까지 노출되었다. 그런 경향은 「소리없는 우는(無聲泣)」이란 시에서 발견할 수 있다.

지나간 옛날이요 지나온 오늘
가슴 속 골골에 죽도록 받은 傷處

어대나 간들 씨슬 길 잇르랴만은

그래도 내 이 거리 이 저자에 지치엇나니

떠나가는 기럭을 쪼차 北으로나 갈가?

차저오는 제비를 따라 南으로나 흘을가?

오오 친구여!! 나의 墜落을 그다지 남으라지나 말라! (「無聲泣」, 《조선일보》 1930.4.9.)

이처럼 1930년 무렵 류완희의 시는 아픔과 상처로 표현되고 '추락'으로까지 자평하듯이, 방향성을 잃은 채 비관주의로 빠져들었다. 1932년 10월 30일 그는 조선문학원 강사마저 사임하였다.

이후 그는 1934년 3월 조선중앙일보사(朝鮮中央日報社) 편집간부로 자리를 옮겼다. 편집책임자가 된 류완희는 1936년 8월 독일 베를린올림픽의 마라톤 대회에서 손기정 선수가 우승하자, 그의 가슴에 단 일장기를 태극기로 바꿔 이를 대서특필하는 데 앞장섰다. 이 유명한 '일장기 말소사건'으로 인해 사장인 여운형(呂運亨)이 사퇴하였고, 신문도 폐간 조치되었다. 류완희도 기자 생활을 그만두게 되었다.

1936년 5월 『조광』지에는 그의 「냇가에 앉어」란 시가 실렸는데, "이제는 거듭나에 어리석은 충실을 / 그에게 비웃기고 싶지 않으니 / 깨끗이 실어가자 이 쓸아린 기억을"에서 보여지듯, 비관주의로 일관하고 있다. 이후 류완희는 문단에서 자취를 감추고 말았다. 1938년 평안북도 강계(江界)로 간 류완희는 출판사인 기문사(紀文社)의 총지배인을 하다가 해방을 맞았다. 부친의 평생 자료를 모아온 3남 류기붕(柳基鵬)은 조선인이 경영한 이 출판사는 실은 독립자금을 조달하던 비밀기관이었다는 얘기를 생전에 들었다고 회고하였다.

1945년 8월 15일 해방이 되자 일제 치하에서 숨죽이고 있던 좌익 사회주의자들이 즉각 9월 30일 카프를 재결성하며 정국을 주도하였다. 류완희도 옛 동지들과 재회하며 카프에 가담한 것으로 보이는데, 행적은 확실치 않다.

하지만 분명한 것은 그는 다시 옛 격정과 분노의 투사로 돌아가지 않고, 고향

▲ 1949년 용인 공립여자중학교 교장이던 류완희의 송별기념사진. 앞열 왼쪽에서 두번째.(류기붕 소장)

용인으로 돌아와 지역발전과 후진양성에 헌신하였다는 점이다. 선친인 유학수의 교육정신, 이상재·안창호 선생의 민족정신과 교육이념을 몸으로 실천하기 위함이었던 것으로 여겨진다. 그는 1948년 교통부 상임 촉탁(차관 대우)을 하다가 이듬해 1월 30일 사직한 후, 고향 용인으로 낙향했다. 곧 1948년 11월 3일 설립 인가를 받은 용인여자중학교의 초대 교장을 맡았다. 그는 이듬해인 1949년 12월까지 교육행정을 맡았다. 또 그해 6월부터 용인중학교 교감으로 취임하여 교육행정의 책임을 맡았는데, 이 무렵 용인중·고등학교의 교가를 작사하였다.

좌·우익 갈등이 가장 최고조에 달했던 한국전쟁기 동안 류완희는 피난길에 오르지 못한 채, 산속에 은신하여 공산군의 체포와 추적을 피했다. 그는 여러차례 피습될 위험에 처했으나, 진군해 오는 미군에 의해 무사히 구출되었다고 한다. 1951년 중공군의 남하와 피난 상황에서도 그는 다른 많은 프로문학계의 동료들이 자진 월북 또는 납북된 데 비해, 무사히 고향에 남아 후진양성에 전념하였다.

전쟁 이후 그는 1954년 2월 2일 용인 김량장동의 용인(龍仁)고등학교 초대 교감이 된데 이어, 1955년 3월 2일 용인 이동면 송전(松田)중학교의 초대 교장으로 취임하였다. 이때 송전중학교, 태성중·고등학교 등의 교가를 작사하였다. 당시 태성중학교에는 윤동주 시인과 같은 연희전문 동기생이자 시인인 류영 선생이 함께 재직하고 있었지만, 류완희가 작사를 맡았다.

1955년 12월 류완희는 옛 동료 기자들의 강력한 추천에 따라 서울신문사 편집국장으로 잠시 자리를 옮겼다. 그는 이 신문사에서 3·1절을 맞아 「다시 맞는 이날」을, 6·25 한국전쟁을 맞아 「잊지못할 이날」을, 8·15 광복절을 맞아 「민족갱생의 역사의 날」이란 제목의 기념시를 발표하였다. 그의 뜨거운 민족애와 반공의식, 평화통일을 갈망하는 의식이 시에 잘 나타나 있다.

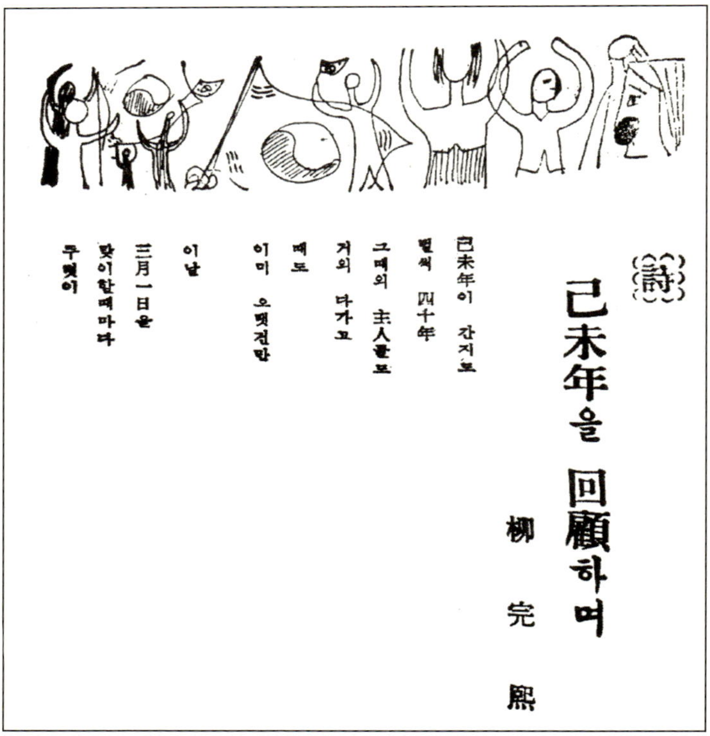
(詩)

己未年을 回顧하며

柳 完 熙

己未年이 간지도
벌써 四十年
그때의 主人들도
거의 다가고
때도
이미 오랬건만
이날
三月一日을
맞이할때마다
두렷이

▲ 1958년 ≪세계일보≫에 실린 3·1절 기념시.

(전략) 삼천만이 하나로 삼천만이 한터로
한겨레 한강토 모될때까지
겨레여 뭉치라 뭉쳐서 이룩하라
선열의 흘린 피 살리기 위하여
거룩한 삼일정신 결실 위하여 (「다시 맞는 이날」,《서울신문》1956년 3월 1일)

(전략) 기어코 갚고야 말리라 이날의 원수
기어코 씻고야 말리라 더럽힌 역사
아직도 겨레는 갈리워있고
삼천만 이 강토는 허리 잘리워
겨레와 나라가 도막나 있거늘… (「잊지 못할 이날」,《서울신문》1956년 6월 25일)

이제 우리는 나라를 찾았다! 자유를 찾았다!
거룩한 태양은 머리위에 빛나고 힘찬 광명은 우리를 이끈다
우리들의 행복도 번영도 역사도
우리들의 손으로 우리들의 힘으로 우리들의 마음대로 이룩할 수 있나니
이 날의 이 환희 이 감격을
길이길이 살리어 천만대에 전하기를… (「민족갱생의 역사의 날」,《서울신문》1956년 8월 15일)

이처럼 이 무렵 그의 시에는 동족상잔의 비극을 일으킨 공산주의자들과 그에 의해 더럽혀진 역사를 비판하면서, '한겨레 한강토'를 그리며 '거룩한 삼일정신'과 8·15 해방의 '힘찬 광명'으로 민족통일을 갈망하는 희망이 절절이 묻어있다. 해방직후부터 한국전쟁기, 그리고 전후 언론사 활동에 이르는 이 시기 그의 행적과 시적 경향을 미루어 볼 때, 류완희 시인은 이미 공산주의에 대한 냉철한 비판의식을 갖으면서도 3·1 민족정신과 자유의식으로 평화통일을 갈망하고 있었음을

▲ 1956년 서울신문사 편집국장 재직 시 류완희의 모습(왼쪽 끝).

확인할 수 있다.

하지만 당시 그는 본인이 몸담은 서울신문사가 여당 대변지였기에 이승만 독재정권의 만행을 막아내는 데 부족하다고 판단한 것으로 보인다. 이에 류완희는 1956년 9월 1일 야당지인 세계일보사의 논설위원으로 자리를 옮겼다. 그는 이 곳에서 매일 사설과 논평을 통해 자유당 정권의 독재정치를 비판하며 애국정신을 심어주는 데 힘을 쏟았다. 이 무렵 그는 송은(松隱)과 유주(柳州)라는 필명을 쓰며 야담지(野談誌)에 계몽적인 야담인 「검선홍랑(劍仙紅娘)」 등을 발표하기도 하였다.

반독재와 정론직필 활동에 분주했던 류완희는 1960년 11월 쇠약해진 심신을 치료하기 위해 논설위원직을 사임하고 고향인 용인 송문리로 낙향하였다. 그는 자식들과 후배·제자들에게 "항시 올바른 몸가짐으로 정의롭고 의롭게 행동해야 하며 불우한 이웃을 돌볼줄 알고 후학들을 선도하라"고 당부하였다고 한다. 그는 1963년 10월 간암이 발병하여 4개월의 투병 끝에 1964년 2월 17일 송문리 자택에서 별세하였다. 묘소는 용인 처인구 송문리 반정(盤亭)마을 뒷산에 있다. 후손으로

▲ 2014년 7월 23일 용인문인협회 주최로 처음 열린 '류완희 시인 연구 학술세미나' 장면.

3남과 3녀를 두었다.

아직 묘소뿐 아니라 그가 온 정열을 쏟았던 송전·용천초등학교와 용인·태성중고등학교, 용인바이오고등학교 등에는 그의 시비가 세워져 있지 못하다. 다행이 용인문인협회 등 후학들이 그의 뜨거웠던 항일·자유정신과 애향심, 문학적 열정을 되새기는 학술세미나를 지난 2014년 7월 23일 용인에서 가졌다. 일제와 공산주의, 독재에 저항하며 민족의 자유와 용인의 희망을 노래했던 자랑스런 '용인의 시인'으로 자리매김되길 고대해본다.

▲ 용인 처인구 송문리 반정마을 뒷산에 묻힌 류완희의 묘비 약력.

류완희 묘소

⑦ 찾아가는 방법

용인 내사면 송문리 반정마을 뒷산 → 42번 국도 송전사거리 반정마을(반쟁이) 우측도로 축사 밑에 주차한 후 산쪽으로 걸어서 200m 올라 중턱으로 50m

어록

"이제 우리는 나라를 찾았다! 자유를 찾았다! /
거룩한 태양은 머리위에 빛나고 힘찬 광명은 우리를 이끈다 /
우리들의 행복도 번영도 역사도 /
우리들의 손으로 우리들의 힘으로 / 우리들의 마음대로 이룩할 수 있나니
이날의 이 환희 이 감격을 /
길이길이 살리어 천만대에 전하기를...

_ 1956년 8월 15일자, 「민족갱생의 역사의 날」《서울신문》 축시 중 일부

참고문헌

- 이명재, 『북한문학사전』, 국학자료원, 1995.
- 박정호, 「유완희의 경향시 연구」,『우리어문학연구』, 한국외국어대학교, 1990.
- 정우택, 「적구 류완희의 생애와 시세계」, 『반교어문연구』3, 1991.
- 全州柳氏大同譜[2004]
- 권영민, 『한국현대문학대사전』, 서울대학교출판부, 2004.
- 柳基鵬 편, 「松隱 柳完熙 先生의 傳記」, 전주유씨연구회, 2008.
- 함동수, 「시인의 그림자를 찾아서-용인출신 적구 유완희 시인」, 『용인문단』제 17집, 2013.
- 함동수·강정구·이동재, 〈〈유완희 시인 연구학술세미나〉〉 발표문, 2014.

한국사가 기억해야 할
용인의 근대 역사인물

지은이 _ 김명섭
펴낸이 _ 장호성
기 획 _ 김남필
제 작 _ 성두현
편 집 _ 박보혜
마케팅 _ 추병희
펴낸곳 _ 단국대학교출판부
등 록 _ 1968. 2. 27 : No. 제03-00095호
주 소 _ 경기도 용인시 수지구 죽전로 152번지
전 화 _ 031-8005-2405 팩 스 _ 031-8021-7154

2015년 2월 5일 초판 인쇄
2015년 2월 10일 초판 발행

인 쇄 _ 이숲

[값 12,000원]

Published by Dankook University Press

Printed in Korea

ISBN 978-89-7092-532-5 03910